Führung und ihre Verantwortung unter den Bedingungen der Globalisierung

Moritz Patzer

»Ein Beitrag zu einer konzeptionellen Neufassung
vor dem Hintergrund einer republikanischen Theorie
der Multinationalen Unternehmung«

Bibliografische Information der Deutschen Nationalbibliothek

Die Deutsche Nationalbibliothek verzeichnet diese Publikation in
der Deutschen Nationalbibliografie; detaillierte bibliografische
Daten sind im Internet über http://dnb.d-nb.de abrufbar.

Moritz, Patzer:
**Führung und ihre Verantwortung unter den Bedingungen
der Globalisierung.** Ein Beitrag zu einer konzeptionellen
Neufassung vor dem Hintergrund einer republikanischen Theorie
der Multinationalen Unternehmung.
ISBN 978-3-87617-116-6

Druck: Richard Bretschneider GmbH, Braunschweig

Vorwort

Unlängst hat der Soziologe Ulrich Beck den Ruf nach einer zweiten Aufklärung formuliert, „durch die unser Verständnis, unsere Augen und Institutionen für die selbstverschuldete Unmündigkeit der ersten industriellen Zivilisation und ihrer Selbstgefährdungen geöffnet werden" (Beck, 1997: 171). Die vorliegende Arbeit folgt diesem Ruf und versucht ihren eigenen, bescheidenen Beitrag hierzu zu leisten. Dazu nimmt sie sich der Frage nach der Rolle der mächtigen Organisationsteilnehmer unter den Bedingungen einer postnationalen Konstellation an. In dieser Situation, in der die Koordinations- und Vermittlungsfähigkeiten des Nationalstaates sukzessive geschwächt werden, wird der Betrachter zurückgeworfen auf die Frage nach dem 'guten Miteinander'.

Eklatante Verletzungen der Menschenrechte, Umweltzerstörungen und die Allgegenwart unlauterer Geschäftspraktiken scheinen jede Vorstellung einer verbindlichen Sittlichkeit in das Reich kontrafaktischer Ideen zu verbannen. Bei der Entwicklung eines verantwortungsbewussten Verständnisses der Führung verweist die Arbeit auf die Einsicht in die Notwendigkeit der wechselseitigen Anerkennung der menschlichen Würde als erstes Prinzip des friedlichen Austausches. Dieses Prinzip verliert auch in einer zweiten, kritischen Moderne, in der sich seine vermeintlichen institutionellen Garanten gravierenden Transformationsprozessen ausgesetzt sehen, nicht an Gültigkeit. Es hat seinen Ort in den historisch-kontigenten Kommunikationsbedingungen der neu entstehenden glokalen Lebensgemeinschaften. Auf diesem ethischen Fundament entwickelt die Arbeit den Vorschlag eines politischen Führungskonzeptes, welches geeignet ist sich den drängenden Fragen nach der Bewältigung der vielfältigen Herausforderungen einer globalen Gemeinschaft anzunehmen.

Für die Möglichkeit zur Vollendung dieses Projektes bin ich vielen Menschen zu Dank verpflichtet, nur einige wenige seien hier genannt. Zunächst einmal danke ich meinem Doktorvater *Prof. Dr. Andreas Georg Scherer,* der mir den notwendigen Raum und die notwendige Zeit gestattet hat, die Ideen dieser Arbeit reifen zu lassen. Sein ständiger Blick auf die Entwicklungen der internationalen wissenschaftlichen Gemeinschaft hat die Höhe unserer Messlatte bestimmt. Weiterhin danke ich *Prof. David Seidl, PhD,* den ich bereits aus Münchner Zeiten kenne und der mich auf die Möglichkeit 'Zürich' überhaupt erst aufmerksam gemacht hat. Mit Blick auf meine Kollegen danke ich Dr. Thomas von Dungen, der sich in Zeiten der Not den jungen Doktoranden mentorenhaft angenommen hat, ebenso wie *Andreas Butz* und *Christian Vögtlin,* in denen ich in meinen 'Zürcher Jahren' enge Freunde gefunden habe. Natürlich sei an dieser Stelle auch all den anderen guten Geistern unseres Lehrstuhls, ebenso wie den vielen Freunden auf meinen Stationen in Berlin, Passau, München und Zürich dankend gedacht.

Bleibt der Dank an meine Familie, insbesondere an meine Eltern und meine Schwester, die mich über die Jahre uneingeschränkt unterstützt haben. Ihnen verdanke ich meine Rückkopplung an das Leben jenseits der Bücher. Hierzu hat auf eine ähnliche und unermüdliche Weise, durch die Höhen und Tiefen eines solchen Projektes, auch Susanne beigetragen. Auf die 'Wiedergutmachung' möchte ich gerne zukünftige Jahre verwenden.

Zürich, im Herbst 2009   Moritz Patzer

Inhaltsverzeichnis

Abbildungsverzeichnis

1 Einleitung

1.1 Problemaufriss

1.1.1 Führung unter den Bedingungen der Globalisierung

Die Bedeutung der Wirtschaft für das Glück und die Selbstentfaltung der freien Gesellschaft ist zu einer der zentralen Fragen der Gegenwart avanciert. Dabei sind die Diskussionen in Wirtschaft und Politik insbesondere durch das Thema 'Globalisierung' geprägt. Die unter diesem Schlagwort subsumierte Vorstellung einer zunehmenden ökonomischen und gesellschaftlichen Vernetzung und der Entstehung einer Weltgemeinschaft hinterfragt die tradierten Strukturen der gesellschaftlichen Selbststeuerung und das Verhältnis von staatlichen und wirtschaftlichen Akteuren (vgl. Beck, 1997; Scherer, 2003). Besonders deutlich wird dies mit Blick auf globale Problemlagen wie zum Beispiel Umweltzerstörung, Hunger und Armut. Die veränderte Qualität solcher Herausforderungen wie beispielsweise der globalen Erwärmung und die mediale Präsenz solcher Krisen wie der indonesisch-asiatischen Tsunami-Katastrophe von 2004 stellen Bedingungen an ihre Bewältigung, die über die Reaktionspotentiale traditionell staatlicher Akteure hinausgehen (vgl. Habermas, 1998b). Damit werden neben den 'handlungswilligen' zunehmend auch die 'handlungsfähigen' wirtschaftlichen Akteure zu Adressaten öffentlicher Interessen und Erwartungen. Angesprochen sind hiermit vornehmlich, jedoch nicht ausschliesslich, die multinationalen Unternehmen und ihre Führungskräfte. Sie sind dies nicht zuletzt auch in ihrer Rolle als (Mit-)Verursacher dieser Problemkonstellationen. Die ihnen zur Disposition stehenden Ressourcen, sei dies in Form von materiellen Gütern oder (infra-)strukturellen Netzwerken, eröffnen ihnen grenzübergreifende Handlungsspielräume, über die sie weitestgehend unabhängig verfügen können. Der Einfluss, positiv wie negativ, den sie dabei gegenüber den betroffenen Gemeinschaften ausüben, ist beachtlich. Dies zeigt sich wohl am deutlichsten in der Tragweite der Vielzahl von Unternehmensskandalen, die ihren Weg in die öffentliche Berichterstattung gefunden haben. Der Kollaps des

Energiekonzerns Enron und der ihn begleitenden Wirtschaftsprüfungsgesell-
schaft Arthur Anderson im Jahr 2002 verdeutlichen ebenso wie die Zusam-
menbrüche der Finanzdienstleister Lehman Brothers und AIG im Zuge der bis
in die Gegenwart andauernden 'Subprime-Finanzkrise' die Reichweite unternehmerischen (Fehl-)Verhaltens. Geschädigte Anleger und Gläubiger, Unter-
nehmensinsolvenzen sowie die negativen Folgen für die Realwirtschaft im Allgemeinen zeugen hiervon.

In der Konsequenz ist die Rolle wirtschaftlicher Akteure in der Zivil- und Weltgemeinschaft zunehmend Gegenstand kritischer Reflexion (vgl. Crane et. al.,
2008; Scherer/Palazzo, 2008b). In ihrem Fokus steht dabei die Frage nach den
Möglichkeiten einer angemessenen Kontrolle solcher Aktivitäten, die sich dem
nationalstaatlichen Zugriff entziehen. Die Defizite einer 'Global Governance' und
die Schwächung der nationalstaatlichen Steuerungsfähigkeit sind dabei charakteristisch für die 'postnationale Konstellation' (vgl. Kap. 2.2; Habermas, 1998a;
Scherer/Palazzo, 2008a). In ihr sehen sich Unternehmen und deren Führungskräfte mit einem Wandel ihrer öffentlichen Wahrnehmung konfrontiert. Von ihnen wird im zunehmenden Maße Rechenschaft für getroffene Entscheidungen
und die Folgen ihrer Handlungen gefordert, die über Probleme einer rein ökonomischen Natur weit hinausgehen. Die Frage nach der Übernahme von 'Verantwortung' in einer globalen Gemeinschaft seitens der Unternehmen und ihrer
Führungskräfte nimmt daher eine zentrale Stellung in Theorie und Praxis ein.

Während diese Problematik für Unternehmen, dass heißt auf einer institutionellen Ebene, in den Debatten um 'Corporate Social Responsibility'[1] und Unternehmensethik bereits intensiv diskutiert wird (bspw. Matten/Crane, 2005; Sche-
rer/Palazzo, 2007; zur konzeptionellen Übersicht siehe Carroll, 1999; Garri-
ga/Melé, 2004; Matten/Palazzo, 2008; Scherer/Patzer, 2010b; Windsor, 2006),
so wurde die Frage nach verantwortungsvoller Führung, also einer individuellen Ebene, tendenziell vernachlässigt. Die Vermutung, dass sich die zunehmende Einbeziehung wirtschaftlicher Akteure in Fragen der gesellschaftlichen Selbst-

---

[1]   Im folgenden auch mit CSR abgekürzt.

bestimmung auch in unserem Verständnis von 'Führung' niederschlagen muss, erscheint naheliegend. Sie gilt es, im Rahmen dieser Arbeit zu überprüfen.

Die Relevanz der Frage nach der *Verantwortung von Führung in einer globalen Gemeinschaft* tritt insbesondere dann deutlich zu Tage, wenn man die konkreten Herausforderungen der Führungspraxis und die mehr oder minder erfolgreiche Handhabung derselben durch die Führungskräfte betrachtet. Diesem Zwecke dienen die folgenden beiden Fallbeispiele.

1.1.2 Die neue Verantwortung von Führungskräften: Zwei Fallbeispiele

Die ausgewählten Beispiele illustrieren sowohl einen missglückten als auch einen erfolgreichen Fall der gesellschaftlichen Verantwortungsübernahme seitens prominenter Führungskräfte. Die Auswahl ist dadurch begründet, dass zum einen der Fall Siemens mit Heinrich von Pierer von hoher Aktualität und im deutschsprachigen Wirtschaftsraum einzigartig ist. International finden sich zahlreiche andere Fälle (bspw. Choi/Gray, 2008; Kellerman, 2004; Lipman-Blumen, 2005; Werhane, 2009), die jüngere Geschichte des Siemenskonzerns ist jedoch in besonderer Weise durch den Einfluss seines ehemaligen Vorstandsvorsitzenden geprägt. Er eignet sich daher gut zur Darstellung der für diese Arbeit zentralen Punkte. Der Fall Interface mit Ray C. Anderson ist ebenfalls exemplarisch für eine Reihe anderer guter Fälle. Alternativ könnte hier auch das Engagement Aaron Feuersteins beim Wiederaufbau seiner Firma Malden Mills besprochen werden (vgl. Maak/Ulrich, 2007: 372). Weiterhin sind an dieser Stelle auch die karitativen Engagements von Personen wie Bill Gates, Al Gore, etc. zu nennen, welche in der Presse gern als „globale Wohltäter" bezeichnet werden (vgl. Stein, 2008; sowie kritisch Scheen, 2009). Diese sind für das Vorhaben der Arbeit allerdings nur bedingt zweckdienlich, da sie fast alle von ökonomischen Verpflichtungen befreit sind. Letztere gehören allerdings zu dem hier verfolgten Verständnis von unternehmerischer Verantwortung. Der Fall Interface ist deshalb so anschaulich, da viele der wegweisenden Entscheidungen maßgeblich durch die Person Ray C. Andersons initiiert und beeinflusst

wurden und die Tatsache, dass dies zu einem Zeitpunkt stattfand, als das Thema 'Verantwortung' noch keine Hochkonjunktur feierte, sondern im Schatten
eines 'entfesselten Kapitalismus' sein Dasein fristete.

Methodisch fußt die Darstellung auf einer Analyse von Sekundärdaten. Letztere setzen sich aus eigenen Veröffentlichungen der beiden Führungspersonen
und öffentlichen Quellen zusammen. Ein solches Vorgehen erscheint vor dem
Hintergrund der Zielstellung für diese Illustrationen zweckmäßig. Es geht um
die Darstellung der Wahrnehmung gesellschaftlicher Verantwortung und ihrer
Wirkung in der Öffentlichkeit. Vor dem Hintergrund dieser soliden Datenbasis
und der noch schwebenden Strafverfahren gegenüber den beteiligten Personen
im Fall Siemens wurde auf die Durchführung von Interviews verzichtet.

1.1.2.1 Fallbeispiel A: Heinrich von Pierer und der 'Fall Siemens'

Der Konzern Siemens und die Person Heinrich von Pierer: Schemenhaft lassen sich durch den 'Pulverdampf' die Konturen dessen erahnen, was in der
Presse seit knapp zwei Jahren als 'Siemens-Schmiergeldaffäre' diskutiert wird.
Dabei geht es um die sukzessive Aufdeckung eines Systems geheimer Konten,
welche die Verschleierung von Bestechungszahlungen ermöglichte. Letztere, als
'Provisionskosten' geführte Zahlungen dienten der Akquisition von Geschäftsaufträgen in aller Welt. Die Höhe der dubiosen Transfers beläuft sich nach dem
gegenwärtigen Stand der Ermittlungen auf ca. 1,3 Milliarden Euro. Der wirtschaftliche und Reputationsschaden für Siemens und seine Führung liegt weit
darüber. Staatsanwaltschaften, Börsenaufsichten und Anteilseigner fordern eine Aufklärung der Vorgänge, in Anbetracht immer neuer Entdeckungen ist eine solche jedoch wohl noch lange nicht in Sicht (vgl. Dahlkamp/Deckstein/
Schmitt, 2008; FAZ.NET, 2008e).[2]

---

[2] Neben den Vorwürfen der Korruption ist Siemens auch mit verschiedenen Kartellverfahren und dem
sogenannten „AUB-Skandal" konfrontiert. Letzterer wurde bei den Ermittlungen zu den Bestechungsgeldern quasi 'nebenbei' aufgedeckt. Es geht hierbei um die verdeckte Finanzierung der Arbeitnehmer-Organisation AUB von Seiten Siemens. Damit sollte ein arbeitnehmerfreundliches Gegengewicht zur IG Metall geschaffen werden. Die Zahlungen belaufen sich auf mehrere Millionen
Euro (vgl. Dahlkamp/Deckstein/Schmitt, 2008; Ott/Ritzer, 2008; Peitsmeier, 2008). Diesem „Nebenfall" wird hier wenig Aufmerksamkeit geschenkt.

Betroffen ist damit ein Unternehmen, welches stets Inbegriff des deutschen Industriekonzerns, der deutschen Weltfirma schlechthin war, vergleichbar in dieser Form vielleicht nur mit Daimler-Benz. Seit seiner Gründung im Jahr 1847 war das Unternehmen maßgeblich an der industriellen Entwicklung Deutschlands beteiligt, seit dem Kaiserreich, durch beide Weltkriege hindurch, in der Bundesrepublik und im geeinten Deutschland. Seitdem ist der Jahresumsatz von Siemens auf ca. 72 Milliarden Euro und die Mitarbeiterzahl auf ungefähr 400.000 angewachsen.[3] Die Tätigkeiten erstrecken sich dabei auf eine Vielzahl von Geschäftsfeldern, maßgeblich sind unter anderen Kommunikation, Automobil-, Automatisierungs- und Antriebstechnik, Kraftwerks-, Medizin- und Verkehrstechnik (vgl. Siemens AG, 2006; Siemens AG, 2007). Siemens war stets ein wichtiger Ausstatter des Bundes, seiner Institutionen und Unternehmen und damit, ebenso wie mit seinen Führungskräften, entsprechend in der Öffentlichkeit vertreten. Dabei hat in den letzten Jahrzehnten wohl kaum ein anderer das Bild von Siemens so sehr geprägt wie Heinrich von Pierer. 1941 geboren, begann er nach dem Studium der Rechtswissenschaft und Volkswirtschaft und der Promotion zu Dr. jur. 1969 seine Karriere bei Siemens. 1990 wurde er Mitglied des Zentralvorstandes, 1992 dessen Vorsitzender. Als solcher blieb er bis 2005 im Amt, als er, abgelöst von Thomas Kleinfeld, den Vorsitz des Aufsichtsrates übernahm. In dieser Zeit bestimmte von Pierer die Ausrichtung des Konzerns maßgeblich und machte aus dem „verschlafenen Gemischtwarenladen" endgültig einen Weltkonzern mit ehrgeizigen Renditeprogrammen (Sueddeutsche.de, 2007). Er brachte Siemens 2001 an die New Yorker Börse und lieferte mit seinem Ausscheiden aus dem Vorstand für das Geschäftsjahr 2004 einen Rekordgewinn (vgl. FAZ.NET, 2008b). All dies verfolgte er in einer Weise, die Siemens zum Inbegriff der „Deutschland AG" machte, also dem „engen Geflecht von Wirtschaft und Politik" (Schäfer, 2007). Die dem Unternehmen nützliche Nähe zu den Regierenden machte von Pierer in einem neuen Maße zu einer Person des öffentlichen Interesses. Neben universitären und staatlichen Ehrungen war er Asienbeauftragter der Regierung Gerhard Schröders, Vorsitzender des Innovationsrates

---

[3] Die Zahlen sind um Bereichsverkäufe und nicht weiter fortgeführte Aktivitäten bereinigt (vgl. Siemens AG, 2007).

verschiedener Regierungen und wurde sogar als Kandidat für die Bundespräsidentschaftswahl 2004 gehandelt. In demselben Jahr hielt er auch eine Rede vor dem UN-Sicherheitsrat zur „Rolle der Wirtschaft bei Konfliktverhütung und Friedensicherung". In dem Verständnis stets das Wohl von Siemens zu verfolgen, hatte von Pierer den Höhepunkt seines Einflusses erreicht und galt vielen als unantastbar. Dennoch musste er im April 2007 seinen Rücktritt vom Vorsitz des Aufsichtsrates bekanntgeben. Er sah diesen Schritt nicht durch eine persönliche Verantwortlichkeit begründet, sondern verstand ihn als „letzten Dienst" an seinem Unternehmen (vgl. Balser/Schäfer, 2007; Schäfer, 2007; Wittwer, 2008). Tatsächlich war es fraglich geworden, ob von Pierer als erster Kontrolleur einer Serie von Vorfällen aus seiner eigenen Amtszeit geeignet sei. Die 'Affäre Siemens' hatte ihn eingeholt.

Chronologie des 'Falls Siemens': Die Verwendung von Bestechungsgeldern zur Geschäftsakquise war lange Zeit im Industriebereich nicht außergewöhnlich. Dies gilt sowohl für deutsche, als auch für internationale Unternehmen, insbesondere aber solche mit Tätigkeiten im asiatischen oder arabischen Raum, ebenso wie in vielen Ostblockstaaten. Dort ist das Verhältnis zu Korruption ein anderes als in der gegenwärtigen westlichen Welt. Vielerorts erscheint Bestechung als integraler Bestandteil von Geschäftsverhandlungen (vgl. beispielsweise Rose-Ackerman, 2006; Transparency International, 2009; sowie Butz, 2008b; Dahlkamp/Deckstein/Schmitt, 2008: 81 ff.). Siemens war und ist durch seine Internationalität solchen Praktiken besonders ausgesetzt. Weiterhin lieferten im Lichte eines verschärften internationalen Wettbewerbs auch technologische Entwicklungsrückstände einen Grund. Aufträge über Bestechungszahlungen zu sichern. Dies galt zumindest für die Kommunikationssparte (COM) von Siemens, die insbesondere von Korruptionszahlungen betroffen scheint (vgl. Dahlkamp/Deckstein/Schmitt, 2008).

Bis zum Jahreswechsel 1998/1999 war dies jedoch aus einer rechtlichen Perspektive heraus in Deutschland nicht problembehaftet. Bis 1999 waren Bestechungszahlungen im Ausland in Deutschland sogar steuerlich absetzbar (vgl. Transparency International, 1999). Mit der auf Drängen der OECD und internationalen Institutionen verabschiedeten Steuerreform wurden Bestechungen strafbar. Auf die veränderte Rechtslage reagierten Siemens und seine Bereiche mit dem Aufbau von Kontensystemen und Scheinfirmen zur Vermittlung von 'Beraterprovisionen'. Ein Abbruch der Zahlungen hätte nach Schätzungen des SPIEGELs zu drastischen Geschäftseinbrüchen geführt. Für den Kommunikationsbereich werden diese mit „mindestens 40 Prozent" angegeben (Dahlkamp/Deckstein/Schmitt, 2008: 83 f.).

Diese Vorgänge in Österreich, der Schweiz und der übrigen Welt zogen eine Reihe von Untersuchungen nach sich. 2000/2001 begann die schweizerische Staatsanwaltschaft mit Ermittlungen bezüglich Bestechungen in Nigeria und erhielt Zugriff auf Siemens' österreichische Schwarzgeldkonten. 2004 eröffnete Lichtenstein ein Verfahren wegen Geldwäsche gegen die Verantwortlichen in der Kommunikationssparte. 2005 ließ die Staatsanwaltschaft im italienischen Bozen die Siemenszentrale durchsuchen. Dies verlief jedoch aus Sicht der Behörden (noch) erfolglos. Erst die Großrazzien der Münchner Staatsanwaltschaft in München und Erlangen am 15. November 2006 förderten das wesentliche Belastungsmaterial zu Tage, seitdem laufen die Ermittlungen. Diese konzentrieren sich vor allem auf die Vorgänge in der Kommunikationssparte und dabei auf den für das Kontensystem maßgeblich verantwortlichen Direktor (Reinhard Siekaczek) und dem ehemaligen Finanzvorstand der Festnetzsparte (Michael Kutschenreuter). Mit den Beschuldigungen des verantwortlichen Zentralvorstandes für die Kommunikationssparte Thomas Ganswindts seitens Kutschenreuters und dessen Eingeständnis, in die Vorgänge eingeweiht zu sein ergab sich der Brückenschlag in den Zentralvorstand und damit auch zu dessen Vorsitzenden Heinrich von Pierer.

Dieser bestreitet die Kenntnis über die angedeuteten Vorgänge bis in die Gegenwart. Unter seiner Führung wird noch Ende 2006 die US-amerikanische Anwaltskanzlei Debevoise & Plimpton mit internen Ermittlungen beauftragt (vgl. Ott, 2008). Nachdem die Hauptversammlung eine Entlastung von Vorstand und Aufsichtsrat ablehnt, tritt von Pierer im April 2007 zurück. Diesem Beispiel folgt etwas später sein Nachfolger Kleinfeld. Nachdem dessen Vertrag vorerst nicht verlängert wird, wechselt Kleinfeld im August 2007 zum US-amerikanischen Aluminiumhersteller Alcoa (FAZ.NET, 2008b; FAZ.NET, 2008c).

Anfang 2008 läuft das Strafverfahren gegen Reinhard Siekaczek, die Frage
nach von Pierers Kenntnis ist Gegenstand unterschiedlicher Reportagen (vgl.
Dahlkamp/Deckstein/Schmitt, 2008; Knop, 2008a). Im Mai 2008 gibt die
Münchner Staatsanwaltschaft bekannt, dass sie 'nur' ein Ordnungswidrigkeits-
verfahren wegen Verletzung der Aufsichtspflicht gegen von Pierer einleitet. Für
ein Strafverfahren zu den Korruptionsvorwürfen fehlen die zureichenden Anhaltspunkte (FAZ.NET, 2008a; FAZ.NET, 2008e). Im Juli 2008 wird das erste
Urteil im Verfahren gegen Reinhard Siekaczek gefällt. Wegen seiner Rolle als
Kronzeuge wird er zu zwei Jahren Haft auf Bewährung, sowie einer Geldstrafe von 108.000 Euro verurteilt (FAZ.NET, 2008f; Herr, 2008a). Im selben Mo-
nat gibt Siemens bekannt, dass gegen zehn Mitglieder der Zentralvorstandes,
von Pierer und Kleinfeld eingeschlossen, Schadensersatzforderungen angestrebt
werden (vgl. FAZ.NET, 2008d; sowie Siemens AG, 2008).

Zum Ende des Jahres 2008 legte Debevoise & Plimpton ihren Abschlussbericht
der amerikanischen Börsenaufsichtsbehörde SEC und dem 'Compliance'-Aus-
schuss des Siemens-Aufsichtsrates vor (vgl. Debevoise & Plimpton LLP, 2008;
Hildebrand, 2008). Die parallelen Untersuchungen der SEC konnten, ebenso wie
die juristischen Verfahren in Deutschland, im Dezember 2008 abgeschlossen
werden (vgl. Ott, 2008; Siemens AG, 2008). Deren Ergebnis ist die Einigung
Siemens' mit den amerikanischen Behörden, sich wegen der Verletzung der Bu-
chungspflichten schuldig zu bekennen und eine Buße in Höhe von ca. 620 Millionen Euro zu zahlen. Damit, so scheint es, hat Siemens Schlimmeres abwen-
den können. Zwischenzeitlich waren Strafen bis in Milliarden Höhe im Ge-
spräch. Auch konnte Siemens den Ausschluss von öffentlichen Aufträgen vermeiden (vgl. Balser, 2008; Balser/Ott, 2008; Ott/Schlötzer, 2009; Siemens AG,
2008). Ursächlich für diese 'Milde' sind die umfangreichen Aufklärungsbemü-
hungen seitens des Konzerns.

Siemens und Verantwortung[4]: Bereits vor Notierung an der NYSE 2001 war
Siemens unter der Führung von Heinrich von Pierer um die Einrichtung von

---

[4]   Betrachtet wird der Zeitraum von 2002 bis in die Gegenwart. Hierzu liegen entsprechende Berichte
      als Referenzen vor. Gleichzeitig deckt sich dies mit der dem juristisch relevanten Zeitraum ab 2003.
      Frühere Vorfälle sind verjährt.

'Compliance'- bzw. Regelüberwachungssystemen bemüht, insbesondere die Führungskräfte mussten die entsprechenden 'Compliance'-Regeln regelmäßig unterschreiben. Die Systeme der 'Corporate Governance' bekannten sich explizit zu den deutschen Rechtsvorschriften, den 2002 verabschiedeten Deutschen Corporate Governance Kodex und den durch den 'Sarbanes Oxley Act' geprägten Auflagen der amerikanischen Börsenaufsicht Securities and Exchange Commission (SEC) (vgl. Siemens AG, 2002b; Siemens AG, 2003; Siemens AG, 2004).[5] Weiterhin trat Siemens im Jahr 2003 dem UN-Global Compact[6] zur Sicherstellung einer sozial und ökologisch nachhaltigen Globalisierung bei (vgl. Williams, 2004). Hierin ist wie in anderen Regelwerken ebenfalls der Korruptionsbekämpfung eine zentrale Rolle zugedacht. In dieser Sache war Siemens auch bereits vorher aktiv geworden. Erwähnenswert ist der offene Brief seitens einer Reihe von Unternehmenslenkern, darunter auch der damalige Aufsichtratsvorsitzende von Siemens Hermann Franz, an die OECD. Darin riefen die Verfasser zu einer zügigen Umsetzung der Korruptionsbekämpfungsregeln seitens der Nationalstaaten auf (vgl. Batchelor et. al., 1997). 2003 war aber auch das Jahr der Veröffentlichung seines Buches „Zwischen Profit und Moral", in dem er die Bedeutung von Unternehmenswerten und der Korruptionsbekämpfung für den langfristigen wirtschaftlichen Erfolg von Unternehmen betonte (siehe von Pierer, 2003; vgl. auch Siemens AG, 2002a; von Pierer, 2004a; von Pierer, 2004b; von Pierer/Homann/Lübbe-Wolff, 2003). Die Unternehmensberichterstattung zu dieser Zeit war jedoch vor dem Hintergrund der dramatischen Börsenentwicklungen und sektorspezifischen Strukturkrisen in erster Linie durch ein Interesse an der finanziellen Leistungsfähigkeit der Unternehmung geprägt.

---

5   Ausnahmen existierten in erster Linie für Fälle in denen die SEC Auflagen nicht mit dem deutschem Aktienrecht vereinbar waren, bspw. im Falle der Arbeitnehmermitbestimmung im Aufsichtrat.

6   Der *Global Compact* der Vereinten Nationen stellt eine der bekanntesten internationalen Initiative dar. In seinem Mittelpunkt stehen zehn Prinzipien zu Menschenrechten, Arbeitsnormen und dem Umweltschutz sowie der Korruptionsbekämpfung. Sein Ziel ist es, weltweit Unternehmen zur Annerkennung und Befolgung dieser Prinzipien zu bewegen. Dabei soll der Global Compact als Interaktionsplattform dienen, die den Austausch zwischen wirtschaftlichen und anderen gesellschaftlichen Akteuren sowie die Vermittlung von 'best practices' bei der Verfolgung der zehn Prinzipien vermittelt (vgl. BMZ, 2009; Global Compact, 2009).

Dies änderte sich auch mit dem Wechsel an der Vorstandsspitze im Jahr 2005 nicht. Das unter Klaus Kleinfeld lancierte 'Fit4More' betonte allerdings 'Corporate Responsibility' als wichtigen Faktor in der nachhaltigen Wertentwicklung des Unternehmens. Damit wurde die bisherige Corporate Governance Berichterstattung ergänzt und erweitert (vgl. Siemens AG, 2005; Siemens AG, 2006). 'Corporate Responsibility' wurde zusammen mit 'Operational Excellence' und 'People Excellence' zu den Treibern der Unternehmensentwicklung („Performance and Portfolio") (Siemens AG, 2006: 17 f.). Dieser kommt zu der Zeit die Schlüsselrolle im Rahmen der Unternehmensführung zu:

> „Wachstum und Profitabilität – hierauf beruht langfristig die strategische Ausrichtung unseres Portfolios. Wir konzentrieren uns auf erfolgversprechende Felder, in denen wir führende Positionen einnehmen, und bauen diese konsequent weiter aus. Mit diesem Portfolio wollen wir mindestens doppelt so schnell wachsen wie das weltweite Bruttoinlandsprodukt und dabei so profitabel sein wie unsere erfolgreichsten Wettbewerber." (Siemens AG, 2006: 18)

In dieser Betonung des Renditezwangs für jeden Unternehmensteil unter Androhung der Veräußerung desselben sahen manche Beobachter die Hinwendung Siemens unter Kleinfeld zu dem von Jack Welch als CEO von General Electric propagierten Prinzip „Fix it, sell it or close it" (Welch, 2001). Diese Amerikanisierung des Führungsstils, als Ausdruck eines ungestümen Kapitalismus', manifestiert sich demnach auch in dem Verkauf der defizitären Mobiltelefonsparte BenQ (Schäfer, 2007 vgl. auch FAZ.NET, 2008c; Steltzner, 2006).

Demgegenüber galt der Führungsstil von von Pierer als nahezu väterlich. Der als bescheiden und bodenständig geltende von Pierer stand für die 'alte Welt' von Siemens, in der die Sorge der Führung der 'Siemens-Familie' galt und der Konsens Vorrang gegenüber dem Streit hatte. Aus dieser Zeit stammen auch noch seine Bezeichnung als „guter Mensch von Erlangen", sowie seine Ernennung zum Ehrenarbeitnehmervertreter der Arbeitnehmerschaft des Erfurter Generatorenwerks (siehe FAZ.NET, 2008b; Schäfer, 2007; Sueddeutsche.de, 2007)

Weder das Bekenntnis zu verantwortungsvollen Grundsätzen, noch deren strukturelle Verankerung im Rahmen der genannten Unternehmensprogramme oder

der Führungsstil des Vorstandes waren ausreichend, um sich der Krise zum Ende des Jahres 2006 in glaubhafter Weise angemessen anzunehmen. Auf die Warnsignale aus den sich mehrenden staatsanwaltlichen Ermittlungen oder den Berichten der Korruptionsbeauftragten (vgl. Dahlkamp/Deckstein/Schmitt, 2008: 89) reagierte die alte Führung nicht energisch genug, so dass auch die Beauftragung der amerikanischen Anwaltskanzlei Debevoise & Plimpton eher als Maßnahme zur Besänftigung der SEC als der genuinen Korruptionsbekämpfung wahrgenommen wurde. Von Pierer und Kleinfeld waren in ihren Positionen untragbar geworden.

Seitdem hat Siemens auf die drängende Frage nach der Verantwortungsübernahme reagiert. Zur Hauptversammlung Anfang 2008 sind fünf von acht Vorstandsposten neu besetzt. Der neue Vorstandsvorsitzende Peter Löscher, vormals Marketingvorstand bei Merck & Co., ist ein 'Nicht-Siemensianer', der sich auf die Rückendeckung einflussreicher Deutscher Manager (Ackermann & Schulte-Noelle) und die Unterstützung des ebenfalls neuen Aufsichtratschefs Gerhard Cromme stützen kann. Letzter gilt als Vorsitzender der 'Corporate Governance'-Kommission der Bundesregierung als „Mr. Saubermann" (vgl. Peitsmeier, 2008; sowie Balser/Ott, 2008). Zusammen distanzieren Sie sich von den Entscheidungen der ehemaligen Führungsriege und stellen sich vor die Mitarbeiter:

> „Mich schmerzt es persönlich, das weit über 400.000 Mitarbeiter seit Monaten am Pranger stehen, weil eine kleine Zahl von Führungskräften fundamentale Grundsätze von Recht und Gesetz, aber auch Anstand und Moral verletzt hat." (Peter Löscher in Peitsmeier, 2008)

Entsprechend radikal hat sich die Berichterstattung seitdem gewandelt. Fanden sich in den bisherigen Geschäftsberichten auf den ersten Seiten stets die (finanziellen) Unternehmenskennzahlen, so sind diese nun auf die letzte Seite des um ein Drittel gewachsenen Berichtes gerutscht. Ersetzt wurden sie durch Siemens 'Werte'. Spitzenleistungen sollen mit „höchstem ethischen Anspruch" angestrebt werden, die Unternehmung wird als „Verantwortungsvoll", „Exzellent" und „Innovativ" beschrieben (Siemens AG, 2007: 5). Die Vorsitzenden des Aufsichtsrates und des Vorstandes kündigen die konsequente und restlose Aufklärung der Vorkommnisse im mittlerweile aufgelösten Geschäftsbereich Kommunikation an. Ebenso sollen die Kontrollstrukturen umfassend überarbeitet werden. Verdeutlicht wird dies mit der Schaffung eines neuen Vorstandsressorts zum Thema 'Recht und Compliance' (vgl. Siemens AG, 2007: 18), sowie der Einsetzung von 620 Mitarbeitern für die Korruptions- und Kartellbekämpfung (vgl. Balser, 2008). Das 'Fit4More'-Programm, dessen Ziele man erreicht sieht, wird ersetzt durch das 'Fit42010'-Programm, in dem Corporate Responsibility wieder eine zentrale Rolle einnimmt. Hier lag für das Geschäftsjahr 2007 und die Zukunft der Fokus auf der Schaffung des notwendigen Bewusstseins für 'Compliance'-Regeln (Siemens AG, 2007: 42 f.). Dies wurde zur 'Chefsache' des Vorstandes erklärt. Der Schwerpunkt liegt auf dem neuen 'Compliance'-Programm, welches anhand der Prozessschritte 'Vorbeugung', 'Erkennung' und 'Reaktion' operationalisiert werden soll (vgl. Abbildung 1-01):

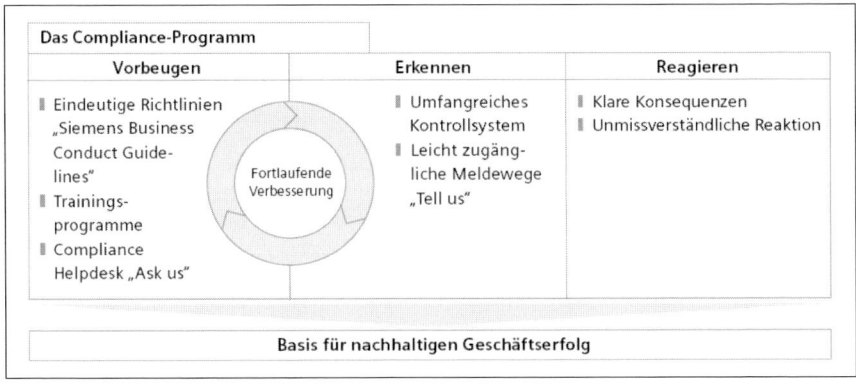

Abb. 1-01: Siemens 'neues' Compliance-Programm[7]

Vorgesehen sind Trainingsprogramme, ethische Richtlinien, Kontrollsysteme sowie Möglichkeiten für Mitarbeiter, Fehlverhalten zu melden. In diesem Zusammenhang ist auch der neue 'Corporate Responsibility Award' für Siemens-

---

[7]   Quelle: Siemens AG, 2007: 43.

mitarbeiter zu nennen. Die Berichterstattung wird darüber hinaus durch einen 'Corporate Responsibility Report' alimentiert und ergänzt.

Die drastischen Veränderungen in der Besetzung der Führungspositionen und der Organisationsstruktur – an der Spitze der einzelnen Geschäftseinheiten, Divisionen und Sparten steht nun jeweils ein verantwortlicher Manager – braucht die neue Unternehmensspitze, um einen authentischen Neuanfang zu schaffen (vgl. Herr, 2008b). Dabei zeigen sich neben den laufend neuen Offenbarungen zwei wesentliche Herausforderungen für Löscher und Cromme: Zum einen kommen Sie nicht umhin, bei der Erneuerung der Führungsstruktur auf die siemensinternen Kader zurückzugreifen. Das zeigt die Ernennung von Hannes Apitzsch zum Finanzvorstand des Industriesektors, welche nur eine Woche später rückgängig gemacht werden musste, als neue Erkenntnisse zu Apitschs Rolle in dem AUB-Skandal bekannt wurden (vgl. Herr, 2008b). Die Unklarheit über die Verwicklungen der Führungskräfte in den Siemens-Skandal stellt eine wesentliche Belastung für die Neuaufstellung der Unternehmung dar. Zum anderen wird offensichtlich, dass die Auseinandersetzung mit der Vergangenheit die Führung vom operativen Geschäft ablenkt (vgl. Theurer, 2008a; Theurer, 2008b). Dies führt zur Verunsicherung der Anleger. In dieser Situation nicht das Vertrauen der Investoren zu verlieren, stellt die neue Spitze vor eine große Aufgabe. Ihr Weg mit Siemens zurück zur Verantwortung erscheint noch lang.

Von Pierer und Siemens als 'Täter' und 'Opfer' in der globalen Gemeinschaft: Die Klärung der juristischen und moralischen Schuld Heinrich von Pierers, an der der Öffentlichkeit so viel gelegen ist, wird sich noch lange hinziehen und voraussichtlich für viele unbefriedigend bleiben. Daher sollen an dieser Stelle diesbezüglich keine Spekulationen angestellt werden, wenngleich eine vollständige Unkenntnis seitens von Pierers an den Vorgängen in seinem Hause auf Basis des aktuellen Erkenntnisstandes außerordentlich unwahrscheinlich erscheint. Dies gilt umso mehr für die moralische Dimension, nachdem das Magazin der SPIEGEL über von Pierers leitende Rolle bei dem Verkauf von Kernkraftanlagen in den Iran in den 80ziger Jahren berichtet hat. Allein in dieser Transaktion sollen rund 400 Millionen Mark an Bestechungsgeldern geflossen sein.

Unabhängig davon kann die (politische) Verantwortung für die Vorgänge bei
Siemens klar zugeordnet werden:

> „[Der Vorstandsvorsitzende legt] im Einvernehmen mit dem Zentralvorstand
> (...) die Grundsätze der Unternehmenspolitik fest. Zu den Vorstandsaufgaben
> gehören die strategische Ausrichtung des Unternehmens, die Planung und
> Festlegung des Unternehmensbudgets, die Ressourcenallokation sowie die
> Kontrolle der Geschäftsführung der Bereiche." (Siemens AG, 2004: 42)

Diese Verantwortung hat von Pierer erst im Juni 2008 gegenüber der ZEIT eingeräumt (vgl. Gehrmann, 2008). Damit bekennt er sich zu den Konsequenzen,
die der Siemens-Skandal unzweifelhaft verursacht hat: Zunächst ist der Scha-
den des Konzerns zu nennen. Selbst wenn die Bestechungszahlungen in Höhe
von 1,3 Mrd. Euro das Ergebnis nicht negativ belastet haben sollten, so entstehen mit den deutschen Bußen und Steuernachzahlungen in Höhe von ca. 395
Mio. Euro, den laufende Anwaltskosten von bisher 770 Mio. Euro, sowie den
Strafen der SEC Zusatzbelastungen für das Unternehmen, die gegenwärtig auf
2,5 Milliarden Euro geschätzt werden (vgl. Balser, 2008; Siemens AG, 2008).
Dazu kommt der Reputationsschaden von Siemens, der Vertrauensverlust in
der Öffentlichkeit, bei den Kunden und Zulieferern und nicht zuletzt bei den
Mitarbeitern, deren Enttäuschung durch die Führung und Unsicherheit das operative Geschäft weiter belasten (vgl. Knop, 2008a; Siemens AG, 2007: 42).
Ähnlich gravierend sind die Schäden an der Reputation der betroffenen Führungskräfte, seien diese nun juristisch verschuldet oder nicht. Die Mitglieder
des Zentralvorstandes und der unteren Ebenen – mittlerweile werden rund 300
Personen beschuldigt – sehen sich mit Haft- und Geldstrafen konfrontiert. Allen voran ist hier Heinrich von Pierer zu nennen, dessen Sturz wohl am dra-
matischsten ausfällt. Während Klaus Kleinfeld mit seiner Stellung bei Alcoa seine wirtschaftliche Karriere fortsetzt, steht von Pierer vor den Scherben seines
Lebenswerkes. Selbst wenn sich herausstellt, dass er sich juristisch nichts zu
Schulden hat kommen lassen, so wird er seinen Ruf von diesem Makel nicht
mehr befreien können (vgl. hierzu auch Knop, 2008b; Meck, 2008). In diesem
Sinne erscheint von Pierer als 'Täter' und 'Opfer' hinsichtlich der Forderung
nach einer verantwortungsvollen Führung unter den Bedingungen der Globalisierung.

1.1.2.2 Fallbeispiel B: Ray Anderson und Interface Inc.

Eine 'klassische' Erfolgsgeschichte: Ray C. Anderson und Interface repräsentieren demgegenüber ein positives Beispiel für proaktives ethisches Engagement. Die Bemühungen um ökologische Nachhaltigkeit oder sogar ökologische Erholung sind Pionierleistungen und haben das öffentliche Verständnis einer umweltfreundlichen Unternehmung maßgeblich geprägt. Dies gilt insbesondere für die Vereinigten Staaten von Amerika. Anderson und Interface, zig-
mal für Ihre Leistungen ausgezeichnet, sind sowohl für ihre Branche als auch
für die Geschäftswelt im Allgemeinen zu Vorbildern avanciert, die zu einem
Umdenken inspirieren und an denen sich Wertschöpfungsprozesse künftig mes-
sen lassen müssen (vgl. McDonough, 2007; und Dean, 2007).

Anderson gründete Interface Inc. 1973 als Joint Venture mit dem britischen
Unternehmen Carpets International. Zuvor hatte Anderson nach seinem Wirt-
schaftsingenieursstudium am Georgia Institute of Technology mehrere Jahre
bei dem Textilhersteller Callaway Mills gearbeitet. Dort war er auch mit dem
Konzept der Teppichfliesen in Kontakt gekommen, welches er, nach einer ver-
passten Karrierechance, mit seiner Neugründung weiter verfolgte (Anderson,
1998: 27 ff.). Dank innovativer Ingenieure, einem ehrgeizigen Managementteam
und diverser Zukäufe gelang es, sich in dem Markt für modulare Bodenbeläge
zu etablieren. Auftretende Krisen in den Jahren 1984 und 1991–93 konnten
durch Diversifikation und ein neues Management abgewehrt werden, so dass
das an der Nasdaq gelistete Unternehmen mit dem Hauptsitz in Atlanta 1995
zum ersten Mal einen Umsatz von ca. einer Milliarde US-Dollar erreichte. Es
war (nach eigenen Angaben) zum Weltmarktführer bei der Herstellung von Teppichfliesen avanciert (Anderson, 1998: 36 ff.). Mit dem finanziellen Erfolg und
der Schaffung von mehreren tausend Arbeitsplätzen hatte Anderson es in der
Wahrnehmung seiner Umwelt und auch der eigenen 'geschafft'. Als Entrepreneur und Industriekapitän war er zu einem „modernen Helden" geworden (Anderson, 1998: 5).

Andersons 180°-Wende: Diese Ansicht verwarf Anderson, wie es seinem 1998
erschienenen Buch „Mid-Course Correction" zu entnehmen ist, in der Mitte des
Jahres 1994. Interface war darum bemüht, sich mit der Frage nach dem eige-

nen Beitrag zum Umweltschutz auseinanderzusetzen, und hatte dazu eine entsprechende Arbeitsgruppe gebildet. Dem vorausgegangen waren diesbezügliche Kundenanfragen und das Gefühl, dass der Verweis auf die Einhaltung von 'Compliance'-Regeln unbefriedigend war. Anderson war gebeten worden zur ersten Veranstaltung dieser Gruppe eine Grundsatzrede zu halten. Wie er seitdem über die Jahre nicht müde geworden ist zu berichten, sei es in seinem Buch, Interviews oder der Interface Berichterstattung, hatte er zu diesem Zeitpunkt keine weitergehende Vorstellung als diejenige, die gesetzlichen (Mindest-)Standards einzuhalten: „obey the law, comply, comply, comply" (Anderson, 1998: 39 vgl. auch Dean, 2007; Grist, 2004; McDonough, 2007). Im Zuge seiner zunächst widerwilligen Vorbereitung für die Veranstaltung erhielt er zufälligerweise Paul Hawkens Buch „The Ecology of Commerce". Darin wird die klassische Vorstellung unserer industriellen Gesellschaft aus einer ökologischen und biologischen Perspektive in Frage gestellt. Hawkens macht sich für eine „neue industrielle Revolution" stark, welche, auf Nachhaltigkeit ausgerichtet, die Grundlagen des Lebens nicht gefährdet (Hawken, 1993 vgl. auch Hawken, 1984).

Die Lektüre veränderte Andersons Wahrnehmung grundlegend. Er beschreibt es als „Speer-in-der-Brust"-Offenbarung und richtet sein eigenes Handeln und das seiner Firma radikal neu aus (vgl. Anderson, 1998: 39 ff.; Interface Inc., 2008a). „(...) I went beyond compliance in a heartbeat", schildert Anderson (ebd., 1998: 40), nicht zuletzt daher, dass Compliance von ihm nun auch als „as bad as the law allows" verstanden wurde (ebd., 1998: 51). Anderson gelang es, zunächst die Arbeitsgruppe und dann sukzessive die übrigen Mitarbeiter von Interface von der Notwendigkeit eines grundlegenden Wandels zu überzeugen. Gemeinsam lancierten sie die Programme PLETSUS (Practices LEading Towards SUStainability) und EcoSense, um ihre nun gemeinsame Vision einer nachhaltigen Unternehmung bis 2020 (ehemals 2000) zu realisieren (vgl. Anderson, 1998: 45; oder auch Interface Inc., 2007). Der Weg dorthin entspricht in Andersons metaphernreicher Sprache dem Erfolg an sieben Fronten bzw. an den sieben Seiten des Nachhaltigkeitsberges. Diese umfassen erstens die Vermeidung jeglicher Abfallproduktion, welcher von der Natur nicht aufgenommen oder recycelt werden kann ('Zero Waste'). Zweitens sollen sämtliche giftigen Emissionen vermieden werden, das Leitbild ist hier eine Fabrik ohne Schlote ('Benign Emissions'). Drittens sollen der Energiebedarf des Unternehmens durch erneuerbare Quellen gedeckt werden. Langfristig bedeutet dies den vollständigen Verzicht auf fossile Energieträger zu Gunsten von Wind und vor allem Solarenergie ('Renewable Energy'). Viertens muss der lineare Produktionsprozess der 'klassischen' industriellen Revolutionen durch einen zyklischen ersetzt werden. Die von der Natur imitierten Kreisläufe stützen sich dabei auf umfassende Recyclingbemühungen ('Closing the Loop'). Fünftens wird ein ressourcen-effizienter Transport angestrebt, worin derzeit die größte Herausforderung für Interface besteht, da sich diese Prozesse ihrem direkten Zugriff entziehen. Langfristig bedarf es hier Innovationen im Bereich der Automobilentwicklung. Gegenwärtig lässt Interface über einen Partner Bäume pflanzen, um eine ausgeglichene CO_2-Bilanz zu erreichen ('Ressource-Efficient Transportation'). Sechstens bedarf es kontinuierlicher Aufklärungsarbeit und Zusammenarbeit mit den Zulieferern, Kunden, Partnern und Gemeinden. Die Prinzipien der Nachhaltigkeit sollen auf möglichst breiter Basis verankert werden ('Sensitizing Stakeholders'). Siebtens und letztens wird eine Neugestaltung der Geschäftswelt angestrebt, welche eine ökologische Nachhaltigkeit unterstützt. Die erste Innovation seitens Interface in diesem Bereich war der 'Evergreen'-Service. Kunden dieses Service kaufen nicht mehr ihren Teppich, sondern mieten ihn. Interface wechselt nach eigenem Ermessen defekte Module aus und kann diese unmittelbar dem Recyclingprozess zuführen ('Redesign of Commerce') (vgl. hierzu Anderson, 1998: 110 ff.; sowie Interface Inc., 2008d).

Der Erfolg, den Interface seit 1994 an den jeweiligen Fronten verbuchen konnte, ist beachtlich. Unter anderem konnte die Menge des an Mülldeponien verschickten Abfalls von ca. 6800 Tonnen im Jahr 1996 auf 2313 im Jahr 2007, also um ca. 65 Prozent reduziert werden. In dem gleichen Zeitraum stieg der Anteil an recycelten und aus Biomasse gewonnen Rohmaterialen von 0,5 Prozent auf 25,3 Prozent (Interface Inc., 2007: 4). Der Anteil an erneuerbarer Energie konnte von null auf 27 Prozent gesteigert werden (Interface Inc., 2008c). Interface hat am Georgia Institute of Technology einen Lehrstuhl für Umweltsysteme gestiftet, nachdem Ray Anderson in seiner Funktion als Vorsitzender des Georgia Tech Advisory Boards maßgeblich Einfluss auf die strategische Neuausrichtung der Hochschule in Richtung Nachhaltigkeit genommen hat (vgl. Anderson, 1998: 146 ff.). Auch auf nationaler Ebene konnte Anderson positiv Einfluss nehmen. Nach vorangegangener Mitgliedschaft wurde er 1997 Vize-Vorsitzender des 'President Council on Sustainable Development' unter der Clinton-Administration. Als solcher setzte er sich bereits damals für eine Umgestaltung des Steuersystems sowie die Ratifizierung des Kyoto-Protokolls ein.

Andersons Bemühungen sind bis in die Gegenwart unzählige Male ausgezeichnet worden, neben der Berufung in den Nachhaltigkeitsrat, wurde er 1996 mit dem ersten Global Green Millennium Award durch Mikhail Gorbachev ausgezeichnet, er wurde im Jahr 2000 zum „Greenest Chief Executive in America" ernannt, er erhielt Preise des Houston Advanced Research Centers, der Georgia State University und der Harvard Business School und wurde mit zwei Ehrendoktortiteln ausgezeichnet. Interface wurde 2005 und 2006 als einer der Top 100 'Corporate Citizens' durch das Business Ethics Magazin gelistet und 2006 belegte Interface im GlobeScan 2006-2 Bericht zu 'Sustainability Experts' den ersten Rang (vgl. für diverse andere Auszeichnungen Interface Inc., 2008b).

In den Jahren seit 1994 haben Ray Anderson und Interface einen radikalen Wertewandel vollzogen und haben diesen mit unermüdlichem Einsatz auch in der Öffentlichkeit propagiert. Hierin ist wohl der größte Beitrag zur Erreichung einer nachhaltigen industriellen Revolution, wie sie Anderson anstrebt, zu sehen.

Wertebasis und 'Business Case' des Rufs nach Nachhaltigkeit: Um diesen radikalen Wandel seitens Anderson und Interface nachvollziehen zu können, muss die zugrundeliegende Motivation näher betrachtet werden. Auffällig ist, dass Anderson, wenngleich er kurz auf Kants kategorischen Imperativ als Leitidee rekurriert, nicht mit einem elaborierten Ethiksystem hantiert. Vielmehr verdankt er seine Neuausrichtung der Einsicht in einige wenige grundlegende Überlegungen: Erstens der Notwendigkeit eines ökologischen Umdenkens (1) und zweitens der Frage nach den relevanten Akteuren bei der Übernahme von Verantwortung (2).

(1) Auf der theoretischen Basis der Überlegungen von Hawkens (Hawken, 1984; Hawken, 1993; Hawken/Lovins/Lovins, 2000), McDonoughs (McDonough, 1992; McDonough, 1993) und Carsons (Carson, 1962), skizziert Anderson seine Überzeugungen drastisch. Es geht ihm um das Überleben der Spezies Mensch im Lichte eines möglichen Umweltkollaps und der damit verbundenen tyrannischen Herrschaft über noch ungeborene Generationen. Diesen entziehen die gegenwärtigen Generationen wichtige Lebensgrundlagen, verursacht durch die steigende Vergiftung der Biosphäre und den Verbrauch an begrenzten Ressourcen. Ursächlich dafür ist für Anderson die Form des menschlichen Strebens nach Wohlstand, das Paradigma, auf welchem das moderne industrielle System und entsprechend auch die wirtschaftliche Theorie basieren. Dieses beruht seiner Auffassung nach auf den Annahmen, dass die Erde unbegrenzter Lieferant von natürlichen Rohstoffen ist und über die Fähigkeit verfügt, Abfall und Giftstoffe grenzenlos zu lagern und abzubauen, ohne dabei ihren lebensbefähigenden Charakter zu verlieren. Weiterhin zeichnet sich diese Sichtweise nach Anderson durch einen starken Technologieglauben, sowie verhältnismäßig kurze Planungshorizonte aus. In der Eroberung der Welt und der Herrschaft über andere Lebensformen nimmt der Markt eine positiv koordinierende Stellung ein (vgl. Anderson, 1998: 92 ff.). Die Berichterstattungen der vergangenen Jahre zu den Themen Erderwärmung, Schadstoffbelastung in Luft, Wasser und Boden, Klimakatastrophen und dergleichen lassen nun eine kritische Hinterfragung dieser Annahmen zu (vgl. auch Gore, 2006). Die Erde ist sowohl in der Fähigkeit der Bereitstellung von Rohstoffen als auch deren Aufnahme begrenzt. Die Komplexität des Ökosystems und seine vielfältigen Interdependenzen verbieten das Auslöschen einer einzigen Spezies und nicht jede Technologie ist geeignet, um unseren Wohlstand zu sichern (Anderson, 1998: 94 f.). Hinzu kommt, dass der Markt, wenngleich ihn Anderson als sinnvolles Instrument der Koordination erkennt, stets opportunistisch sei. Dies gilt in dem Sinne, dass er es zulässt, dass einzelne Akteure Kosten zu Ungunsten der Öffentlichkeit externalisieren (Anderson, 1998: 5, 61 & 95).

Diese veränderten Bedingungen müssen nach Anderson entsprechend in unser Verständnis von Wirtschaft eingehen und so eine neue, nachhaltige Industrialisierung initialisieren. Dabei spielt es keine Rolle, ob die fossilen Ressourcen noch wenige Jahrzehnte oder Jahrhunderte ausreichen, langfristig kommt die Menschheit nicht umhin, nachhaltig Wertschöpfung zu betreiben. Nachhaltigkeit ist für Anderson und Interface damit „the [morally] right thing to do" (Anderson, 1998: 45 & 70).

(2) Bei der Frage nach den in diesem Prozess maßgeblichen Akteuren sieht Anderson die Unternehmen und ihre Führung in der Verantwortung. Diese sind nicht zuletzt auch die primären Verursacher der ökologischen Probleme. Weiterhin sieht er sie als besser geeignet als die Kirchen, den Staat oder reine Aufklärungsprogramme. Erstere stützen in ihrer Dogmatik oftmals die 'klassische' Sicht zum Verhältnis Mensch und Erde. Die staatliche Regulierungsmacht hinkt Ereignissen der Praxis hinterher und auch reine Bildungsprogramme können nicht genug Wirkungsmacht entfalten. Sie stellen allerdings eine zentrale Vorraussetzung im Prozess des Umdenkens dar. Unternehmen hingegen können in ihrer Gemeinde einen wesentlichen Beitrag leisten. Auf diese Weise könnten die Menschen aus ihrer Mitte heraus einen Wandel ermöglichen (vgl. Anderson, 1998: 68 ff.).

Diese Einsicht in die Unbeständigkeit der gegenwärtigen, linearen Wertschöpfung, in die latente Benachteiligung zukünftiger Generationen durch unsere Lebensweise und die Handlungsfähigkeit der Unternehmen macht nach Anderson eine Ausrichtung an nachhaltigen Prinzipien zu einer richtigen, einer ethischen und moralisch guten Handlungswahl. Erst hiernach greift der 'Business Case' der Nachhaltigkeit, also die finanziellen Gründe für ökologisches Wirtschaften: „Doing well by doing good." (Anderson, 1998: 71). Anderson illustriert hierzu die Möglichkeiten für Unternehmen, sich durch eine zügige Anpassung an nachhaltige Produktionsweisen einen Vorteil gegenüber Wettbewerbern zu verschaffen, die langsamere Anpasser sind. Dieser wird umso deutlicher, desto mehr sich Rohstoffe durch Verknappung verteuern.[8] Hinzu kommen Kostenersparnisse durch die Abfallreduktion. Interface rechnet mit kumulierten Ersparnissen im Zeitraum 1994 bis 2006 von über 300 Millionen US-Dollar. Neben

---

[8]   Als Anderson dies 1998 schrieb, lag der Preis für ein Barrel Rohöl bei ca. 20 US-Dollar, im Jahr 2008 hatte er zwischenzeitlich ein Niveau von über 140 Dollar erreicht!

der Kostenseite kommt die Unterstützung von zunehmend ökologisch sensibilisierten Konsumenten. So konnte Interface seine Produktpalette von kommerziellen auch auf private Abnehmer erweitern. In diesem Sinne ermöglicht eine Umstellung auf nachhaltige Produktionsverfahren neben deren Gefahren auch bemerkenswerte Geschäftschancen. Dies gilt zumindest für Andersons Unternehmen Interface, welches sich an einer sehr positiven Aktienentwicklung, der Wahl zu einem der Top 100 Arbeitgeber und der Ausgründung einer Nachhaltigkeitsberatung in jüngster Vergangenheit erfreuen kann.

Anderson und Interface als Entrepreneure des Sozialen Wandels: Der Fall Anderson-Interface hat viel Aufmerksamkeit auf sich gezogen, dazu hat nicht zuletzt auch der kanadische Dokumentarfilm „The Corporation" beigetragen, der das Thema einer breiteren Öffentlichkeit zugänglich gemacht hat. Ray Anderson berichtet darin von seinem Kurswechsel, in dem er mittlerweile seinen Vollzeitjob sieht (vgl. Grist, 2004). Zu diesem Zeitpunkt lag die ökologische Initialzündung bei Interface bereits neun Jahre zurück. Gerade hierin manifestiert sich die Besonderheit der Leistung. Anderson konnte Mitarbeiter und Anspruchsgruppen für einen radikalen Neuanfang gewinnen und dies zu einem Zeitpunkt, der als 'roaring nineties' eine Hochzeit kapitalmarktgetriebener Unternehmenssteuerung war. Wenngleich die Berichterstattung zu dem Fall dem Leser streckenweise 'verklärt' erscheint, so kann die genuine Moralität der Motivation Andersons nur schwer bezweifelt werden. Mit der Erkenntnis, dass die eigenen Geschäftspraktiken zum 'Plündern' der natürlichen Ressourcen beitrugen, kam die Bereitschaft das Risiko eines radikalen Umdenkens einzugehen: „He bet his entire company" (Bob Fox, zitiert nach Dean, 2007). Möglich wurde dies in seiner radikalen Form zum einen durch Andersons Kontrolle über die maßgeblichen Stimmrechte[9] bei Interface, zum anderen aber auch durch die Eingängigkeit der neuen Leitideen und der Überzeugungsleistung Andersons. Letztere fußten auf der Einsicht in den Wandel der Rolle der wirtschaftlichen Akteure und ihrem Verhältnis zu Staat und Gesellschaft. Anderson sah sich als CEO

---

[9]   Anderson kontrollierte zum Ende des Geschäftsjahres 2008 circa 52 % der „Class B"-Aktien. Dies gestattet ihm effektiv die Ernennung der Mehrheit der Mitglieder des 'Board of Directors' (vgl. Interface Inc., 2008: 16).

von Interface in der Verantwortung gesellschaftliche Probleme anzugehen und durch die innovative Neugestaltung von Produktion und Verkauf zu ihrer Lösung beizutragen. Mit der Kritik des beschränkten Marktes und dem Einsatz zu dessen Umgestaltung wird den Implikationen einer sich globalisierenden Gemeinschaft Rechnung getragen. Wenngleich sich Anderson selbst in erster Linie auf ökologische Problembereiche konzentriert, so betont er doch die Bedeutung von der Pflege des Sozialkapitals, also der Verbindung mit anderen Gesellschaftsmitgliedern und -gruppen. In dem Wissen, dass seine Fokussierung diesem Anliegen zu wenig Beachtung schenkt, unterstützt er den engagierten Einsatz anderer Top-Management Mitglieder zu diesem Aspekt einer echten Nachhaltigkeit (vgl. Anderson, 1998: 186 f.). In diesem Sinne ist Anderson für viele ein bemerkenswerter Entrepreneur des positiven sozialen Wandels, dessen Unternehmen dank seiner Führung und Mitarbeiter zu einem Rollenvorbild nachhaltigen Wirtschaftens geworden ist und damit einen wesentlichen Beitrag zu der als notwendig empfundenen Neugestaltung der Verhältnisse von Staat, Markt und Gesellschaft leistet.

1.1.3 Verantwortungsvolle Führung als Nexus heterogener Handlungs- und Problemfelder

Die beiden skizzierten Fallbeispiele werfen ein Schlaglicht auf die Herausforderungen, denen sich die Führung von (multinationalen) Unternehmen in der Gegenwart stellen muss. Diese sind wie bereits angedeutet durch die Bedingungen der Globalisierung gekennzeichnet. Die hiermit assoziierte postnationale Konstellation, als Ausdruck einer auftretenden Funktions- und Legitimationskrise des Nationalstaates und die offene Frage nach der vernünftigen Selbststeuerung der Gemeinschaft (vgl. Kap 2.2; ebenso Scherer, 2003: 125 ff.), rückt das Wechselspiel von Wirtschaft und Politik ins Zentrum der Betrachtung. In den Fallbeispielen konkretisiert sich dies in der Relevanz der Korruptionsbekämpfung und dem Umweltschutz für die Führungspraxis. Beide Aspekte sind exemplarisch für das Engagement wirtschaftlicher Akteure in der Verfolgung sozialer Anliegen im Allgemeinen und der Erstellung öffentlicher Güter im Speziellen. Gemeint sind damit solche Aktivitäten, die sich der Leistungserstellung für die Öffentlichkeit widmen, ohne damit unmittelbar eigene ökonomische Interessen zu verfolgen (vgl. in diesem Kontext Kaul et. al., 2003a; Kaul et. al., 2003b; Ostrom/Walker, 1997). Dies erscheint vor dem Hintergrund einer neoliberalen Ökonomik mit ihrer 'Shareholder'-Orientierung (vgl. Sundaram/Inkpen, 2004; kritisch Driver/Thompson, 2002; Freeman, 1984), ihrem Primat der Profitmaximierung (vgl. Friedman, 1970; Jensen, 2002) und ihrem auf effektive Aufgabenerfüllung angelegten Führungsverständnis (vgl. Bass, 1990) kontraintuitiv. Dass die Einbeziehung weiterer Anspruchsgruppen und die Berücksichtigung so gearteter Anliegen von hoher Relevanz für die Führungspraxis sind belegen die angeführten Beispiele. Heinrich von Pierer scheiterte, ungeachtet seines wirtschaftlichen Erfolges, an der Aufgabe einer effektiven Korruptionseindämmung und dem Mangel an Integrität in Hinblick auf die Kommunikation hierzu. Ray C. Anderson hingegen hat sich erfolgreich dem Thema Umweltschutz angenommen und ist damit in der Wahrnehmung vieler zu einem Vorbild einer verantwortungsvollen Führungskraft geworden.

Die Betonung der Relevanz einer verantwortungsvollen Führung, die sich derart erweiterter Herausforderungen annimmt, bedeutet gleichsam die Einbeziehung der Pluralität an Handlungsfeldern, samt ihrer internen und wechselseitigen Problemkonstellationen. Vorrangig problembehaftet erscheint dabei das vermeintlich antagonistische Verhältnis von Profit und Moral. Dies bringt das Beispiel Siemens deutlich zur Geltung. Von Pierer selbst hat sich in seinen Überlegungen zur Verantwortung von Unternehmen für das absolute Verbot jeder Form der Korruption ausgesprochen:

> „(...). Wird gegen dieses Postulat verstoßen, muss das Unternehmen zu einer lückenlosen Aufklärung beitragen und gegen die betreffenden Personen selbst disziplinarisch vorgehen. Denn hier geht es keinesfalls um Kavaliersdelikte, die man augenzwinkernd dulden könnte." (von Pierer, 2003: 19).

Korruption ebenso wie jedwedes andere unmoralische Handeln würde sich langfristig nicht „lohnen" (von Pierer, 2003: 11). Damit steht für ihn am Anfang der Korruptionsvermeidung „bereits nüchternes unternehmerisches Kalkül" (ebd., 2003: 27 f.). Wie in anderen Stellungnahmen auch, kommt hierin von Pierers

Verständnis eines Primats der Profitabilität zum Ausdruck, deren langfristiger Sicherung moralisches Handeln zweckdienlich ist. Profit und Moral sind demnach keine Antagonisten sondern bedingen sich wechselseitig in den Bemühungen der Führung um nachhaltigen (finanziellen) Erfolg (ebd., 2003: 8; vgl. auch Siemens AG, 2002b; Siemens AG, 2003; Siemens AG, 2004). Trotz dieses Bekenntnisses zur Korruptionsbekämpfung hat das faktische Handeln unter Wettbewerbsbedingungen und unterschiedlichen kulturellen und juristischen Orientierungsrahmen offenkundig zur Untergrabung der Moral geführt. In diesem Spannungsfeld heterogener Handlungsimperative (bspw. 'Gewinnmaximierung' und 'Regelbefolgung') und der Pluralität normativer Orientierungen, die das Handeln multinationaler Unternehmen und Führungskräfte mit sich bringt, stellt sich die Frage nach der angemessenen Verankerung der Moral.

Von Pierer betont, ganz im Sinne seines Mitherausgebers Homann, die Notwendigkeit das Primat der Profitabilität strukturell einzufangen. Organisationssysteme und Unternehmensprogramme im Sinne von Regel-Kontroll-Systemen[10] sollen die notwendigen Anreizstrukturen schaffen, die der Moral im Prozess des Wirtschaftens Geltung verschaffen (siehe Friemel et. al., 2003; Homann, 2003; von Pierer/Homann/Lübbe-Wolff, 2003 vgl. auch Homann/Blome-Drees, 1992; sowie auch Sorg, 2002). Gleichzeitig deutet sein beschriebenes Verhalten darauf hin, dass er die Führung und sich persönlich von der Übernahme einer solchen Verantwortung exkulpiert. Im Lichte dieses Falles scheint es indes, dass das bloße Vertrauen auf eine strukturelle Verankerung der Moral ohne die Einbeziehung der beteiligten Individuen nicht ausreichend ist, um ein verantwortungsvolles (Unternehmens-)Handeln sicherzustellen. Dies illustriert das Beispiel Anderson, in dem der maßgebliche Einfluss der Führung auf die moralische Verfasstheit einer Organisation deutlich wird. Der Fall Anderson ist ohne seinen CEO und dessen Überzeugungsarbeit gegenüber der restlichen Unternehmungsführung nicht denkbar.

Aus diesen Überlegungen ergibt sich für den Wissenschaftler ebenso wie für den Praktiker eine Vielzahl an ungeklärten Fragestellungen. Es ist zu klären, in-

---

[10]   Im Folgenden auch als 'Compliance'-Systeme bezeichnet.

wiefern die in der Praxis so offensichtlichen Implikationen der Globalisierung für Führungskräfte in unserem Verständnis von Führung Niederschlag finden können und sollen. Der 'Ruf nach Verantwortungsübernahme' bedeutet letztlich nichts anderes als einen Drift in Erwartungen gegenüber der Führung von und in (multinationalen) Unternehmen. Offen ist dabei, ob diese Akteure im Lichte globaler Problemstellungen die richtigen Adressaten sind. Wie kann die Übernahme öffentlicher Aufgaben seitens privater Akteure begründet und legitimiert werden? Dabei lassen diese neuen Herausforderungen auch die Frage nach der Vermittlung von Moral und Profit nach ihrer erfolgreichen Verbindung im Nationalstaat wieder virulent werden. Dies gilt umso mehr, da die adressierten Akteure in einer Vielzahl kulturell heterogener Handlungsfelder agieren. Wie sind hier zwangsläufig auftretende normative Konflikte beizulegen? Und wo sind die Grenzen dessen, was die Gesellschaft von ihren Führungskräften erwarten kann?

Die Auseinandersetzung mit diesen Problemstellungen aus einer Perspektive der Führungstheorie hat in der Gegenwart erst tentativ und sehr fragmentarisch begonnen (vgl. insb. Kapitel 3 dieser Arbeit). Das Augenmerk dieser ersten Arbeiten hierzu liegt auf Teilaspekten der Globalisierung (vgl. Bartlett/Ghoshal, 2003; Danon-Leva, 2005; Mendenhall et. al., 2008), der Frage nach moralischer Verantwortung (vgl. Brown/Trevino, 2006; Doh/Stumpf, 2005a; Johnson, 2009; Maak/Pless, 2006a; Sharma/Bhal, 2004)[11] oder auch der politischen Theorie (vgl. Cradden, 2005). Eine systematische Analyse der Entstehungsbedingungen der neuen Führungsherausforderungen und deren angemessene und begründete Berücksichtigung in einem übergreifenden Konzept einer verantwortungsvollen Führung sind bisher nicht erfolgt. Dies ist Gegenstand und originärer Beitrag dieser Arbeit. Die beiden Fallbeispiele liefern dabei für die weiteren Überlegungen einen praktische Hintergrundfolie, vor der die Defizite in der aktuellen Theoriebildung aufgezeigt und eine eigene Konzeption entwickelt werden soll. Die Fälle von Pierers und Andersons, ebenso wie andere Beispiele in die-

---

[11] Prof. Treviño verzichtet in vielen ihrer Publikationen auf das Akzentzeichen bei der Schreibweise ihres Names. Dies wird für die vorliegende Arbeit übernommen.

ser Arbeit sichern so die gedankliche Rückkopplung an die Führungspraxis. In Kapitel 4.4 werden die Beispiele im Lichte eines erweiterten Führungsverständnisses nochmals kritisch betrachtet.

1.2 Ziel der Untersuchung

Um sich der Frage nach der Rolle der Führung in der Gegenwart anzunehmen, bedarf es der Klärung dreier Sachverhalte: Zum einen muss aufgezeigt werden, inwiefern der Ruf nach der neuen, verantwortungsbewussten Führungskraft gerechtfertigt und notwendig ist (1). Zum anderen muss untersucht werden; was unter einer 'verantwortungsvollen Führung' überhaupt verstanden werden kann (2) und zuletzt muss ein solches Verständnis in angemessener Weise den Rückbezug zur Führungspraxis und dem organisationalen Kontext gewährleisten (3).

(1) Auslöser der Forderung nach einer verantwortungsvollen Führung sind vor allem die unmittelbaren Folgen unternehmerischen Handelns, namentlich der Abbau von Arbeitsplätzen (insbesondere im Zusammenhang mit Rekordgewinnen), Managergehälter, das Auftreten von 'Heuschrecken' (bspw. in der Form von Private-Equity- oder Hedgefonds), ökologischen Risiken, Menschenrechtsverletzungen und vielem anderen. In der Tat scheint die negative Berichterstattung von der 'Wirtschaftsfront' nicht abzureißen. Gleichzeitig bedeutet die grosse Aufmerksamkeit, die ein jeder solcher „Skandal" auf sich zieht, empfindliche Reputationsverluste für die betroffenen Führungskräfte und ihre Unternehmen. Darüber hinaus schlägt sich die Unfähigkeit von Managern, den öffentlichen Forderungen nach verantwortungsvollem Handeln genüge zu tun, nach einer Serie spektakulärer Finanzskandale in den Vereinigten Staaten von Amerika nun auch in persönlichen Konsequenzen für die beteiligten Führungskräfte nieder. Ein Beispiel dafür ist die Verurteilung des ehemaligen Enron-CEO Jeffrey Skilling zu 24 Jahren Haft und einer Geldstrafe in Höhe von 36 Millionen Euro (vgl. dazu Der Tagesspiegel Online, 2006).

Unklar ist allerdings, ob diese Krisen und Skandale nur Höhepunkte im natürlichen 'Auf und Ab' des Wirtschaftsprozesses darstellen, oder ob sie Sympto-

me eines grundlegenden Wandels desselben sind. Ziel ist es daher zu untersuchen, *inwiefern die Bedingungen des globalen Wirtschaftsprozesses ein neues
Führungsverständnis notwendig machen.*

(2) Dass dies der Fall ist, legt die Analyse dieser Arbeit nahe. Damit fügt sie
sich ein in die Reihe junger Beiträge zu der Frage nach einer verantwortungsvollen Führung. Diese Überlegungen, die die neuen Anforderungen an wirtschaftliche Akteure mit einbeziehen, können bisher nur Facetten des Konzeptes beleuchten (vgl. Bartlett/Ghoshal, 2003; Doh/Stumpf, 2005a; Maak/Pless,
2006a; Martin, 2006). Dies ist vor dem Hintergrund der radikalen Verschie-
denheit der neuen Herausforderungen im Vergleich zu den bisherigen Erwartungen an Führungskräfte und der Notwendigkeit eines holistischen Verständnisses zu verstehen. Wer sind die Adressaten einer verantwortungsvollen Führung? Welches sind ihre Instrumente? Welche Ziele verfolgt sie? Welche soll
sie verfolgen? Dies sind Fragen, die es zu beantworten gilt, um den Führungsbegriff von Grunde auf neu zu fassen. Eine solche Konzeption muss im Stan-
de sein, die Implikationen der postnationalen Konstellation als Ausdruck für das
Auftreten neuer, globaler Probleme bei gleichzeitig reduzierter Regulierungs-
kraft des Nationalstaates (vgl. Habermas, 1998b) zu erfassen und in die Lage
versetzen, darauf angemessen zu antworten.

Ziel der Untersuchung ist die Erarbeitung eines entsprechenden Verständnisses
von verantwortungsvoller Führung, welches in der Lage ist, ein solches (normatives) Orientierungswissen bereitzustellen. Aufbauend auf der Analyse der
Wandelprozesse und ihrer Implikationen für den Führungsbegriffs sowie der Rekapitulation und Kritik bisheriger Überlegungen soll mit einem *politischen Verständnis verantwortungsvoller Führung* ein Konzept erarbeitet werden, welches
auf einem prozedualen und pragmatischen Fundament die neuen Rahmenbedingungen der Führung angemessen erfassen kann.

(3) Das klassische Verständnis von Führung sah diese stets eingebettet in den
Prozess der strategischen und operativen Steuerung der Unternehmung (vgl.
Steinmann/Schreyögg, 2005). In Hinblick auf die Erwartungen sozial verantwortlichen Handelns der Unternehmen seitens der Öffentlichkeit, gilt es neu-
erlich zu klären, welche Bedeutung dabei eine verantwortungsvolle Führung be-

sitzt. In welchem Verhältnis stehen die individuelle und die institutionell-strukturelle Ebene beim Aufbau, der Sicherstellung und der Weiterentwicklung verantwortungsvollen Handelns im Sinne von 'Corporate Social Responsibility', 'Corporate Integrity' oder 'Corporate Legitimacy'.

Ziel ist es, vor diesem Hintergrund die Wirkungsbeziehungen zwischen dem Konzept der verantwortungsvollen Führung und der Legitimität von Unternehmen näher zu untersuchen. Es geht dabei darum den Beitrag der Führung zur Speisung institutioneller Arrangements organisatorischer Legitimität zu beleuchten. Es gilt zu prüfen, *welche Bedeutung ihr im Prozess der Erkennung und Aktivierung der situativ angemessenen Reaktion auf die jeweiligen Legitimitätsbedürfnisse der Unternehmung zukommen kann.*

Diese drei Untersuchungsziele stehen in einem systematischen Bedeutungszusammenhang. Die Vorstellung einer begründeten, verantwortungsvollen Führung ist in den Überlegungen zur Organisationslegitimität auf einer institutionellen Ebene bereits angelegt, zumal die Organisation und ihre Strukturen den Rahmen des Führungshandelns liefern. Zum anderen ist auch Unternehmenslegitimität ohne eine verantwortungsvolle Führung nicht denkbar. Die Führungskräfte verfügen über einen maßgeblichen Einfluss auf ihre Organisationen. Sie sind die entscheidenden Exponenten einer Unternehmung in der Öffentlichkeit. In diesem Sinne stehen die Dimensionen in einem wechselseitigen Bedingungszusammenhang. In Anerkennung dessen soll die organisationalen Ebene bei der Entwicklung eines verantwortungsbewussten Führungsverständnisses mit berücksichtigt werden.

1.3 Forschungsbeitrag und -methode

Der hier anvisierte Forschungsbeitrag lässt sich folgendermassen konkretisieren: Differenziert man das Untersuchungsziel anhand der angedeuteten Analyseebenen, Individuum und Struktur, und dem (potentiellen) Beitrag zur Theoriebildung und zur Führungspraxis aus, dann lassen sich die beschriebenen Forschungslücken und der darauf gerichtete Beitrag anhand Abbildung 1–02 illustrieren:

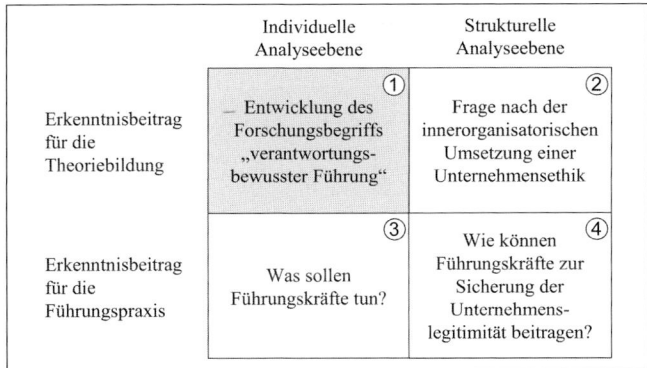

	Individuelle Analyseebene	Strukturelle Analyseebene
Erkenntnisbeitrag für die Theoriebildung	① Entwicklung des Forschungsbegriffs „verantwortungs-bewusster Führung"	② Frage nach der innerorganisatorischen Umsetzung einer Unternehmensethik
Erkenntnisbeitrag für die Führungspraxis	③ Was sollen Führungskräfte tun?	④ Wie können Führungskräfte zur Sicherung der Unternehmens-legitimität beitragen?

Abb. 1–02: Erkenntnisbeitrag und Analyseebenen der Arbeit [12]

(1) Mit den Arbeiten zur verantwortungsvollen Führung entsteht seit wenigen Jahren ein neues Forschungsfeld, welches sich der Untersuchung des Verhältnisses von CSR, Ethik und Führungstheorie widmet. Letztere haben sich in der Managementforschung bisher tendenziell separat voneinander entwickelt (vgl. Doh/Stumpf, 2005b: 3 f.). Das Konzept einer 'verantwortungsvollen Führung' leistet an dieser Schnittstelle einen wesentlichen integrativen Beitrag. Die Herausforderung darin besteht in der dem Führungskonzept inhärenten Komplexität der Rolle der Führungskraft und dem Nexus einer Vielzahl von Funktionen, Aufgaben und Anforderungen. Dies muss in der Weiterentwicklung des Verständnisses der zentralen Begrifflichkeiten und Wirkungszusammenhänge berücksichtigt werden. Hierin besteht der Erkenntnisbeitrag der Arbeit für die Theoriebildung in Hinblick auf die Analyseebene des Individuums. Es sollen die bisherigen Arbeiten in diesem Forschungsbereich vorangetrieben werden, um das Konzept ergänzend weiterzuentwickeln. Hierauf liegt der Schwerpunkt der Betrachtung.

(2) Hinsichtlich der institutionell-strukturellen Analyseebene adressiert die Arbeit eine Forschungslücke, die in der (deutschsprachigen) Unternehmensethik-

---

[12] Quelle: Eigene Darstellung.

literatur seit geraumer Zeit besteht und sich auch in den Diskussionen um CSR abzeichnet. Diese trägt vornehmlich dem philosophischen Begründungsproblem sowie dem ökonomischen Begründungsproblem des Untersuchungsbereiches Rechnung. Ersteres widmet sich der Frage nach Möglichkeit vernünftiger Normbegründung, letzteres befasst sich mit dem bereits angesprochenen Problem der Vermittlung ethischer und ökonomischer Rationalität (vgl. Kapitel 3.1; sowie Löhr, 2004). Das praktische Begründungsproblem, welches sich der Frage nach der innerorganisatorischen Umsetzung von Unternehmensethik annimmt, wird im Hinblick auf die Rolle der Unternehmensführung nur knapp thematisiert. Wenngleich die Klärung der Frage nach philosophischer und ökonomischer Begründung grundsätzlich Ausgangspunkt einer konzeptionell gehaltvollen Ethikbetrachtung sein muss, so wird doch von unterschiedlicher Seite kritisiert, dass es sowohl in der praktischen Philosophie seit Hegel als auch in der darauf aufbauenden Unternehmensethik zu einer Vernachlässigung der Frage nach der Implementierung des Sollens zu Gunsten seiner Begründung gekommen ist (vgl. Homann, 2001: 1 f.). Es bleibt zu zweifeln, inwieweit die Wirksamkeit der „guten Gründe" im menschlichen Handeln bloß aus den Begründungsprogrammatiken ausfließt oder „die philosophische Ethik (...) im schlechten Sinne idealistisch" bleibt (Homann, 2001: 4).

Die Bemühungen der vorliegenden Arbeit, sich mit verantwortungsvoller Führung als Phänomen der Mikroebene der Unternehmensethik[13] auseinanderzusetzen, adressieren dieses Defizit und beleuchten die Herausforderungen der Umsetzung von einer neuen Perspektive.

(3) Mit der Intensivierung der öffentlichen Debatten um Managergehälter, die Entsolidarisierung der Führung oder die moralische Zweifelhaftigkeit von Führungsentscheidungen zum einen und der gerichtlichen Aufarbeitung von Führungsversagen zum anderen, wächst der Druck auf Führungskräfte, sich mit dem ethischen Fundament ihres Handelns auseinanderzusetzen. Dieses Bedürfnis wird durch den Mangel der angemessenen theoretischen Betrachtung des

---

[13]   Gleiches gilt auch für das artverwandte Feld des strategischen Managements (bspw. Jarzabkowski/Balogun/Seidl, 2007; Johnson/Melin/Whittington, 2003).

Themas konterkariert. Die Praxis fällt, so scheint es, vor diesem Hintergrund in ihren Begründungsversuchen auf die klassische ökonomische Theorie oder dogmatische Regelsysteme zurück. Es wird zu zeigen sein, dass erstere die Auseinandersetzung mit ethischen Fragenstellungen konzeptionell ausschliesst, letztere ein verkürztes, der multikulturellen Arbeitssituation nicht angemessenes Verständnis liefert. Aber auch ernsthafte Auseinandersetzungen mit dem Themenfeld können den Bedarf an normativer Orientierung bisher nur ungenügend adressieren (vgl. hierzu Kapitel 3.2). Vor dem Hintergrund eines pragmatischen Wissenschaftsverständnisses will die Arbeit hinsichtlich der individuellen Ebene einen Beitrag zur Bereitstellung normativen Orientierungswissens leisten.

(4) Dieses gilt auch für die institutionelle Ebene. Hier rückt die Frage nach einer pragmatischen Realisierung unternehmensweit verantwortlichen Handelns in den Mittelpunkt. In Anlehnung an die Arbeiten von Scherer und Palazzo (bspw. Palazzo/Scherer, 2006; Scherer/Palazzo/Seidl, 2008; Scherer/Patzer, 2006) stellen diese Überlegungen die Legitimität von Unternehmen in den Mittelpunkt. Die Erarbeitung des Konzeptes einer verantwortungsvollen Führung wird dazu eingebettet in die Frage nach der strukturellen Verankerung von legitimitätsschaffenden Bemühungen. Auf diese Weise wird die praktische Frage nach der Sicherung von Unternehmenslegitimität adressiert.

Schliesslich versucht die Arbeit, einen Beitrag zu ihrem spezifischen Forschungshintergrund der Nürnberger Unternehmensethik im Allgemeinen (vgl. Steinmann/Löhr, 1989; Steinmann/Löhr, 1994; sowie Schreyögg, 1999; Steinmann, 2008a; Steinmann, 2008b; Steinmann/Löhr, 1996; Steinmann/Löhr, 2002; Steinmann/Scherer, 2000) und der Theorie der Multinationalen Unternehmung im Speziellen (vgl. Scherer, 2003; Steinmann, 2005) zu leisten. Diese liefern gleichsam das 'methodische Rüstzeug' einer interdisziplinärer, reflexiven, (dialektischen) und kritischen Auseinandersetzung mit der eigenen Zielsetzung. Bei der republikanischen Theorie der Multinationalen Unternehmung[14] handelt es sich um ein verhältnismäßig junges Forschungsprogramm im Rahmen der Nürnberger Unternehmensethik. Dieses erweitert die republikanische Unternehmensethik durch die Einbeziehung der Frage nach der Rolle der multinationalen Unternehmung bei der Handhabung ethischer Probleme im Kontext der Weltgemeinschaft (bspw. Scherer/Palazzo, 2007). Damit wird die durch die dynamischen Prozesse der Globalisierung und Pluralisierung bedingte Offenheit der Zukunft bejaht und mit in Fragen der Begründung und Umsetzung einbezogen (vgl. Scherer, 2003). Das Forschungsprogramm versteht sich dabei weniger als abgeschlossene Theorie, sondern vielmehr als ein „fragiles Netz" von Argumenten (Scherer, 2003: 49).

In diesem Netz nehmen wissenschaftstheoretische Vorüberlegungen eine zentrale Stellung ein (vgl. bspw. Steinmann, 1978; Steinmann/Scherer, 1998c). Diese rekurrieren auf die Überlegungen des methodischen Konstruktivismus[15] der Erlanger Schule (vgl. Kamlah/Lorenzen, 1996; Lorenzen, 1974; Lorenzen, 1987) und dem darauf aufbauenden Kulturalismus (vgl. Janich, 1996a; Kambartel, 1998a; Kambartel, 1998b; Wohlrapp, 1995). Sie teilen zwei wesentliche Einsichten:

> „Zum einen wird darauf verwiesen, dass jeder Weltbezug nur durch Sprache möglich ist („linguistic turn" oder „sprachphilosophische Wende", vgl. Kamlah/Lorenzen 1967). Dies hat zur Folge, dass Wahrheits- und Begründungsprobleme als Probleme ihrer sprachlichen Formulierung zu verstehen und zu untersuchen sind (vgl. Janich, 1996b: S. 28). Zum anderen wird die Handlungspraxis als der methodische Ausgangspunkt zur Bildung von Theorien verstanden („praktizistische Wende")." (Scherer, 2004a: 648).

---

[14] Im Folgenden auch TdMNU. Das Adjektiv 'republikanisch' umfasst hierbei eine gesellschaftstheoretische und eine methodische Dimension. *Gesellschaftstheoretisch* basiert das Verständnis des Republikanismus „auf dem Leitbild einer Bürgergesellschaft, in der die Bürger sich gleichermaßen um ihre privaten und um die öffentlichen Belange kümmern" (Scherer, 2003: 403). Hierin wird die Vorstellung des Liberalismus von dem antagonistischen Verhältnis von Privatbürger und Staat überwunden. Vielmehr sollen Politik und (Privat-)Wirtschaft als verschränkt verstanden werden. Dem zugrunde liegt die Vorstellung des auf das öffentliche Gut verpflichteten Staatbürgers (vgl. Habermas, 1996c; Scherer, 2003: 403 ff.; Steinmann/Löhr, 1994: 94 ff.; sowie Kapitel 4.2.1). Die *methodische Dimension* verdeutlicht die Bereitschaft über die traditionell rein ökonomisch geprägten Theorien internationaler Unternehmungen hinauszugehen und entgegen der darin verbreiteten Vorstellung der Werturteilsfreiheit der Forschung auch normative Fragestellungen mit einzubeziehen (vgl. bspw. Steinmann/Scherer, 1998b: 39 ff.).

[15] Zur Abgrenzung gegenüber anderen Varianten des Konstruktivismus (radikal-wahrnehmungsbiologisch, sozial, etc.) vgl. Scherer, 2004a oder auch Knorr-Cetina, 1989.

Ausgangspunkt der Bemühungen um eine Begründung technischen und politischen Wissens ist daher die Rekonstruktion erfolgreicher Lebenspraktiken aus der sprachlich verfassten (primären) Handlungspraxis (vgl. dazu Scherer, 2003: 409 ff.; Scherer, 2004a: 647 f.; oder auch Scherer/Dowling, 1995).

Im Rahmen der vorliegenden Arbeit werden diese für die konstruktivistisch-pluralistische Position der TdMNU konstitutiven Überlegungen (Scherer, 1995: 326 ff.; Steinmann/Löhr, 2002: 521) aufgegriffen und vertieft. Sie bilden mit der damit verbundenen Ablehnung eines postmodernistischen Werterelativismus[16] (vgl. dazu Scherer, 2003; Scherer, 2009; Scherer/Patzer, 2010a; Steinmann/Löhr, 1994; Steinmann/Scherer, 1998c) zugunsten der Frage nach der Sicherung und Stabilisierung des gesellschaftlichen Friedens (vgl. Scherer, 2003: 409 ff., siehe dazu auch Steinmann, 2006; Steinmann/Löhr, 1994) wesentliche Eckpunkte der hier entfalteten Argumentation. In dem Masse, indem diese Arbeit das 'argumentative Netz' aus einer neuen Perspektive beleuchtet, soll ein eigener Beitrag zu diesem Forschungsprogramm geleistet werden.

1.4 Gang der Arbeit

Die dargestellte Zielsetzung legt eine Bearbeitung in vier Kapiteln nahe. In Anschluss an die Einleitung werden in **Kapitel 2** die Ursachen und Mechanismen der neuen Führungsherausforderungen in zwei Schritten herausgearbeitet. Zunächst wird ein Blick auf das Phänomen Führung im Allgemeinen geworfen, um sich auf diese Weise ein Bild von dem 'klassischen' Verständnis von Führung und ihren Dimensionen zu machen. Im zweiten Schritt werden die ursächlichen Transformationsprozesse dargestellt, die das Ende der Moderne eingeläutet haben und damit zu maßgeblichen Veränderungen unseres Führungsverständnisses führen. Es wird damit aufgezeigt, welche neuen Herausforde-

---

[16] Unter einem Relativismus wird dabei die Ablehnung der Möglichkeit der Begründung universeller Rationalitätsstandards verstanden, die über die Verbindlichkeit in lokalen Gruppen bzw. Kulturen hinausgehen (vgl. Habermas, 1992b: 174 ff.).

rungen sich der Führungsforschung und den Bemühungen um ein neues Führungsverständnis und damit auch den Führungskräften stellen.

Kapitel 3 beschäftigt sich mit bisherigen Arbeiten zum Thema der verantwortungsvollen Führung in Praxisinitiativen und Theorie. Zentral ist dabei die Gruppierung der existierenden Ansätze in einen Bezugsrahmen, der diese nach positivistischen und post-positivistischen Ansätzen unterscheidet. Anhand der in Kapitel 2 erarbeiteten Dimensionen werden die bisherigen Ansätze kritisiert und ihre begrenzte Fähigkeit in der Erfassung der Transformationsprozesse aufgezeigt. Damit wird der Grund für die eigene Konzeption in Kapitel 4 bereitet.

Kapitel 4 bettet das Leadership-Phänomen in die deliberative Demokratietheorie nach Habermas ein. Dies erfolgt mit Seitenblick auf das Konzept der politischen Unternehmensverantwortung ('political CSR') von Scherer und Palazzo. Es wird dabei herausgestellt, dass die Führungskraft als Exponent multinationaler Unternehmen in zunehmendem Masse als politischer Akteur zu verstehen ist. Verantwortungsvolle Führung wird dementsprechend als politisch-deliberative Führung gefasst. Diese Überlegungen werden mit auf Basis der in Kapitel 2 hergeleiteten Führungsdimensionen konkretisiert und vervollständigt.

Die Schlussbetrachtung fasst die Ergebnisse der Arbeit knapp zusammen und skizziert Stoßrichtungen für zukünftige Forschungsbemühungen.

2 Führung und Globalisierung: Herausforderungen im Lichte einer postnationalen Konstellation

Zusammenfassung

Dieses Kapitel erweitert und konkretisiert die in der Einleitung entworfene Problemstellung. Ziel ist es, die für Führungskräfte und -theorie relevanten neuen Herausforderungen an eine verantwortungsvolle Führung zu illustrieren.

Teilkapitel 2.1 beleuchtet dazu zunächst den Begriff der Führung näher. Dieser zeichnet sich durch einen fast sprichwörtlichen Theorienpluralismus aus. Ziel ist es daher, nach einer begrifflichen Annäherung und ersten Abgrenzungen, die wesentlichen Dimensionen des Führungsbegriffes zu identifizieren und sie in einem heuristischen Bezugsrahmen zusammenzuführen. Dieser sollte sich durch hinreichende Aussagekraft und Integration der Überlegungen und Ergebnisse bisheriger Führungsforschung auszeichnen.

Teilkapitel 2.2 nutzt den entwickelten Bezugrahmen zur Untersuchung und Illustration neuer Führungsherausforderungen und ihrer Ursachen. Letztere sieht der Verfasser vornehmlich in den Transformationsprozessen, die das Ende der Moderne und damit die postnationale Konstellation eingeläutet haben. Es wird argumentiert, dass diese Bedingungen erweiterte gesellschaftliche Aufgaben für Unternehmen und ihrer Führungskräfte implizieren. Diese in angemessener Weise und unverkürzt zu berücksichtigen, bedeutet in der Argumentation der Arbeit einen paradigmatischen Wandel in unserem Führungsverständnis.

Das Kapitel schließt mit der Wiederholung der zentralen Argumentationsschritte in einem knappen Resumée.

2.1 Führung in (betriebswirtschaftlichen) Organisationen

2.1.1 Facetten des Untersuchungsgegenstandes 'Führung'

Führung hat die Menschheit seit ihren Anfängen begleitet und fasziniert. Als ein überzeitliches, multi-kulturelles Phänomen ist es Gegenstand einer Vielzahl von wissenschaftlichen und praktischen Bemühungen geworden. Die Heterogenität der zahllosen Beiträge hinsichtlich ihrer grundlegenden paradigmatischen Forschungsannahmen haben die Führungsforschung zu einem fragmentierten Forschungsfeld gemacht, ein Zustand der von vielen Seiten beklagt wird (vgl. Kroeck/Lowe/Brown, 2004: 72 f.). So Bennis und Nanus

> „Never have so many laboured so long to say so little. Multiple interpretations of leadership exist, each providing a sliver of insight but each remaining an incomplete and wholly inadequate explanation." (Bennis/Nanus, 1997: 4)

oder etwas sinnbildlicher auch Neuberger:

> „Will man sich auf dem Gebiet der Führung orientieren, so trifft man auf unübersichtliches Gelände: Es gibt beeindruckende Pracht-Straßen, die aber ins Nichts führen, kleine Schleichwege zu faszinierenden Aussichtspunkten, Nebellöcher und sumpfige Stellen. Auf der Landkarte der Führung finden sich auch eine ganze Reihe Potemkinscher Dörfer, uneinnehmbarer Festungen oder wild wuchernder Slums. (...).
>
> Führung ist kein sachliches, sondern ein soziales und kein wohl-, sondern ein schlechtstrukturiertes Problem." (Neuberger, 1990: 2 ff.)

Ursächlich für diese Entwicklung des Begriffs zu einem Etikett sind die undifferenzierte Begriffsverwendung im Lichte eines facettenreichen Untersuchungsgegenstandes und die konzeptionelle Nähe zu anderen Konstrukten der Sozial- und Managementforschung, ebenso wie seine übergreifende Relevanz im Spannungsfeld zwischen Grundlagenforschung und Praxis (vgl. Patzer, 2005: 5 f.).

Der latenten begrifflichen Erosion begegnen Standardwerke oftmals mit einer kumulativen Darstellung verschiedener Führungsdefinitionen (beispielhaft Bass, 1990; Rost, 1991; Yukl, 2006). Auch Konzeptrahmen, wie beispielsweise Hunts „Historical-Contextual Superstructure" (siehe Hunt, 2004: 22), worin er um eine Strukturierung der wesentlichen Forschungsbemühungen, ihrer Ziele und kontextuellen Bedingungen bemüht ist, können nur einen Eindruck über den Facettenreichtum des Phänomens Führung hinsichtlich paradigmatischer und definitorischer Abgrenzungen vermitteln.

Eine zweckmäßige, in der Führungslehre häufig anzutreffende erste Abgrenzung bei der Betrachtung von Führung in (betriebswirtschaftlichen) Organisationen ist die Unterscheidung zwischen Unternehmens- und Menschenführung (vgl. Weibler, 2004: 295). Erstere, auch synonym mit Führung im weiteren Sinne oder Management verwendet (vgl. Schreyögg, 2004: 1520), wird meist als umfassender verstanden. Sie schließt die Führung im engeren Sinne bzw. Personalführung als Teilaspekt in ihre Überlegungen mit ein (bspw. Antonakis/Cianciolo/Sternberg, 2004; Müller, 1995; Steinle, 1995; Wunderer, 1995). Diese Unterscheidung entspricht (weitestgehend) der Differenzierung zwischen 'Management' und 'Leadership' in der angloamerikanischen Managementlehre.[17] Dabei kann Management bzw. Unternehmensführung grundsätzlich als

> „(...) objectives driven, resulting in stability and based on rationality, bureaucratic means, and the fulfilment of contractual obligations." (Antonakis/Cianciolo/Sternberg, 2004: 5)

und Führung/Leadership als

> „(...) purpose driven, resulting in change based on values, ideals, vision, symbols, and emotional exchanges." (Antonakis/Cianciolo/Sternberg, 2004: 5)

charakterisiert werden. Unternehmensführung setzt sich in diesem Sinne mit der institutionellen und funktionell-prozessualen Gestaltung des organisatorischen Leistungsprozesses auseinander. Sie nimmt in dieser Form bürokratische Züge an. Abgrenzend dazu ist die (Menschen-)Führung als Sequenz des Managementprozesses mit der Willensdurchsetzung betraut und als solche auch Motor von Wandelprozessen (vgl. dazu Antonakis/Cianciolo/Sternberg, 2004; oder auch Schreyögg, 2004). Diese Unterscheidung zwischen Unternehmens- und (Menschen-)Führung ist nicht dichotom. Der Arbeit liegt ein Verständnis zu

---

[17] Im weiteren Verlauf der Arbeit werden die Begriffe der Führung, als Führung im engeren Sinne bzw. Menschenführung und ‚Leadership' synonym verwendet.

Grunde, welches diese beiden Dimensionen des Führungsbegriffs als Grenzfälle eines Kontinuums begreift. Dies gilt insbesondere für die Betrachtung von Top-Führungskräften, wie es in den beiden Fallstudien der Fall ist. Hier fallen die Funktionen Leadership und Management in den betreffenden Personen zusammen. Im Rahmen der Arbeit und in Anbetracht der Einbeziehung moralisch-ethischer Fragen liegt der Fokus auf einem interaktionellen Austausch, also auf 'Leadership' als Führung im engeren Sinne. Auf dieser personellen Ebene gilt es, das Verhältnis von Führung und ihrer Verantwortung zu thematisieren, um damit bestehende institutionelle Überlegungen zur Unternehmensethik zu ergänzen und zu modifizieren.

Weitere, gängige Unterscheidungen des so eingegrenzten Führungsbegriffes sind die zwischen Führung und Leitung, sowie Führung und Macht. Dem zugrunde liegt das Verständnis, dass Führung nicht zwingend an das hierarchische Gefüge der Organisation gebunden ist. Leitung oder 'headship' beinhaltet demgegenüber den Bezug zur formalen Positionsmacht als Einflussgrundlage (Weibler, 2004: 296 vgl. dazu auch Macharzina, 1995: 37 f.; Neuberger, 2002: 48 ff.). Dadurch gehen jedoch Aspekte der lateralen und der „Führung von unten" verloren, welche in jüngeren Veröffentlichungen mehr Aufmerksamkeit erfahren haben (vgl. bspw. Wunderer, 2003: 254 f.). Angesprochen ist damit bereits das Verhältnis von Führung zur Macht, als einem der schillernsten Begriffe der Sozialwissenschaft. Hier wird ein Verständnis zu Grunde gelegt, welches Macht als eine Grundlage der Einflussnahme seitens des Führenden versteht (vgl. Antonakis/Cianciolo/Sternberg, 2004: 5; sowie Kapitel 2.1.2.3 in dieser Arbeit). Eine wichtige Unterscheidung ist auch die zwischen direkter und indirekter Führung. Erstere bezieht sich auf die für die (Menschen-)Führung charakteristische „interpersonelle Dimension des Verhaltens und Handelns (...) mit Ziel der Beeinflussung der jeweils anderen Interaktionspartner" (Macharzina, 1995: 430). Es geht um den direkten Interaktionsprozess zwischen Führendem und Geführten und deren Gestaltung zwischenmenschlicher Beziehungen. Die indirekte Führung bezieht sich auf die mittelbare Verhaltensbeeinflussung auf Basis der Gestaltung organisatorischer Strukturen. Beide Formen können separat oder simultan zur Anwendung kommen (Patzer, 2005: 6 f.).

Auf weitere Abgrenzungen auch in Hinblick auf den weiteren Verlauf der Arbeit wird an dieser Stelle verzichtet, so dass sich damit nun (Menschen-)Führung in einem ersten Zugriff wie folgend fassen lässt:

> „*Führung* wird verstanden als zielorientierte soziale Einflußnahme zur Erfüllung gemeinsamer Aufgaben in bzw. mit einer strukturierten Arbeitssituation. Führung kann damit sowohl in direkter (interaktioneller) als auch indirekter (struktureller) Form von den Beteiligten (Vorgesetzten und Mitarbeitern) wechselseitig realisiert werden." (Wunderer, 1995: 667)

2.1.2 Dimensionen der Führung: Ein integratives Verständnis

2.1.2.1 Die Grundstruktur der Führung

Wunderers Begriffsfassung kann als stellvertretend für die Vielzahl an *begriffsdefinitorischen Bemühungen* zur Erfassung der Essenz der Führung verstanden werden. Ganz ähnlich lesen sich Fassungen nach Antonakis, Cianciolo und Sternberg:

> „(...) leadership can be defined as the nature of the influencing process – and its resultant outcomes – that occurs between a leader and followers and how this influencing process is explained by the leaders' dispositional characteristics and behaviors, followers perceptions and attributions of the leader, and the context in which the influencing process occurs." (Antonakis/Cianciolo/Sternberg, 2004: 5),

Yukl:

> „[Leadership] involves a process whereby intentional influence is exerted by one person over other people to guide, structure, and facilitate activities and relationships in a group of organization" (Yukl, 2006: 3),

eher enumerativ Bass:

> „Leadership has been conceived as the focus of group processes, as a matter of personality, as a matter of inducing compliance, as the exercise of influence, as particular behaviors, as a form of persuasion, as a power relation, as an instrument to achieve goals, as an effect of interaction, as a differentiated role, as initiation of structure, and as many combinations of these definitions" (Bass, 1990: 11),

oder auch Rost, der sich um eine Analyse der Leadership Definitionen aller Episoden des 20. Jahrhunderts bemüht hat:

> „Leadership is an influence relationship among leaders and followers who in-
> tend real changes that reflect their mutual purposes" (Rost, 1991: 102).

Wenngleich einzelne Begriffsfassungen weiter gefasst sind als andere und sich in
ihrer Schwerpunktsetzung unterscheiden, so scheint das Konzept 'Leadership' in
seinen unzähligen Definitionen zumindest einige Überlappungen, eine Art 'Rückrad', aufzuweisen. Bennis kondensiert dieses folgendermaßen: „Leadership is
grounded in a relationship. In its simplest form, it is a tripod – a leader or leaders,
followers, and the common goal they want to achieve." (Bennis, 2007: 3 f.).

Auch die Kristallisationspunkte der Betrachtungen der *Führungstheorien* be-
kräftigen eine solche „Ontologie der Führung" (vgl. Drath et. al., 2008). Abbildung 2-01 systematisiert diese anhand ihrer inhaltlichen Schwerpunkte im
Rahmen der Basiselemente der Führung:

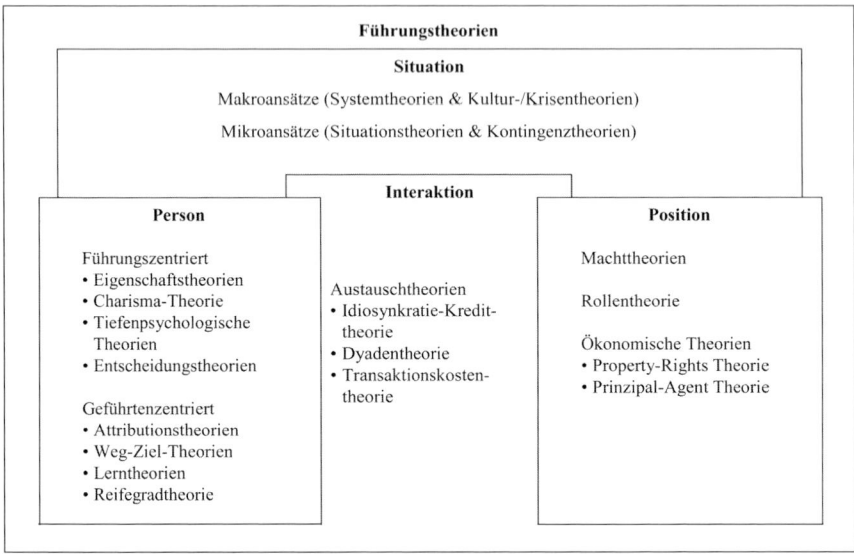

Abb. 2-01: Führungstheorien – ein Bezugsrahmen[18]

Führungstheorien liefern die eigentlichen Verknüpfung der (für den jeweiligen Betrachterfokus relevanten) Elemente der Führungsbeziehungen (vgl. Neuberger, 1990: 6 f.). „[Sie] sollen Bedingungen, Strukturen, Prozesse, Ursachen und Konsequenzen von Führung beschreiben, erklären und prognostizieren." (Wunderer, 1995: 672). Die langjährigen Bemühungen und der multidisziplinäre Hintergrund der Führungsforschung haben zu einer umfassenden Anzahl von Theorieentwürfen geführt, deren spezifische Bedeutung vor dem Hintergrund ihrer historischen Entwicklung verstanden werden muss. Abbildung 2-02 vermittelt einen knappen Eindruck über die Entstehung und die Intensität der einzelnen Ansätze.

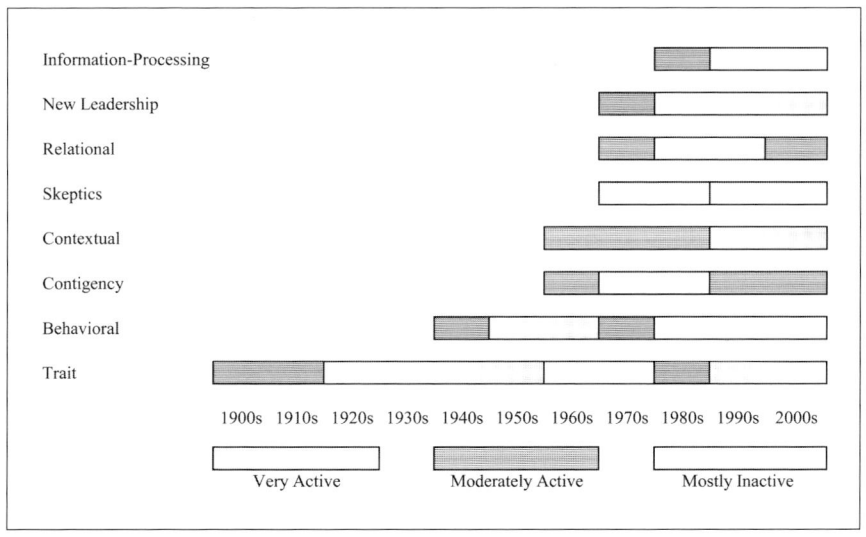

Abb. 2-02: Historische Paradigmenwechsel in der Führungsforschung[19]

---

18   Quelle: Wunderer, 1995: 672; und Wunderer, 2003: 274; ähnlich auch Weibler, 2004: 301 f. eine alternative Sortierung findet sich bei Jago, 1995: 621.

19   Quelle: Antonakis/Cianciolo/Sternberg, 2004: 7 unter dem Titel „A Brief History of Major Schools of Leadership". Vgl. ähnlich auch Patzer, 2005: 83.

Hervorzuheben sind dabei die Eigenschaftstheorien (1), die Verhaltenstheorien
(2), die Situationstheorien (3) und Interaktionstheorien (4) der Führung, welche jeweils maßgeblichen Einfluss auf die Führungsforschung hatten und sich
in wechselseitiger Abgrenzung zueinander entwickelt haben.

(1) Die Eigenschafts- bzw. 'Trait'-theorien waren von Anfang bis zur Mitte des
letzten Jahrhunderts prägend für die Führungsforschung (vgl. Kerr/Mathews,
1995: 1022 f.). Ausgangspunkt waren die sogenannten 'Great-Man'-
Theorien, welche bedeutsame historische Entwicklungen mit Persönlichkeits-
eigenschaften hervorstechender Anführer in Verbindung brachten (vgl. Bass,
1990: 37 f.; oder auch Antonakis/Cianciolo/Sternberg, 2004: 6 f.). In diesen Ansätzen werden den Führenden superiore Qualitäten zugesprochen, welche ausschlaggebend für den Führungserfolg sind (vgl. von Rosenstiel/Gebert, 1995:
688 f.). Diese Persönlichkeitsmerkmale, verstanden als „relativ breite und zeitlich stabile Dispositionen" (Delhees, 1995: 898) separierten Führer von Nicht-
Führern. Trotz der Kritik an den Eigenschaftstheorien insbesondere in Hinblick
auf die Einbeziehung der jeweiligen Situation (vgl. Stogdill, 1948; siehe auch
Bass, 1990: 38) erfreuen sich die Eigenschaftstheorien gegenwärtig einer Wie-
derbelebung (vgl. Lowe/Gardner, 2000).

(2) Die Verhaltens- oder auch Führungsstiltheorien setzten sich in Abgrenzung
zu den vorangegangenen Eigenschaftsansätzen in den 50ziger Jahren zunehmend durch. Sie aggregierten die Art und Weise der Aufgabenwahrnehmung seitens der Führungskräfte zu verschiedenen Führungsstilen (hierzu Kerr/Mathews,
1995: 1022 f.; oder Schreyögg, 1995: 994). Führungsverhalten war in diesem
Sinne wieder erlernbar. Ziel dieser Ansätze war die Rekonstruktion von Führungsstilen, welche dauerhaft Erfolg versprachen. Die sich durchsetzende Überzeugung, dass der jeweilige Führungsstil in Abhängigkeit zum situativen Um-
feld steht, bereitete zum Ende der 60ziger Jahre den Situationstheorien den
Weg.

(3) Die Situationstheorien oder auch Kontingenztheorien eroberten spätestens
Anfang der 70ziger Jahre die dominierende Position in der Führungsforschung.
Sie beschrieben die Abhängigkeit des Führungsphänomens und seines Erfolgs
von situativen bzw. kontextualen Faktoren. Damit wurden monokausale Erklä-

rungsversuche zurückgewiesen, und die Komplexität des Untersuchungsgegenstandes bejaht.

(4) Unter der Vielzahl an neuen Theoriesträngen, die mit dem Beginn der 90ziger Jahre eine Renaissance in der 'Leadership'-Forschung eingeläutet haben (vgl. ausführlich Antonakis/Cianciolo/Sternberg, 2004; Bass, 1990; Bryman, 1996; Neuberger, 2002; Yukl, 2006), stechen die Überlegungen zu relationalen, bzw. interaktiven Aspekten der Führung hervor. Diese rücken anstelle einzelner Führerqualitäten oder Führungsdimensionen, die Interaktion in Form der Führer-Geführten-Dyade und den Reifegrad der Beziehung in den Mittelpunkt der Untersuchung. Der wesentliche Vorteil der Überlegungen, die unter den Bezeichnungen „vertical dyad linkage" (vgl. Dansereau/Graen/Haga, 1975) bzw. „leader-member exchange" (LMX) (vgl. Graen/Uhl-Bien, 1995b) zusammengefasst werden, ist ihr integrativer Beitrag, der die Erklärungsfragmente bisheriger Führungstheorien in einem prozessorientieren Ansatz zusammenfügt (Graen/Uhl-Bien, 1995a; Macharzina/Wolf, 2005: 563 f.).

Auf der Basis dieser Annäherung über Führungsdefinitionen zum einen und Führungstheorien zum anderen lassen sich in Hinblick auf die herausgestellten 'Überlappungen' die wesentlichen Bestandteile des Führungsphänomens herleiten. Im Verständnis dieser Arbeit konstituiert sich das Phänomen der Führung in Organisationen durch die Dimensionen *Person, Interaktion* und *Aufgabe*. Führer und Geführter (Person), dabei kann man auch jeweils von mehreren Beteiligten ausgehen, stehen in einem reziproken Austausch- bzw. Einflussverhältnis (Interaktion), wobei die Führungskraft sich dadurch auszeichnet, dass sie diese Interaktionsdyade asymmetrisch prägt. Diese Interaktion ist eingebettet in das Bemühen um die Verfolgung gemeinsamer Aufgaben. Diese weisen einen inhärenten Bezug zum organisationalen Zielsystem und dem Ergebnis bzw. Erfolg der Einflussbeziehung auf. Abbildung 2-03 illustriert dieses Verständnis der Grundstruktur der Führung:

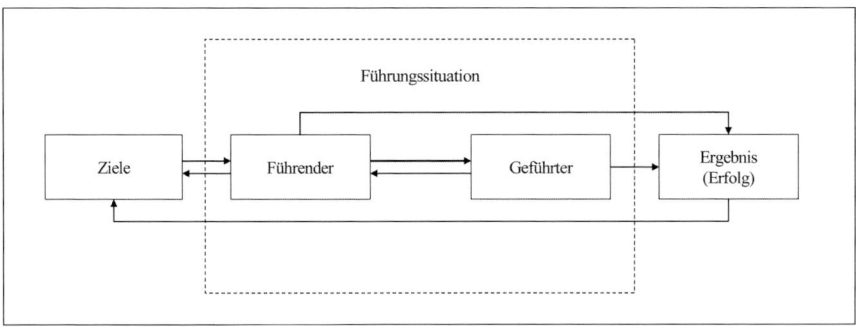

Abb. 2-03: Grundstruktur der Führungsbeziehung[20]

Eine solche Abgrenzung erscheint durch die Literatur hinreichend belegt (vgl. Bennis, 2007) und kondensiert die zentralen Themen der Führungsforschung. Anzumerken ist allerdings, dass sich in der jüngeren Vergangenheit einige Autoren kritisch mit einer solchen Fassung des Führungsphänomens auseinandergesetzt haben.

Drath et. al. haben sich abgrenzend von dieser 'dreifüßigen Ontologie'[21], deren Verbreitung und Geltung sie für die 'Leadership'-Literatur ebenfalls bestätigen, für eine neue Begriffsfassung ausgesprochen (vgl. Drath et. al., 2008). Ausschlaggebend hierfür war ihr Empfinden, dass die klassische Begriffsfassung von 'Leadership' eine Engführung darstellt, welche die neuen, kollaborativer Formen der Führung nicht angemessen berücksichtigen kann. Alternativ schlagen sie vor 'Leadership' durch die Aspekte 'Direction', 'Alignment' und 'Commitment' (DAC) zu erklären. 'Direction' wird verstanden als das vorherrschende Einverständnis in einem Kollektiv über gemeinsame Ziele und Mission, 'Alignment' als die Organisation und Koordination von Wissen in ei-

---

[20] Quelle: Eigene Darstellung. Vgl. ähnlich u.a. Weibler, 2004: 298, oder auch Neuberger, 2002: 42; Yukl, 2006: 13.

[21] Drath et. al. bezeichnen die konstitutiven Dimensionen der Führung als 'Ontologie'. Diese wird für Diskussion ihres Beitrages beibehalten. Im Rahmen der vorliegenden Arbeit wird der Begriff in einem weiteren wissenschaftstheoretischen Verständnis verwendet (vgl. Kapitel 3.2.2.1).

nem Kollektiv und 'Commitment' als die Bereitschaft der Kollektivmitglieder ihre eigenen Interessen hinter denen des Kollektivs zurückzustellen (vgl. Drath et. al., 2008: 636, 641 f.). In dem so vorgeschlagenen, auf Handlungsergebnisse ausgerichteten Verständnis, manifestiert sich 'Leadership' in Bemühungen, die auf diese drei Aspekte abzielen (vgl. Drath et. al., 2008: 643).

Wenngleich der Verfasser die kritische Haltung der Autoren über weite Strecken teilt und das Bemühen um ein integratives Vokabular unterstützt, so erscheint ein solches DAC-Rahmenkonzept für das Vorhaben dieser Arbeit ungeeignet. Dies begründet sich zum einen durch augenscheinliche Schwächen dieses durchaus sehr innovativen Beitrages (1) und zum anderen durch die Zielsetzung und das 'Leadership'-Verständnis der vorliegenden Überlegungen (2).

(1) Die Schwachpunkte der Überlegungen nach Drath et. al. liegen auf einer *konzeptionellen* Ebene in der seltsam anmutenden Verknüpfung von philosophischem Pragmatismus und funktionalistischer Erklärungsperspektive. Der philosophische Pragmatismus in der Leseart nach Charles S. Peirce, William James, Richard Rorty oder Hillary Puntnam auf die sich die Autoren berufen, betont die Konsequenzen lebensweltlicher Handlungen bei der Bestimmung der Konstitution von Gegenständen und der Beurteilung ihrer Bedeutung und Wahrheit (vgl. bspw. Lorenz, 2004b; Rorty, 1988: 14 f.). Während der Fokus des Pragmatismus auf die Sprech- bzw. Handlungspraxis eine methodische Teilnehmer- bzw. Verstehens-Perspektive nahelegt, liegt der explizit in Anspruch genommenen funktionalistischen Basis eine Beobachter bzw. Erklärens-Perspektive zugrunde (vgl. Hollis, 1991; sowie Burrell/Morgan, 1979; hier Drath et. al., 2008: 636 f.; vgl. ausführlich Kapitel 3.2.2.1). Dies ist widersprüchlich, da offen bleibt wie diese gegensätzlichen Positionen zusammengeführt werden sollen. Die Autoren bewegen sich so in einem Spannungsfeld welches ihr konzeptionelles Fundament untergräbt und offen lässt inwiefern ethische Problemstellungen überhaupt adressiert werden können. Inhaltlich bleibt die Herleitung der Dimensionen 'Direction', 'Alignment' und 'Commitment' unklar, die Begründung erfolgt nur rudimentär. Die Autoren wollen ihren Bezugsrahmen so verstanden wissen, dass er die alte 'Ontologie' umfasst. Streckenweise fungiert er allerdings in erster Linie als Konkretisierung derselben.

(2) Die Überlegungen des vorliegenden Beitrages beabsichtigen ein robustes Führungsverständnis zu erarbeiten, welches die maßgeblichen Dimensionen desselben in Theorie und Praxis identifiziert und sie mit den darunter subsumierbaren Literatursträngen verknüpft. Ziel ist es, anhand einer solchen Konzeption die Implikationen der angedeuteten Transformationsprozesse im Zuge der Globalisierung für die Theorie der Führung aufzuzeigen. Ausgangspunkt ist daher die rekonstruierte, 'traditionelle' Basis auf der dann ein eigenes Begriffsverständnis entwickelt werden kann.

Das dieses erweiterte Verständnis auf der alten 'dreifüßigen Ontologie' aufbaut, ist dahingehend unproblematisch, da die vorliegende Arbeit die Dimensionen Person, Interaktion und Aufgabe als 'Moving Concepts' versteht. Der Verfasser begreift hierunter in Anlehnung an Kirsch und Mitarbeiter eine begriffliche Etikettierung. Diese berücksichtigt die fortlaufende Entwicklung des Objektbereichs der Theorie, also der Dimensionsinhalte der Führung, mit (vgl. Kirsch, 2001: 293 f.; Kirsch/Seidl/van Aaken, 2007: 39 f.). Die Sinninhalte der Begrifflichkeiten Person, Interaktion und Aufgabe unterliegen in diesem Verständnis also einem steten Wandel. Letzterer kann als differente Wiederholung, also als Verschiebung in der Wiederholung des Alten verstanden werden.[22]

Im Folgenden gilt es nun, diese Dimensionen näher zu erläutern und ihren Bezug zu den jeweiligen Diskussionen zu illustrieren, um damit eine hinreichende Basis für die weitere Analyse und Kritik zu gewinnen.

2.1.2.2 Die Führungsdimension 'Person'

Die Dimension 'Person' umfasst die an der Führungsbeziehung beteiligten Akteure, also die Führenden und Geführten. Hierunter fallen Aspekte der Persönlichkeitsmerkmale und Sozialisation (1), sowie das Entscheidungsverhaltens (2) des Individuums.

---

[22]   Vgl. zur Fundierung einer solchen prozessorientierten Perspektive anschaulich Guggemos, 2000; sowie vertiefend Kirsch/Weber, 1999, sowie grundlegend Deleuze, 1997; Giddens, 1995.

(1) Unter den Aspekt der Persönlichkeitsmerkmale und Sozialisation fallen biologisch ausgeprägte kognitive Prädispositionen, wie beispielsweise Intelligenz, ebenso wie Fragen der Ausbildung der persönlichen Identität und sozialen Einbettung, also Elemente der Sozialperson. Hierzu existieren vielfältige Forschungsbemühungen hinsichtlich der Persönlichkeitstheorien, die sich mit Konzeptionen wie den 'Big Five'[23] um die Fragen nach dem inneren Aufbau der Persönlichkeit bemüht haben. Die soziale Einbettung im Zuge der Sozialisation lässt sich anhand des Konzeptes der Lebenswelt weiter ausdifferenzieren. Dies dient der Veranschaulichung der mit dieser Dimension verbundenen Sinninhalte.

Der auf Edmund Husserl zurückgehende und durch Alfred Schütz weiterentwickelte Begriff der (alltäglichen) Lebenswelt stellt die dem Menschen selbstverständliche Wirklichkeit dar. Sie entspricht der vorwissenschaftlichen Beschreibung der Grundstrukturen des menschlichen Handelns und Denkens, welche der Mensch fraglos als wirklich erfährt (vgl. Schütz/Luckmann, 2003: 29 ff.):

> „Die [intersubjektiv angelegte] Lebenswelt, in ihrer Totalität als Natur- und Sozialwelt verstanden, ist sowohl der Schauplatz als auch das Zielgebiet meines und unseres wechselseitigen Handelns." (Schütz/Luckmann, 2003: 32).

Als „Gesamtheit der tatsächlichen und möglichen Erfahrungshorizonte menschlichen Lebens" ist sie Inbegriff der soziokulturellen Wirklichkeit (Lautmann, 1994: 394; vgl. auch Welter, 1986; Welter, 2004).

Habermas verwendet die Lebenswelt als Komplementärbegriff zum kommunikativen Handeln und erweitert dabei das ursprünglich engere Verständnis des phänomenologischen Lebensweltbegriffes nach Husserl (vgl. Habermas, 1981b: 182 ff.; Habermas, 1982: 584 ff.; vgl. erläuternd auch Kirsch, 1997a: 80). In Anlehnung an Durkheim unterscheidet Habermas drei strukturelle Komponenten der Lebenswelt: Die Kultur, die Gesellschaft und die Person (vgl. Habermas, 1981b: 205 ff.; sowie Abbildung 2-04).

---

[23] Die 'Big Five' beschreiben die fünf Persönlichkeitsfaktoren, Neurotizismus, Extraversion, Offenheit für Erfahrungen, Verträglichkeit und Gewissenhaftigkeit, die dem in der Psychologie gängigen NEO-Persönlichkeitstest zugrunde liegen.

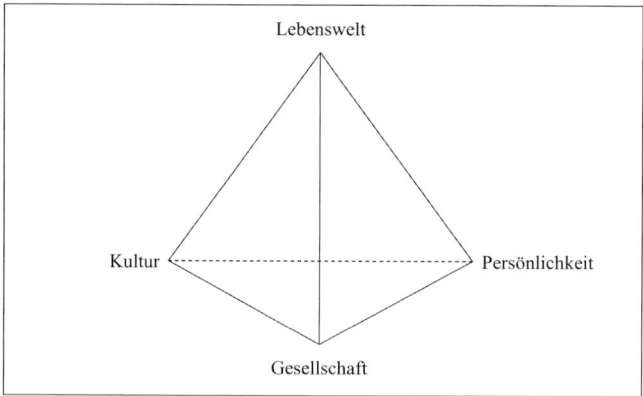

Abb. 2-04: Die Lebenswelt und ihre strukturellen Komponenten[24]

Er charakterisiert diese folgendermassen:

> „*Kultur* nenne ich den Wissensvorrat, aus dem sich die Kommunikations-
> teilnehmer, indem sie sich über etwas in einer Welt verständigen, mit Inter-
> pretationen versorgen.

> *Gesellschaft* nenne ich die legitimen Ordnungen, über die die Kommunika-
> tionsteilnehmer ihre Zugehörigkeit zur sozialen Gruppen regeln und damit So-
> lidarität sichern.

> Unter *Persönlichkeit* verstehe ich die Kompetenzen, die ein Subjekt sprach-
> und handlungsfähig machen, also instandsetzen, an Verständigungsprozessen
> teilzunehmen und dabei die eigene Identität zu behaupten." (Habermas,
> 1981b: 209; Absätze durch den Verfasser eingefügt)

Die grundlegenden Ideen, Deutungsschemata und Bewertungsmuster (Kultur),
die Normen und Rollen der sozialen Referenzgruppe (Gesellschaft) und die da-

---

[24]   Quelle: leicht verändert aus Kirsch, 2001: 332. Kirsch und Mitarbeiter unterscheiden im Rahmen ih-
       rer Praxisanalyse ferner zwischen originären und derivativen Lebenswelten. Sie differenzieren da-
       mit Lebens-, Sprach- und Wissensformen der Privatsphäre oder Organisationsmitgliedschaft eines
       Akteurs von solchen, an denen er durch Kontakt zu sekundären wissenschaftlichen Traditionen teil-
       nimmt (vgl. hierzu ausführlich Kirsch, 1997a: 78 ff.; Kirsch, 1997b: 98 ff.; Kirsch, 2001: 331 ff;
       Kirsch/Seidl/van Aaken, 2009: 21 ff.).

rauf gerichtete Handlungsfähigkeit der Akteure (Persönlichkeit) repräsentieren
somit die drei relevanten, strukturellen Perspektiven der Lebenswelt als einen
„nicht hintergehbaren und prinzipiell unerschöpflichen Kontext" des handelnden Akteurs (ebd., 1981b: 202). Gleichzeitig dienen sie der Analyse lebensweltlichen Wirklichkeit (vgl. ebd., 1981b: 203 ff.; sowie zur Einbettung der Le-
bensweltanalyse in Fragen der Führung von Unternehmen beispielhaft Kirsch,
2001: 331 ff.). In dieser Funktion konkretisieren sie im Rahmen der vorliegenden Arbeit das Verständnis der Sozialisation und liefern einen Eindruck über die
kontextuelle Einbettung des individuellen Handelns. Das Konzept Lebenswelt
wird somit zur Analyse struktureller Wandelerscheinungen in den Sozialisati-
onsbedingungen der Führung herangezogen.

(2) Mit der Betrachtung des individuellen Handelns als konstitutives Merkmal der
'Leadership'-Dimension 'Person' wird an die vielfältigen Überlegungen zur Analyse des Rationalprinzips, also dem menschlichen Entscheidungsverhalten, ange-
knüpft (vgl. Etzrodt, 2003; Kirsch, 1998; March, 1994; Simon, 1997). In Anlehnung an die 'Stimulus-Organism-Response'-(SOR)-Darstellungen der Kognitions-
psychologie kann das menschliche Handeln folgendermaßen illustriert werden:

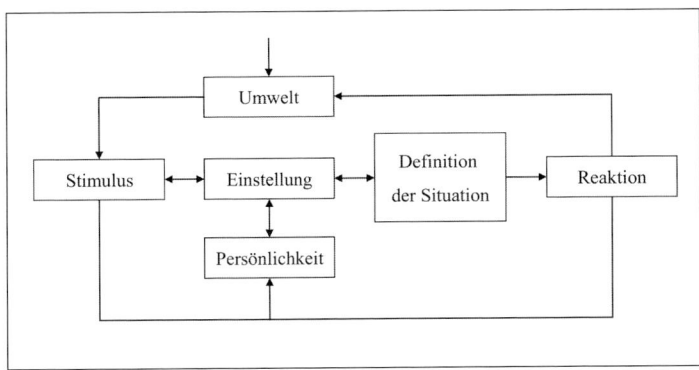

Abb. 2-05: Ein einfaches Handlungsmodell[25]

25   Quelle: Kirsch, 1998: 17; ebenso Kirsch, 2001: 311. Die Betrachtung dient auch dem besseren Verständnis der Führungsdyade als verschränkte Entscheidungsprozesse im folgenden Abschnitt.

Das „einfache Handlungsmodell" nach Kirsch konzipiert das Entscheidungsverhalten, als Intermediär des Umweltimpulses und der darauf gerichteten Reaktion als Wechselspiel zwischen Persönlichkeit, Einstellung und Definition
der Situation des Handelnden (vgl. Kirsch, 1998; Kirsch, 2001: 310 ff.;
Kirsch/Brunner/Eckert, 1999: 41-76; Kirsch/Seidl, 2004). Demnach han-
delt/reagiert der Akteur auf der Grundlage seiner Definition der Situation. Diese repräsentiert das 'innere Modell' des Handelnden als vereinfachtes Abbild
der (metaphysischen) Realität. Diese Entscheidungsheuristiken entstehen durch
den wechselseitigen Austausch von Einstellung und Persönlichkeit. Die Einstellung (bzw. 'Set') kann vereinfachend als das Kurzzeitgedächtnis begriffen
werden. Als solches ist sie „aktiv am Prozeß der Entscheidungsfindung beteiligt und veranlasst die "Hervorrufung" von Informationen aus dem Langzeitgedächtnis." (Kirsch, 1998: 16). Das Langzeitgedächtnis geht hier in dem Begriff der Persönlichkeit auf, welche das sedimentierte Erfahrungswissen darstellt. „Diese Informationen umfassen die spezifischen Begriffe, Überzeugungen, Werte und Attitüden des Menschen, aber auch seine Gewohnheiten und Fähigkeiten." (Kirsch, 1998: 16; vgl. auch Kirsch, 1998: 13 ff.; Kirsch, 2001: 310
ff.). In diesem Zusammenhang deutet Abbildung 2-05 auch die persönlich-
keitsprägende Rückkopplung der Entscheidung auf das Langzeitgedächtnis an.

Natürlich können diese Überlegungen nur als eine Heuristik menschlichen Handelns betrachtet werden und sind vor dem Hintergrund ihrer Grenzen und Fort-
entwicklungen zu verstehen. Diese liegen in der begrenzten Rationalitätsfähig-
keit des Menschen, vor dem Hintergrund beschränkter kognitiver Agenden (vgl.
March, 1994; Simon, 1957; Simon, 1997), ebenso wie in der Kritik der Abbil-
dungsfähigkeit und Abgeschlossenheit der Entscheidungstheorien (vgl. Bray-
brooke/Lindblom, 1963). Auch haben sich in diesem Feld mit der Verbreitung
der neurowissenschaftlichen Forschungsmethodologie ganz neue Zugänge und
Erkenntnisse ergeben, deren Ergebnisse weitreichende Konsequenzen für unser Verständnis menschlichen Handelns haben werden (vgl. hierzu Patzer/Kauf-

---

[25] Quelle: Kirsch, 1998: 17; ebenso Kirsch, 2001: 311. Die Betrachtung dient auch dem besseren Verständnis der Führungsdyade als verschränkte Entscheidungsprozesse im folgenden Abschnitt.

mann, 2007). Das Handlungsmodell ist daher als ein flexibler heuristischen Rahmen zu verstehen, welcher einen Eindruck über die der Führung zugrundeliegenden individuellen Entscheidungsprozesse vermitteln und gleichzeitig die konzeptionelle Offenheit gegenüber diesen Diskussionen erhalten soll.

Eigenschaften, Sozialisation und Entscheidungsverhalten illustrieren auf diese Weise die Führungsdimension 'Person'. Dass sowohl die Betrachtung der Lebenswelt als auch das einfache Handlungsmodell auf den Begriff der Persönlichkeit zurückgreifen, ist insofern unproblematisch, als dass die Begriffsinhalte komplementär sind. Der entscheidungstheoretische Persönlichkeitsbegriff geht dabei noch über den lebensweltlichen Persönlichkeitsbegriff hinaus und umfasst in seinem Verständnis der sedimentierten Erfahrungsgeschichte die gesamte Lebenswelt.[26] Im Folgenden gilt es nun auf dieser Basis ein Verständnis der Führungsdimension 'Interaktion' zu entwickeln.

2.1.2.3 Die Führungsdimension 'Interaktion'

Die Dimension 'Interaktion' belebt nun unser Verständnis von Führung, indem sie die bisherigen Komponenten zusammenführt. Abbildung 2-03 hat bereits die reziproke Führungsdyade dargestellt. Dies kann nun durch die Überlegungen zur den personellen Komponenten des Führenden und Geführten konkretisiert werden:

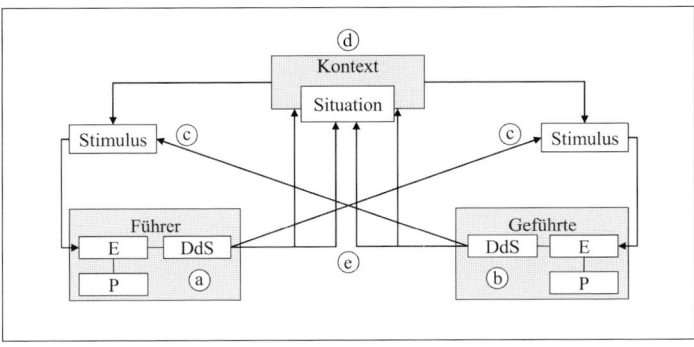

Abb. 2-06: Die Führer-Geführten-Interaktion und Ihre Umwelt[27]

Abbildung 2-06 illustriert den Interaktionszusammenhang als wechselseitigen
Einflussprozess, dem für Führungskraft und Geführten das einfache Handlungsmodell zugrunde liegt (a/b). Die Interaktion (c) wird als sequentielle, reziproke Handlungsbeziehung wechselseitiger Kontingenz verstanden, deren jeweilige Einzelhandlungen als Stimuli im kognitiven System des Kommunika-
tionspartners wirksam werden. (d) stellt die Einwirkung der kontextuellen Bedingungen dar. Deren Stimuli finden in der Interaktionsdyade Berücksichtigung, deren Ergebnisse wiederum auf die situativen und kontextuellen Bedingungen einwirken (e) (vgl. auch Patzer, 2005: 18 f.).

Zentral für die Führungsinteraktion ist ihr asymmetrischer Charakter. Es liegt
eine Einfluss-, bzw. eine Machtbeziehung vor.[28] Der Begriff der Macht und des
Einflusses können prinzipiell als synonym verstanden werden (vgl. dazu Buschmeier, 1995: 11; Irle, 1971: 17ff., 55; sowie Kirsch, 1998: 80; Sitte, 2003: 158).
In Anlehnung an Weber wird Macht charakterisiert als:

> „(...) jede Chance, innerhalb einer sozialen Beziehung den eigenen Willen
> auch gegen Widerstreben durchzusetzen, gleichviel worauf diese Chance be-
> ruht. (...).
>
> Der Begriff „Macht" ist soziologisch amorph. Alle denkbaren Qualitäten ei-
> nes Menschen und alle denkbaren Konstellationen können jemand in die La-
> ge versetzen, seinen Willen in einer gegebenen Situation durchzusetzen."
> (Weber, 1956: 38).

---

[26] An dieser Stelle liegen den Diskussionen unterschiedliche Vorstellungen über den ontologischen
Charakter der Lebenswelt zugrunde. In dem soziologischen Verständnis nach Habermas wird der intersubjektiv geteilten Welt der Kommunikation einen ontologische Selbstständigkeit zugesprochen
(vgl. Habermas, 2004b), in der durch einen methodologischen Individualismus geprägten Entschei-
dungstheorie manifestiert sie sich im Kognitionsapparat des Akteurs (zu dieser Argumentation vgl.
Patzer, 2005: 19 ff.).

[27] Quelle: Eigene Darstellung in Anlehnung an Patzer, 2005: 18. Abkürzungen der Abbildungen: Definition der Situation (DdS), Persönlichkeit (P) und Einstellung (E).

[28] Auch hier warnt Neuberger wiederum vor „babylonischer Sprachverwirrung" (Neuberger, 1995: 55).
Die folgenden Überlegungen liefern keine abschließende Rekapitulation, sie dienen primär der Vertiefung des Verständnisses der Führungsdimensionen.

Der Einfluss manifestiert sich in einem „psychologischen Wandel" (French/Raven, 1968: 260) auf Seiten desjenigen, auf den Macht ausgeübt wird. Gedanken, Gefühle und Handlungen/Verhalten unterliegen diesem Einfluss (vgl. Tuner, 1991: 1). Dies vorangestellt kann nun die Interaktion als Machtbeziehung zum besseren Verständnis weiter ausdifferenziert werden. Es gilt die Machtgrundlagen als Einflussbasis (1) von der eigentlichen Machtausübung als Einflussprozess (2) zu unterscheiden.

(1) Einen prinzipiellen Zugang zu den Grundlagen der Einflussnahme gewinnt man anhand der handlungstheoretischen Vorüberlegungen, auf deren Basis der 'Leadership'-Begriff konkretisiert wurde. Die konstitutive asymmetrische Einflussnahme zeigt sich darin, dass die Führungskraft den maßgeblichen Teil der Varianz des Verhaltens der Interaktionsgemeinschaft determiniert. Dies beruht auf der Existenz entsprechender Handlungs- bzw. Einflusspotentiale. Diese lassen sich folgendermaßen charakterisieren:

> „Unseres Erachtens besteht ein solches Einflusspotential dann, wenn ein organisatorischer Akteur über eine große Anzahl von Handlungsalternativen verfügt, zwischen denen er situativ zu wählen vermag. Ist dies der Fall, so stehen dem Akteur mehrere Varianten zur Verfügung, mit denen er in seine Umwelt eingreifen kann. Durch die Wahlmöglichkeit zwischen diesen Varianten kann der Akteur Einfluss ausüben." (Guggemos, 2000: 134).

Einflusspotentiale stellen in diesem Sinne eine spezifische Form von Handlungsoptionen dar, nämlich solche, welche mit den Handlungsoptionen anderer Akteure verschränkt sind. Handlungsoptionen manifestieren sich in der Verfügbarkeit komplementärer Handlungsressourcen. Diese lassen sich in Anlehnung an Poppers dreier ontologischer Welten illustrieren (vgl. Guggemos, 2000: 136 f.; sowie Kirsch, 1997a: 61 ff., 71 ff.):

> „Da gibt es zunächst die physische Welt – das Universum physischer Gegenstände – (...); ich möchte sie „Welt 1" nennen. Zweitens gibt es die Welt psychischer Zustände, einschließlich der Bewusstseinszustände, der psychischen Disposition und unbewussten Zustände; diese will ich „Welt 2" nennen. Doch es gibt noch eine dritte Welt, die der Inhalte des Denkens und der Erzeugnisse des menschlichen Geistes; diese will ich „Welt 3" nennen; (...)." (Popper/Eccles, 1982: 63)

Popper unterscheidet hierin zwischen einer objektiven (physikalischen), einer subjektiven (das Bewusstsein betreffenden) und einer sozialen (unbedingten) Welt (vgl. dazu Popper, 1973). Diese versorgen den Akteur mit den das Handeln ermöglichenden Ressourcen. So lässt sich die Handlungsoption einer finanziellen Belohnung auf das Vorhandensein der Ressource Geld (Welt 1), einer darauf gerichteten Motivation seitens des Führenden (Welt 2), sowie das soziale Dürfen im Sinne der hinreichenden Autorität diese Entscheidung treffen zu dürfen (Welt 3) zurückführen. Die Ressourcen weisen in diesem Sinne eine gewisse Komplementarität auf. Mit der Akkumulation komplementärer Ressourcen-Sets erweitert der Akteur seine Menge an Handlungsoptionen und damit seinen Handlungsspielraum. Einflusspotentiale ergeben sich dann als Folge divergierender Handlungsoptionen, welche wechselseitig verschränkt die eigentliche Einflussnahme begründen.

Diese recht allgemeine Darstellung lässt sich anhand organisationsnaher Differenzierungen konkretisieren. Eine gängige Unterscheidung von Machtgrundlagen geht hierbei auf French und Raven zurück, die fünf Machtbasen anführen: „Reward Power", „Coercive Power", „Legitimate Power", „Referent Power" und „Expert Power" (vgl. French/Raven, 1968: 262 ff.). *Reward Power* beschreibt die Fähigkeit des Einflussausübenden über Belohnungen für den Beeinflussten zu verfügen. Diese können materielle, finanzielle oder auch immaterielle (bspw. Lob) Formen annehmen. *Coercive Power* ist mit der Belohnungsmacht verknüpft. Hierbei kann der Einflussausübende Zwangsmittel einsetzen indem er Belohnungen zurückhält oder Bestrafungen ausspricht. *Legitimate Power* bezieht sich auf das Verständnis des Beeinflussten, dass der Einflussausübende das Recht dazu hat seine Macht zu nutzen. Dieser Eindruck kann sich auf bestehende kulturelle Normen, eine angenommene soziale Struktur, wie beispielsweise das Rollengefüge einer Organisation, oder die Benennung durch legitimierende Akteure stützen. In diesem Sinne ist legitimer Einfluss stark abhängig von den bestehenden Überzeugungen des beeinflussten Individuums. *Referent Power* bezieht sich auf die Fähigkeit des Beeinflussenden in dem zu Beeinflussenden ein Gefühl der Verbundenheit beziehungsweise das

Bedürfnis für eine solche hervorzurufen. *Expert Power* letztlich beruht auf dem wahrgenommenen Fachwissen des Machtausübenden.[29]

(2) Der Einflussprozess, verstanden als Einflussnahme kann auf dieser Basis näher konkretisiert werden. Wie bereits dargestellt, beschreiben Einflusspotentiale Handlungsoptionen, die mit den Handlungsoptionen anderer Akteure verschränkt sind und auf diese Weise einen Eingriff in die Umwelt gestatten. Abbildung 2-07 illustriert dieses Verhältnis anhand der bereits bekannten Führer-Geführten-Dyade.

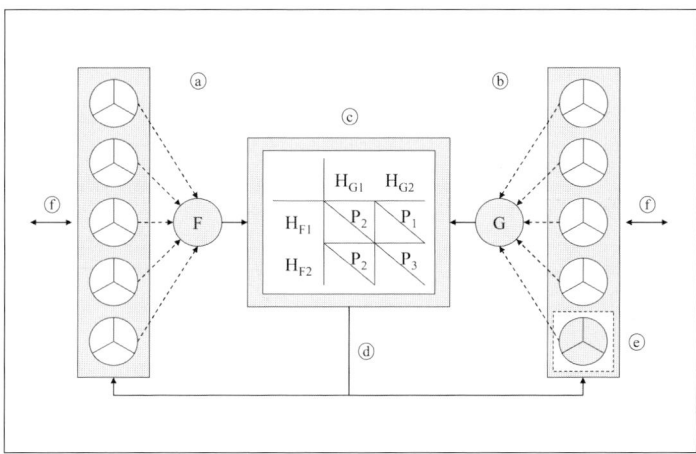

Abb. 2-07: Einflusspotentiale und Einflussprozess[30]

29   Anzumerken ist, dass es im Rahmen der Macht-Literatur eine Vielzahl alternativer Unterscheidungen gibt. Ein dem Untersuchungskontext nahes Beispiel sind die Einflussgrundlagen der 'Legitimität', 'Ressourcenkontrolle' und 'Zentralität' in Organisationen nach Bouquet und Brinkshaw (vgl. Bouquet/Birkinshaw, 2008: 480 ff.). Im Lichte der Artverwandtheit dieser Unterscheidungen mit den Überlegungen nach French und Raven soll hier nicht weiter darauf eingegangen werden.

30   Quelle: Guggemos, 2000: 140 und 143, durch den Verfasser ergänzt und erweitert (vgl. hierzu auch Patzer, 2005: 28 ff.).

Abgebildet sind der Führende und der Geführte mit ihren jeweiligen Handlungsalternativen als Voraussetzung der Interaktion (a/b). Die Dreiteilung der einzelnen Handlungsoptionen symbolisiert den beschriebenen komplementären Zusammenhang zwischen den Ressourcen der Welten Poppers. Die eigentliche Einflussnahme verdeutlicht die ausdifferenzierte Interaktion (c). Diese spieltheoretisch inspirierte Darstellung konkretisiert das Verständnis der Einflussnahme als Modulation der Auswahlentscheidung. Der Führende F kann auf der Basis seiner Handlungsalternativen (H_{F1}, H_{F2}) für den Fall einer 'Payoff'-Struktur für den Geführten G von $P_1 < P_2 < P_3$ dessen Auswahlentscheidung beeinflussen. Der vorliegende Fall ermöglicht eine eindeutige Festlegung, wenngleich dies für das Verständnis der Einflussnahme nicht notwendig ist. Die Etablierung von Handlungskorridoren ist bereits hinreichend, um von einer Einflussnahme zu sprechen. (d) illustriert weitergehend die Konsequenzen der aktuellen Dyade für die Handlungsoptionen der Akteure, indem sie diese

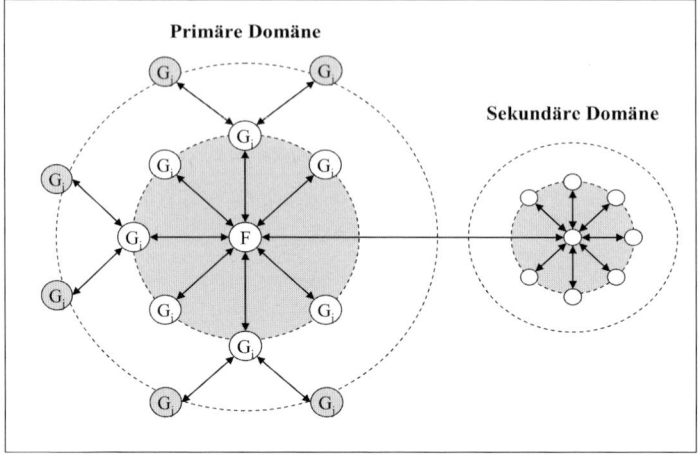

Abb. 2-08: Domänen und Transitivität von Einflusspotentialen[31]

[31]   Quelle: Eigene Darstellungen. Vgl. auch Patzer, 2005: 31.

reproduziert oder vernichtet. (e) soll dem Eindruck einer Gleichsetzung von Einfluss und Einschränkung entgegenwirken, indem er Einfluss auch in der Ermöglichung neuer Handlungsoptionen konkretisiert. Man kann hier an Bereitstellung von Autorisierungsrechten (Ressourcen der sozialen Welt) denken, die den Geführten erst in die Lage versetzen über eine bestimmte Handlungsoption zu verfügen. (f) bringt die Wirkung der Interaktion auf andere Dyaden, Zeitpunkte oder Handlungsbereiche zum Ausdruck und spricht damit bereits die Frage nach der Transitivität an. Damit gemeint ist die Reichweite einer Führungshandlung durch ihre determinierende bzw. korridorrisierende Wirkung gegenüber anderen Handlungszusammenhängen.

Abbildung 2-08 illustriert die Vorstellung einer Führungsdomäne, in der die Einflussnahme seitens der Führungskraft über die unmittelbare Interaktion mit Gi hinaus auch Wirkung für andere Personenkreise Gj besitzt:

Die Möglichkeit der Einflussnahme im Sinne der Führung als Modulation der Auswahlentscheidungen kann also über Mittelstellen auf Handlungskaskaden wirken. Die faktische Reichweite ist dabei von dem direkt erreichbaren Personenkreis, und der Wirksamkeit der Einflussnahme abhängig. Sie kann durch die Wirkung auf andere Führungskräfte auch in sekundären Domänen wirksam werden. Prinzipiell muss davon ausgegangen werden die meisten Einflusspotentiale über eine begrenzte Transitivität durch Ausübung über Mittlerstellen verfügen. Dies deutet der sich reduzierende Radius des zweiten Kreises an.

2.1.2.4 Die Führungsdimension 'Aufgabe'

Führung besitzt einen inhärenten Bezug zum Zielsystem der Organisation. Dies wurde weiter oben bereits mit Blick auf die Dimension 'Aufgabe' angedeutet. Dies gilt nicht nur in ihrem funktionalen Verständnis, in dem es im Rahmen des Managementprozesses mit der Aufgabenverfolgung betraut ist, sondern und insbesondere auch aus einer institutionellen Perspektive heraus, aus der der Kreis der Führungskräfte auch mit Fragen der (strategischen) Unternehmensführung betraut ist. Führungskräfte stehen in einem wechselseitigen Abhängigkeitsverhältnis zum organisationalen Zielsystem (vgl. bspw. Steinmann/

Schreyögg, 2005). Zum einen sind sie Adressaten desselben und laufend um die Operationalisierung und Zielverfolgung bemüht, zum anderen sind sie maßgeblich im Prozess der Zielformulierung beteiligt. Dies sind sie nicht zuletzt auch aufgrund der laufenden Rückkopplung der Handlungen 'vor Ort' an das Zielsystem. Dieses Verhältnis ist charakteristisch für die Führung in betriebswirtschaftlichen Organisationen, sie muss in diesem Sinne als 'eingebettet' verstanden werden. Es gilt nun die hier zugrunde gelegte Vorstellung des organisationalen Zielsystems (1) und die darauf gerichtete Aufgabenverfolgung (2) zu erläutern.

(1) Das Zielsystem der Unternehmung und die hierauf gerichteten Tätigkeiten wurden traditionell lange Zeit als monolithischer Block betrachtet, welcher Ausfluss der rationalen Planungsprozesse des Top-Managements war (bspw. Steinmann/Kustermann, 1996; Steinmann/Olbrich, 1998). Besagter Personenkreis verfasste die entsprechenden Ziele und autorisierte diese anhand seiner Verfassungsrechte für die gesamte Unternehmung. Leitende Sinnmodelle sind die Vorstellung der Unternehmung als Mittel zur Durchsetzung eigener Interessen oder die Betonung des Überlebens der Organisation (vgl. Kirsch, 2001). Beides ist an die Ausrichtung der Unternehmung an ihrer finanziellen Ertragskraft gekoppelt (vgl. Friedman, 1970; und kritisch Scherer, 2003; Scherer/Palazzo, 2007)[32].

In einem moderneren, organischen Verständnis der Organisation wird die Vorstellung des rationalen Planungsprozesses relativiert. Dieses Verständnis stellt den Basisprozess bzw. den 'Ongoing Process' als laufendes Geschehen in den Mittelpunkt ihrer Betrachtung. Dieser umfasst die Menge der Handlungsströme, als Sequenz aneinander anschließender Handlungen, die Reflexionsgeschichten der beteiligten Akteure sowie die Menge an intersubjektiv geteilten Vorstellungen über das soziale Geschehen (vgl. Kirsch, 1997b; Kirsch, 2001). Führungsdyaden stellen als Relevanzbereich des Betrachters Episoden in diesem Basisprozess dar (zum Episodenkonzept vgl. Kirsch, 1997b: 464 ff.; Hen-

---

[32] Dieser Aspekt wird in der Auseinandersetzung mit der neuen Rolle der Unternehmen und ihrer Führung nochmals ausführlich besprochen.

dry/Seidl, 2003). In diesem Verständnis der Organisation als soziales System tritt an die Stelle des homogenen Zielsystems die Vorstellung einer strategischen Gemengelage als eine Menge heterogener und relativ unübersichtlicher Ziele und Handlungsorientierungen (vgl. Kirsch, 2001: 510 ff.). Sie sind Ergebnis vielschichtiger Zielformulierungs- und Zielformierungsprozesse im Verlauf der unternehmenspolitischen Konfliktaustragung (vgl. Mintzberg, 1978). Ziele entstehen damit an der Spitze der Unternehmung ebenso wie auf allen anderen Ebenen durch wechselseitige Abstimmungen und Koalitionen der Organisationsmitglieder. In diesem Prozess der Themen- und Zielbildung fungieren Führungskräfte als Promotoren von Ideen und Interessen, ebenso wie als 'Gatekeeper' der relevanten Entscheidungsarenen (vgl. Sitte, 2003). In diesem Sinne, in dem Führungskräfte machtvolle Akteure im Prozess der Genese und Evolution von organisationalen Strategien sind, ist 'Leadership' unauflösbar mit dem Zielssystem der Unternehmung verknüpft. Dies gilt es für die spätere Untersuchung und die Kritik der diese Prozesse dominierenden ökonomischen Imperative in Erinnerung zu behalten.

(2) Neben diesem Prozess der Zielgenese läuft der damit verstrickte Prozess der Aufgabenverfolgung ab. Dieser lässt sich in das Herunterbrechen der Ziele in Teilaufgaben anhand einer operativen Planung sowie deren letztendliche Verfolgung unterteilen. Hierunter fallen dann sowohl die unmittelbare Anleitung von Geführten und die Bereitstellung von autorisierten Entscheidungen ebenso wie die Ausgestaltung von Anreizsystemen und dergleichen. Letztendlich steht hier dann der Abgleich des Ergebnisses und Erfolges der Führung in Hinblick auf seine Zielerreichung.

2.1.3 Was soll also unter 'Führung' verstanden werden?

Mit den obigen Darstellungen sind die Dimensionen der Führung für das weitere Vorgehen hinreichend erläutert. Abbildung 2-09 rekapituliert die bisherigen Ergebnisse in einem Analyserahmen der Führung:

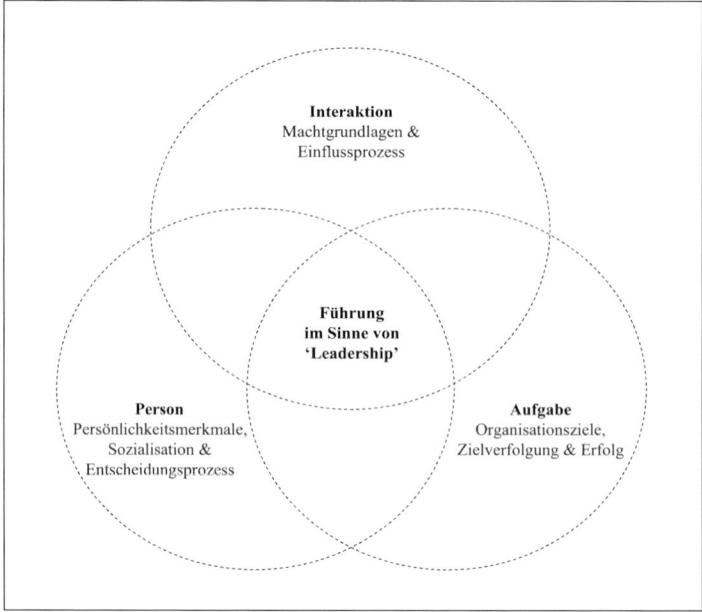

Abb. 2-09: Analysedimensionen der Führung³³

³⁴ Nicht berücksichtig worden ist der Aspekt der Führungssituation (noch angeführt in Patzer, 2008, zur
    Übersicht vgl. Schreyögg, 1995). Diese umfasst die unmittelbaren Situationsparameter ebenso wie
    die organisatorischen Rahmenbedingungen und deren Einfluss auf die Führungsbeziehung. Hierunter können organisatorische Strukturen oder auch die öffentliche Meinung verstanden werden. Die
    Situation wirkt als Moderator in der Führungsbeziehung. In dieser Funktion ist sie in Abbildung 2-
    03 mit berücksichtigt worden. Wenngleich sie in den folgenden Analysen nicht explizit betrachtet wird,
    so muss sie als Führungshintergrund mitgedacht werden.

Das hier zugrunde gelegte Verständnis stützt sich auf seine drei Dimensionen 'Person', 'Interaktion' und 'Aufgabe'.[34] Darin berücksichtigt sind Aspekte der Identitätsentwicklung und des Entscheidungsverhaltens, die Grundlagen und der Mechanismus der Einflussnahme sowie die Einbettung der Führung in den organisationalen Leistungsprozess, insbesondere den Prozess der Zielgenese.

Das Phänomen der Führung konkretisiert sich nun als die zielgerichtete soziale Einflussnahme seitens einer oder mehrerer Personen gegenüber einem oder mehreren Geführten, die durch eine spezifische (Re-)Produktion von einflussrelevanten Handlungsoptionen im Rahmen des organisatorischen Geschehens begründet ist. Die Führungskraft versteht es dabei, soziale Interdependenzen im Rahmen eines gemäßigten Voluntarismus zielgerichtet zu handhaben.[35] Die Wirkung seines Handelns auf das asymmetrische Zustandekommen der jeweiligen Situationsdefinitionen kann sich dabei über die eigentliche Interaktion auf folgende Interaktionen und Interaktionszusammenhänge auswirken (Patzer, 2005: 37 f.). Führung ist dabei stets als in die operativen und strategischen Prozesse der Organisation eingebettet zu verstehen.

Mit diesen Überlegungen ist das hier entwickelte Führungsverständnis den vielfältigen Forschungsbemühungen gegenüber offen konzipiert worden. Die Dimensionen, verstanden als 'Moving Concepts', konkretisieren die jeweiligen In-

---

[35] Die Denkfigur eines gemäßigten Voluntarismus steht für eine relativierte Vorstellung über die Einflussmöglichkeiten der Führung auf andere Akteure und soziale Systeme (vgl. Kirsch, 200 1: 111 ff.). Kirsch warnt davor einer „Illusion der Machbarkeit" zu verfallen. Die faktische Umsetzung des geplanten Wandels in Organisationen unterliegt ebenso wie die Vorstellung der Handlungsfreiheit von Akteuren in der Praxis vielfältigen Restriktionen. Die systemischen Zwänge determinieren in dem Verständnis der Arbeit allerdings das Handeln nicht vollständig. Die Position des gemäßigten Voluntarismus steht daher zwischen einem überzogenen Voluntarismus und einem totalen Determinismus. Dies steht in Einklang mit Mintzbergs Analyse der Handlungsfreiheiten von Führungskräften. Mintzberg hat deren Vorhandensein bestätigen können, wenngleich sie oftmals nur in initialen Wahlmöglichkeiten bestehen, die dann verpflichtende Handlungsströme in Gang setzen (Mintzberg, 1980: 48 ff.). In eine ähnliche Richtung deuten die Untersuchungen von Zimbardo im Zusammenhang der Foltervorfälle in Abu Ghralb oder dem Stanford-Gefängnis-Experiment. Zimbardo stellt die starke Prägung handelnder Akteure durch kontextuelle Bedingungen heraus, stellt ihnen aber kritisch-reflexives Handeln als 'Befreiungsschlag' gegenüber (vgl. Zimbardo, 2008). Die hier zugrunde gelegte Vorstellung einer Führung, die auf die Praxis einwirken kann, erscheint daher nicht unbegründet.

halte in angemessener Form. Mit dem derart gewonnenen Raster kann nun der
eingangs formulierten These nachgegangen werden, dass die Führung (insbesondere von und in multinationalen Unternehmen) in der Gegenwart einem
Wandel ausgesetzt ist. Dies sollte sich in den jeweiligen Inhalten der konstitutiven Elemente des Führungsverständnisses niederschlagen. Der hier unter-
stellte Wandel ist nach Auffassung des Verfassers auf globale Transformationsprozesse zurückzuführen, welche auch Ausgangspunkt waren das traditionelle CSR-Verständnis neu zu überdenken. Die Darstellung dieser Prozesse,
die in eine postnationale Konstellation führen und ihr Effekt auf das Verständnis von Führung soll nun im Folgenden angemessen illustriert werden.

2.2 Globalisierung, postnationale Konstellation und die Rolle der Führung

In der Einleitung wurde auf die Bedeutung des Untersuchungsfeldes der Globalisierung für das Forschungsprogramm der Theorie der Multinationalen Unternehmung bereits hingewiesen. Die hierunter verstandenen Transformationsprozesse führen in unserem Verständnis zu einer Verengung der Handlungsspielräume einer nationalstaatlichen Politik. Damit einhergehen die zunehmende
Sensibilisierung gegenüber transnationalen Problemen und die Frage nach deren Behandlung. Dies wird in dem eigenen Forschungsprogramm bisher in erster Linie in Hinblick auf die Rolle der (multinationalen) Unternehmen und die
Neufassung der Unternehmensethik behandelt (vgl. Scherer, 2003; Scherer/Pa-
lazzo, 2007). Der darin formulierte Ruf nach einem Paradigmenwechsel gilt
nach Ansicht des Verfassers ebenso für die Frage nach der Führungsverantwortung (vgl. Patzer, 2008). Dies kann anhand der Implikationen der 'Globalisierung' und der 'postnationalen Konstellation' für das Führungsverständnis
illustriert werden. Damit werden die im Rahmen der Fallstudien skizzierten
Problemkonstellationen zur veränderten Rolle der Führung in einer globalen Gemeinschaft (vgl. Kapitel 1.1.3) aufgegriffen und vertieft.

Entsprechend wird im Folgenden das der Arbeit zugrundeliegende Verständnis dieser Rahmenbedingungen näher beleuchtet. Ausgangspunkt dazu ist die begriffliche Konkretisierung des Schlagwortes Globalisierung. Kontext und Konsequenzen derselben werden mit den für die Arbeit wesentlichen Schwerpunkten skizziert. Dabei ist unserem Verständnis nach die Krise des Nationalstaates hinsichtlich seiner Regulierungsfähigkeit neben einer neuen Problemqualität Indikator für die Relevanz der konzeptionellen Einbeziehung einer postnationalen Konstellation (vgl. Habermas, 1998b; und insbesondere Habermas, 1998a). Ihre Implikationen für die Neuformulierung der gesellschaftlichen Rolle wirtschaftlicher Akteure, also Unternehmen und ihrer Führung, sollen im Anschluss dargestellt werden.

2.2.1 Das Ende der Moderne und die Gefährdung des sozialen Friedens

2.2.1.1 Globalisierung als ubiquitärer Unbekannter: Eine Begriffsbestimmung[36]

Die Gegenwart, ihre Teilnehmer und deren Lebensbereiche erscheinen geprägt durch den Wettstreit zwischen modernen und postmodernen Weltanschauungen. Die Moderne war dabei seit ihrem Beginn mit dem Westfälischen Frieden durch den von der Aufklärung initiierten Vernunftglauben und die Säkularisierung, sowie die Industrialisierung geprägt. Ihre Institutionalisierung fand sie in der Etablierung des Nationalstaates, als Ausdruck der vernünftigen Selbstorganisation der Staatsbürger und als Garanten für die individuelle Freiheit, Sicherheit und Solidarität bei dem Streben nach persönlichem Glück und Wohlstand (dazu Beck, 1997: 22 ff.; Scherer, 2003: 11 f.; Zürn, 1998a). Dieses Gleichgewicht ist jedoch nach Ansicht vieler Autoren spätestens seit dem Ende des 20zigsten

---

[36] Die Implikationen der Globalisierungsdiskussion für das Führungsverständnis unter den Bedingungen einer postmodernen Konstellation sind zentral für die Argumentation der Arbeit. In Anbetracht der Tatsache, dass das Forschungsprogramm der TdMNU hierzu bereits vieles erarbeitet hat, erfolgt die Einführung in dieses Themengebiet in dieser Arbeit allerdings stark fokussiert. Für eine ausführlichere Darstellung siehe unter anderem Scherer, 2003; Scherer, 2008a; Scherer/Palazzo, 2008a.

Jahrhunderts so empfindlich gestört, dass Beck resümiert: „Das Projekt der Moderne, so scheint es, ist gescheitert" (ebd., 1997: 24).

Maßgeblich dafür sind dieser Auffassung nach in erster Linie drei parallele sich wechselseitig beeinflussende Entwicklungen, die im Zuge der rasanten technologischen Entwicklungen in den Bereichen der Kommunikation, der Datenverarbeitung und des Sach- und Personentransportes das „Zeitalter der Diskontinuität" (bereits Drucker, 1969) eingeläutet haben. Namentlich sind dies die *philosophische Postmoderne*, welche durch die Betonung des Pluralismus von Vernunft und Rationalitätsansprüchen das Band der Metaerzählungen westlich universalistischer Provenienz durchtrennt hat, die durch die Säkularisierung begünstigte *Individualisierung* im Sinne der damit einhergehenden Fragmentierung des kollektiven Bewusstseins und dessen Handlungsfähigkeit und die neben dem intellektuellen und politischen Prozess *wirtschaftliche Globalisierung*, welche im Zuge der weltweiten Vernetzung des Güteraustausches die Grenzen des Nationalstaates sprengt (Beck, 1997: 24 f. dazu auch Beck, 1986; Homann, 2003: 13 f.; Lyotard, 1979; Scherer, 2003; Scherer/Palazzo, 2008a).

Der Begriff der Globalisierung ist mit dem Makel behaftet in den letzten Jahren zu einem Schlagwort ohne hinreichende Aussagekraft verkommen zu sein. Er wird in der wissenschaftlichen ebenso wie in der öffentlichen Diskussion in einer Vielzahl von Kontexten verwendet. Mal werden seine Inhalte verteufelt, mal als heilsbringend gepriesen (vgl. zum Thema Michie, 2003; einführend auch Kutschker/Schmid, 2005; sowie Macharzina/Fisch, 2004). Eine zweckmäßige Differenzierung für die Theorie der Multinationalen Unternehmung und diese Arbeit stammt von Beck, die eine Unterscheidung nach empirischen und normativen Gesichtspunkten leistet und damit eine weite Abbildung des Sachverhaltes ermöglicht (vgl. Scherer, 2003: 59 f.).[37] Beck grenzt den normativen Begriff des *Globalismus* von den empirischen Begriffen der Globalität und der Globalisierung ab (Beck, 1997: 26 ff., 150 ff.):

---

[37] Alternative Abgrenzungen bietet beispielsweise Perraton mit seiner Unterscheidung von einer „hyper-globalist", „sceptical" und „transformational" Perspektive (vgl. Perraton, 2003). Die normative Dimension wird jedoch in seiner Analyse nur schwach beleuchtet.

Globalismus „bezeichnet eine unkritische normative Grundhaltung, derzufolge der Weltmarkt politisches Handeln, insbesondere nationalstaatliches Handeln, verdrängen oder ersetzen *soll*" (Scherer, 2003: 60). Es geht Beck um die Darstellung und Kritik der Ideologie des Neoliberalismus, der eine Weltmarktherrschaft propagiere. Ihr Ökonomismus und ihre Monokausalität lassen die Inklusion anderer Dimensionen der Globalisierung (ökologisch, kulturell, politisch, zivilgesellschaftlich) nur unter dem Primat der wirtschaftlichen Perspektive zu. Die für die erste Moderne charakteristische Trennung von der um die Rahmenbedingungen bemühten Politik und der darunter agierenden, Wirtschaft wird zunehmend verwischt. Die damit verbundene Vorstellung, Nationalstaaten und ihre Gesellschaften seien einem Unternehmen gleich zu führen, entspricht dem aufgrund seiner abträglichen Folgen zu kritisierenden Imperialismus des Ökonomischen (Beck, 1997: 26 f.; Kersting, 2008a; Scherer, 2003: 60 f.).

Hiervon abzugrenzen ist der Begriff der *Globalität*. Dieser entspricht einer empirischen Zustandsbeschreibung. Er charakterisiert diese als einen Zustand aufgelöster räumlicher Grenzen und das Zusammenleben sozialer Akteure in einer Welt, in der keine isolierten Räume mehr bestehen. Er kennzeichnet also die Faktizität der Weltgesellschaft (Scherer, 2003: 61). Diese muss nach Beck als unrevidierbar, multidimensional, polyzentrisch, kontingent und politisch begriffen werden (Beck, 1997: 150 f.). Sie ist gekennzeichnet durch das reflexive Bewusstwerden der eigenen Handlungen transnationaler Akteure in einer gemeinsamen Gesellschaft bzw. in einer *globalen* Welt. Mit der hierauf bezogenen Kommunikation wird die Konstruktion eines gemeinsamen Welthorizontes wirksam, in dem lokale Gesellschaften und ihre „ökonomischen, kulturellen [und] politischen" Formen aufeinanderprallen und sich in Zuge dessen neu beweisen müssen (Beck, 1997: 28).

Gegenüber dieser Zustandsbeschreibung betont der Begriff der *Globalisierung* den Prozesscharakter des Transnationalen. Er beschreibt demnach einen Prozess der weltweiten Vernetzung ökonomischer und sozialer Aktivitäten, „die Intensivierung transnationaler Räume, Ereignisse, Probleme, Konflikte, [und] Biographien" (Beck, 1997: 150, 24 f.). Er beinhaltet die seit dem Ende der siebziger Jahre voranschreitende „Intensivierung von Verkehrs-, Kommunikations-

und Austauschbeziehungen über nationale Grenzen hinweg" (Habermas, 1998a: 101), welche sich im Zuge der verbesserten Transport- und Informationstechnologien ergeben haben (vgl. allgemein hierzu auch Beck, 1986; Habermas, 1998a: 101 f.; Homann, 2003: 13 f.; Scherer, 2003; sowie Parker, 1996; Perraton, 2003). Globalisierung umfasst mit dem Auftreten neuer transnationaler Akteure die Prozesse, in deren Folge die Nationalstaaten ihre politische Steuerungsfähigkeit verlieren (Beck, 1997: 28 f.; Scherer/Palazzo, 2008a). Beck weist darauf hin, dass dieser Prozess nicht als linear oder allumfassend zu verstehen ist. Vielmehr sei er kontingent und dialektisch. Globalisierung ist als Glokalisierung zu verstehen. Die Ausweitung und Transnationalisierung von Deutungsschemata geht stets einher mit ihrer lokalen (lebensweltlichen) Einbindung und Neuinterpretation. Die damit zunehmende Durchlässigkeit traditioneller Grenzen macht Globalisierung zum Prozess einer „aktive[n] oder passive[n] Entwicklung hin zur Globalität" (Albrow, 1998: 141; vgl. auch Scherer, 2003: 62 ff.). Besonderes Augenmerk wird im Rahmen der TdMNU wie bereits angedeutet der wirtschaftlichen Globalisierung und ihren Implikationen für den Nationalstaat und den sozialen Frieden geschenkt. Dies soll kurz rekapituliert werden.

2.2.1.2 Die Krise des Nationalstaates und die globale Risikogesellschaft[38]

Der Nationalstaat als ein historisches Produkt der Moderne hat seinen Ursprung im Westfälischen Frieden von 1648. Mit dem Ende des dreißigjährigen Krieges und den wechselseitigen Anerkennungen der jeweiligen Staatsgrenzen, sowie der Etablierung des Prinzips der Nichteinmischung in innere Angelegenheiten wurden seine Minimalvoraussetzung des Gewaltmonopols, des Territorialprinzips und der internationalen Anerkennung geschaffen (vgl. Habermas,

---

[38] Die Argumentation dieses Abschnittes folgt in weiten Teilen den Darstellungen der Beiträge von Habermas (Habermas, 1996a; Habermas, 1998a) und deren Adaption durch Scherer et. al. (insb. Scherer, 2003; sowie beispielhaft Palazzo/Scherer, 2006; Scherer/Palazzo, 2007; Scherer/Palazzo, 2008a; Scherer/Palazzo, 2009; Scherer/Palazzo/Baumann, 2006; Scherer/Palazzo/Seidl, 2008).

1996a: 128 ff.; und Scherer, 2003: 128 ff.). In seiner modernen Form ist er wesentlich, um die Integration von Gemeinschaft bzw. Gemeinwesen zu garantieren.[39] Die Legitimitätsbedingungen seiner inneren Ordnung sind maßgeblich für seine langfristige Stabilität.

Konstitutiv für den Nationalstaatsbegriff sind seine beiden Komponenten 'Staat' und 'Nation'. Ersterer bezieht sich als juristischer Begriff auf eine nach außen und innen souveräne Staatsgewalt. Diese ist mit dem Staatsgebiet territorial und mit dem Staatsvolk auf die Gesamtheit ihrer Angehörigen begrenzt (Habermas, 1996a: 130 ff.; vgl. auch Kobrin, 2001; Scherer, 2003: 129 f.). Derart fundiert auf den Formen des positiven Rechts symbolisiert sie den steuerfinanzierten Verwaltungsstaat. Die Nation hingegen beschreibt eine Abstammungsgemeinschaft, geprägt durch die gemeinsame Sprache, Kultur und Geschichte (Habermas, 1996a: 131 ff.). Mit ihrer Verschmelzung mit dem Staat im späten 18. Jahrhundert leistet sie durch die Stabilisierung der wechselseitigen Verhaltenserwartungen einen wesentlichen Beitrag zur sozialen Integration der Gemeinschaft und durch die Aktivierung der Akteure zur Mitgestaltung des Gemeinwesens zu deren demokratischer Legitimation (Habermas, 1996a: 139; Scherer, 2003: 130). Der Nationalstaat findet sich nun im Zuge der ökonomischen Globalisierung in einer Funktions- und Legitimationskrise (vgl. Scherer, 2003: 125 ff.; sowie Günther/Randeria, 2001; Kobrin, 2001; Parker/Braithwaite, 2003). Dies kann anhand der Charakteristika des modernen demokratischen Verfassungsstaates als „Idealtypus gesellschaftlicher Integration" illustriert werden (vgl. Scherer, 2003: 133 ff.). Habermas benennt die vier wesentlichen Eigenschaften mit dem modernen Staat als Verwaltungs- und Steuerstaat (1), als souveräner Territorialstaat (2), als Nationalstaat (3) und als demokratischer Rechts- und Sozialstaat (4) (Habermas, 1998a: 97 ff.; vgl. auch Habermas, 1996a).

---

[39] Der Begriff des 'Gemeinwesens' ist zu differenzieren von dem Begriff der 'Gesellschaft'. Ersterer steht „für die Summe der sozialen Interaktionen einer kulturell gewachsenen Schicksalsgemeinschaft", letzterer umfasst die „Gesamtheit der *rechtlich-politisch* vermittelten sozialen Interaktionen" (Scherer, 2003: 128; vgl. allgemein auch Ganslandt, 2004a; Ganslandt, 2004b).

(1) Der Staat als gesellschaftliches Teilsystem ist das Ergebnis eines Prozesses der systemischen Ausdifferenzierung im Luhmann'schen Sinne. Spezialisiert auf kollektiv bindende Entscheidungsverfahren ermöglicht er es der Gesellschaft politisch auf sich selbst einzuwirken. Mit der Trennung von Staat und Gesellschaft, wobei ersterer sich als Verwaltungsstaat in den Formen des positiven Rechts konstituiert, erfolgt auch die Ausdifferenzierung einer Marktgesellschaft. Diese ist abgrenzend durch subjektive Privatrechte gekennzeichnet. Diese individualistische Form entspringt den funktionalen Anforderungen des Marktes, dessen Mechanismus auf den dezentralen Handelsentscheidungen seiner Teilnehmer beruht.

Beide Systeme sind wechselseitig aufeinander angewiesen. Der Rechtsstaat, gestützt auf sein demokratisch legitimiertes Gewaltmonopol, garantiert die politische Rahmenordnung unter deren Bedingungen der Markt seine eigene Logik entfalten kann. Gleichzeitig ist der Staat als Steuerstaat auf die Ressourcen des privaten Wirtschaftssystems angewiesen (vgl. Habermas, 1996a: 132 f.; Habermas, 1998a: 97 f.; Scherer, 2003: 134 f.).

(2) Vorraussetzung der gesellschaftlichen Einwirkung auf sich 'Selbst' ist die abgrenzende Bestimmung desselben, also die Festlegung, welcher Personenkreis zu der Gesellschaft zu zählen ist. Dies erfolgt durch das Territorialprinzip, welches den räumlichen Geltungsbereich der staatlichen Sanktionsmacht festlegt. Im Rahmen dieses Staatsgebietes „konstituiert sich einerseits das Staatsvolk als potentielles Subjekt einer Selbstgesetzgebung demokratisch vereinigter Bürger, andererseits die Gesellschaft als das potentielle Objekt ihrer Einwirkung" (Habermas, 1998a: 99). Auf dieser Basis ergeben sich die außenpolitische Souveränität eines Staates und dessen innenpolitische Autonomie. Erstere umfasst die gegenseitige Anerkennung der Integrität der staatlichen Grenzen, letztere beschreibt die Fähigkeit des Staates, die innere Ordnung aufrechtzuerhalten und die Grenzen nach außen zu schützen (vgl. Habermas, 1998a: 98 f.; Kobrin, 2001; Scherer, 2003: 136).

(3) Die Konstitution einer nationalen Identität ist für den modernen Verfassungsstaat Ausgangspunkt der demokratischen Selbstbestimmung. Dabei leistet die 'Idee der Nation' als Abstammungsgemeinschaft eine kulturelle Inte-

gration, welche zur Ausbildung einer weiterfassenden Kollektivität führt. Diese transzendiert die Grenzen der traditionellen Familien- und Dorfgemeinschaften und wird zur Grundlage einer staatsbürgerlichen Solidarität. Diese nimmt eine abstraktere Form an als die auf direktem Austausch basierte Solidarität und ermöglicht so eine 'Opferbereitschaft' unter Fremden, die sich beispielsweise in einer steuerlichen Umverteilung manifestiert (vgl. Habermas, 1998a: 100 f.; Scherer, 2003: 136 f.).

(4) Letztendlich ist der moderne Verfassungsstaat durch seine Legitimation aufgrund der demokratischen Teilhabe charakterisiert. Den Staatsbürgern kommen mit dem Übergang von der Fürsten- zur Volkssouveränität neben ihren privaten auch öffentliche Rechte zu. Die „Assoziation freier und gleicher Rechtspersonen" (Habermas, 1998a: 100) legitimiert die staatliche Gewalt als selbstgegebene Ordnung. Sie ermöglicht es „den Adressaten des Rechts, sich auch als dessen Autoren zu verstehen" (Scherer, 2003: 137). Diese Vorstellung einer gleichberechtigten Selbsteinwirkung muss durch die Politik getragen werden, da die Systemlogik des Marktes dieser nicht entspricht. Es ist also die zentrale Aufgabe der Politik

> „(...) dafür Sorge zu tragen, daß die sozialen Entstehungsbedingungen privater und öffentlicher Autonomie hinreichend erfüllt sind. Anderenfalls ist eine wesentliche Legitimitätsbedingung der Demokratie gefährdet. (...). Aus der Dialektik von rechtlicher Gleichheit und faktischer Ungleichheit begründet sich die Aufgabe des Sozialstaats, auf die Sicherung der sozialen, technologischen und ökologischen Lebensbedingungen hinzuwirken, die allen eine chancengleiche Nutzung gleichverteilter Bürgerrechte erst ermöglichen." (Habermas, 1998a: 101).

Nun scheint es aber so, als ob der Nationalstaat nach seinem Siegeszug gegenüber anderen politischen Formen, im Moment seiner Reife im hegelschen Sinne dem Untergang geweiht ist (Habermas, 1996a: 129). Ursächlich hierfür ist im Verständnis dieser Arbeit der weiter oben beschriebene Prozess der ökonomischen Globalisierung. Die Intensivierung des zwischenstaatlichen Handels, die wachsende Bedeutung multinationaler Unternehmen, die Zunahme an Direktinvestitionen im Ausland und die dichte Vernetzung der Finanzmärkte, welche zur Intensivierung des internationalen Wettbewerbes beigetragen haben, beeinträchtigen die nationalstaatliche Institutionalisierung der Funktions- und Legitimitätsbedingungen des demokratischen Prozesses, indem sie die vier beschriebenen Eigenschaften des modernen Staates untergraben (vgl. Habermas, 1998a: 103).

Zu (1): Im Lichte der Globalisierung manifestieren sich die Grenzen des Verwaltungsstaates nach Habermas weniger in Bereitstellung von Rechtssicherheit, als vielmehr in seiner Form als Steuerstaat. Erstere scheint mit Blick auf die Garantie der Eigentumsrechte und übrigen Rahmenbedingungen wenig eingeschränkt, wenngleich das Auftreten von Risiken neuer, grenzüberschreitender Qualität, man denke hier an ökologische Probleme oder den Terrorismus, die Ordnungskapazitäten des einzelnen Staates übersteigt. Hier beginnen zunehmend transnationale Regime zu greifen, die den nationalstaatlichen Verlust an Kontrollfähigkeit auffangen oder zumindest adressieren (vgl. Habermas, 1998a: 105 f.).

Mit Blick auf Letztere scheint jedoch die Effektivität der öffentlichen Verwaltung als das Medium, „über das demokratische Gesellschaften auf sich einwirken können" (Habermas, 1998a: 105) stark eingeschränkt. Dies ist begründet mit der oben angesprochenen Ressourcenabhängigkeit des politischen vom wirtschaftlichen System. Eine erhöhte Kapitalmobilität, ebenso wie die sich verschärfende Standortkonkurrenz bei der Werbung um Unternehmensinvestitionen führen zu einer abnehmenden Fähigkeit des Steuerstaates seine Einnahmen zu erheben. Im Zuge der gestiegenen Möglichkeiten multinationaler Unternehmen Abgaben über territoriale Grenzen zu verlagern, ist mit dem einsetzenden Steuer- und Subventionswettlauf eine Kostensenkungsspirale in Gang gesetzt worden, die zur strukturellen Verringerung des Anteils von Gewinn- und Kapitalsteuern am Gesamtsteueraufkommen geführt hat (vgl. bspw. Scherer/Smid, 2000). Die „Virtualisierung" einzelner Gruppen von Steuerzahlern (vgl. Beck, 1997: 13 ff.) führt zu einer „Erosion der funktionalen Grundlagen staatlicher Existenz" (Scherer, 2003: 140). Die territoriale Entgrenzung des Marktes als Grundlage fiskalischer Autonomie des Nationalstaates, der dadurch erzwungene Standortwettbewerb und die neue Problemqualität haben zu einen drastischen Verlust der politischen Kontrollfähigkeit des Staates und damit auch sei-

ner Gesellschaft über sich selbst geführt. Trotz dieser Dysbalance des Verhältnisses von Einnahmen und Ausgaben ist der Staat weiterhin mit den Erwar-
tungshaltungen wirtschaftlicher Akteure hinsichtlich der Bereitstellung von In-
frastruktur und der gleichen konfrontiert. Deutlich zeigt sich dies in den staatlichen Ausfallbürgschaften für Banken im Zuge der gegenwärtigen Finanzkrise.

Anzumerken ist, dass in diesen Darstellungen seitens Becks, Habermas' und
Scherers zwar der Beitrag der Ineffizienz der Verwaltung zu diesem Kontroll-
verlust bemerkt und anerkannt wird, nicht allerdings auf den Aspekt der Staatsverschuldung eingegangen wird. Letztere ist ein nicht zu vernachlässigender
Faktor bei der Beschneidung der staatlichen Handlungsspielräume. Zweifelsohne sind für ihren Anstieg auf mittlerweile ca. 63 % des nominalen Bruttoin-
landsproduktes Deutschlands in 2008 auch die oben beschriebenen Prozesse wesentliche Treiber (Statistisches Bundesamt, 2008). Jedoch muss zu ihrem Verständnis auch die gesellschaftliche Konsumneigung (bzw. -erziehung) berücksichtigt werden, die bereits seit den fünfziger Jahren einen strukturellen Aus-
gabenüberschuss tolerierte und förderte. Ein solches Konsumverständnis, auch
von (Bürger-)Rechten, über die damit verbundene Pflichtwahrnehmung hinaus
hat zu der gegenwärtigen 'Misere' beigetragen. Man sieht dies an dem an-
scheinend innovativeren und erfolgreicherem Umgang mit Globalisierungs-
phänomenen seitens der (oft durch Rohstoffverkäufe) entschuldeten Länder.
Gleichzeitig stellt dieses Verhalten auch eine schwere Belastung an der Gren-
ze der 'Tyrannisierung' zukünftiger Generationen dar. Verantwortungsvolles
Handeln in diesem Sinne ist weder auf das Kollektiv angewiesen noch ver-
steckt es sich hinter komplexen Regelsystemen. Dass nur solche Mittel zu einer wie auch immer gearteten Verwendung zur Verfügung stehen, welche vorab erarbeitet worden sind, sollte jedem eingängig sein. Der Verstoß gegen solche Einsichten untergräbt die Solidarität zwischen gegenwärtigen und zukünf-
tigen Generationen und untereinander. Hierzu mehr unter (3).

Zu (2): Auch die Souveränität des Territorialstaates scheint durch die Globalisierung Veränderungen ausgesetzt zu sein. Die Vorstellung eines politikwis-
senschaftlichen Realismus, nachdem Nationalstaaten als unabhängige Akteure
zu verstehen sind, entspricht schon seit langem nicht mehr den tatsächlichen Ge-

gebenheiten. Diese sind vielmehr geprägt durch die Einbettung der Nationalstaaten in eine Vielzahl von inter- und transnationalen Regelwerken, seien es
militärische Bündnisse wie die NATO, oder wirtschaftlich geprägte Institutionen wie die OECD oder die Welthandelsorganisation (WTO) (vgl. Habermas,
2004a). Mit dem Auseinanderfallen der Wirkungsbereiche staatlicher Entscheidungen und ihrer territorialen Grundlage konnten diese Formen der zwischenstaatlichen Koordination nationalstaatliche Funktionsdefizite ausgleichen.
Offen bleibt jedoch die Frage nach deren (demokratischer) Legitimation. Besonders eklatant tritt die rigide Bindung der Verpflichtungsfähigkeit des Staates an sein Gebiet im Umgang mit den multinationalen Unternehmen auf. Diese können sich aufgrund ihrer Flexibilität die für sie relevanten Rahmenordnungen nach ökonomischen Gesichtspunkten aussuchen (vgl. Habermas, 1998a:
107 ff.; sowie Scherer, 2003: 142 ff.).

Zu (3): Die Globalisierung hat, nach Habermas für die Nation, als das „kulturelle Substrat staatsbürgerlicher Solidarität" destabilisierende Konsequenzen
(vgl. Habermas, 1998a: 110 f.; Habermas, 2005; sowie Scherer, 2003: 144 ff.).
Diese sind an dem Umgang unserer Gesellschaften mit dem „Fremden" ebenso wie der augenfälligen Erosion der staatsbürgerlichen Solidarität ersichtlich.
Erstere (3a) beschreibt eine „Verhärtung der nationalen Identität", letztere (3b)
die Aufweichung homogener Lebensformen (Habermas, 1998a: 111).

(3a)

> „In unseren Wohlstandsgesellschaften mehren sich ethnozentrische Reaktio-
> nen der einheimischen Bevölkerung gegen alles Fremde - Hass und Gewalt
> gegen Ausländer, gegen Andersgläubige und Andersfarbige, aber auch gegen
> Randgruppen und Behinderte und, wieder einmal, gegen Juden." (Habermas,
> 1998a: 111; ähnlich auch Zürn, 1998b: 308 ff.).

Dies ist vor dem Hintergrund der Pluralisierung von Lebens- Sprach- und Wis-
sensformen zu verstehen, die sich aus dem Wandel auch der Länder der 'Fes-
tung Europas' hin zu multikulturellen Gesellschaften ergeben. In diesem Prozess ist, wie Habermas deutlich herausstellt, nicht der Modus des demokratischen Prozesses zu hinterfragen, welcher über die Inklusion des Anderen die
Legitimität der Willensbildung gewährleistet (vgl. auch Habermas, 1996d), son-

dern die Verknüpfung der nationalen mit der politischen Kultur. Erstere ruht als Abstammungsgemeinschaft auf einem Fundament homogener Lebensformen. In der Konfrontation mit neuen kulturellen Traditionen wird aus der ehemals nationalen Kultur eine Mehrheitskultur, die von einer allgemeinen politischen Kultur zu unterscheiden ist. Dieser schmerzhafte Prozess kann nur gelingen, wenn an die Stelle der Herkunftssolidarität eine Solidarität auf der „abstraktere[n] Grundlage eines ‚Verfassungspatriotismus'" rückt (Habermas, 1998a: 114; vgl. auch Habermas, 2005: 22 ff.). Ein Scheitern dieser Transformation hätte demnach die wechselseitige Abschottung der jeweiligen Subkulturen zur Folge (vgl. Scherer, 2003: 147).

(3b) Die 'Aufweichung' homogener Lebensformen verdankt sich einer kommerziellen Homogenisierung, durch die Verbreitung von Symbolen einer Massenkultur. Die Angleichung von Konsumpräferenzen und medialen Inhalten, eingebettet in ein (jeweils angepasstes) Englisch als globale Sprache führen, ganz im Sinne der oben angesprochenen Dialektik der Globalisierung, zu ständigen Ausdifferenzierung neuer kollektiver Lebensformen, ruhend auf neuen individuellen Lebensentwürfen. Die Glokalisierung schafft damit innerhalb der Grenzen des Nationalstaates und der Nation immer neue Subkulturen, wodurch die auf gemeinsamer (kultureller) Abstammung beruhende Solidarität einem fortschreitenden Erosionsprozess ausgesetzt ist.

> „Sie zehren die Ressourcen staatsbürgerlicher Solidarität auf, wenn es nicht gelingt, die geschichtliche Symbiose des Republikanismus mit dem Nationalismus aufzulösen und die republikanische Gesinnung der Bevölkerung auf die Grundlage eines Verfassungspatriotismus umzustellen." (Habermas, 1998a: 116).

Zu (4): Letztlich gilt es, die Wirkung der Globalisierung auf die Fähigkeit des Staates zur sozialen Integration und Umverteilung zu betrachten. Weiter oben waren gerade diese Fähigkeiten, als wesentlich bei der Bereitstellung privater und öffentlicher Autonomie dargestellt worden. Die durch die Umverteilungsmöglichkeiten des Staates gesicherte breite staatsbürgerliche Partizipation ist jedoch im Verfall begriffen. Offensichtlich ist dies für das reduzierte Steueraufkommen, welches sich in einer Reduktion der Sozialhaushalte und einer „Ver-

schärfung der Zugangsbedingungen zu den Versicherungssystemen" niederschlägt (Habermas, 1998a: 118). Hinzu kommt, dass die im Zuge einer trans-
nationalisierten Liberalisierung reduzierte Steuerungsfähigkeit des Marktes,
seitens der Nationalstaaten zusammen mit der verschärften Standortkonkurrenz
letztere immer weniger in die Lage versetzen, Entlassungen und Arbeitslosig-
keit zu mindern, bzw. aufzufangen. Auch die Ersetzung des Koordinationsme-
diums Macht durch Geld für viele gesellschaftliche Bereiche bedeutet eine „Ver-
drängung der Politik durch den Markt", in der erstere immer weniger befähigt
ist, letzteren sinnvoll zu korrigieren (Habermas, 1998a: 120 f.). Konsequenz sind
steigende Einkommensdisparitäten, die in ihren Extrema zu einer „Polarisierung
und Stratifizierung der Weltbevölkerung in globalisierte Reiche und lokalisier-
te Arme" (Beck, 1997: 101) führen. Das Selbstverständnis ersterer in ihrem
Sinne wirksam auf die Politik einwirken zu können und die Apathie letzterer
ist nach Beck Ausdruck einer „Konzentration der Handlungsfreiheiten" (Beck,
1997: 102) zugunsten einer neuen Gruppe von Reichen. Diese sind im Zuge eines Kapitalismus ohne Arbeit, also der Trennung bzw. sogar Umkehrung des
Verhältnisses von wirtschaftlichem Erfolg und dem Aufbau von Arbeitsplätzen,
nicht mehr auf die Armen angewiesen (Beck, 1997: 100-114). In Hinblick auf
den Nationalstaat haben diese sozialen Entwicklungen, im Lichte einer, von der
nationalstaatlichen Politik, kaum beeinflussbaren Problemkonstellation die Konsequenz, dass auch formal korrekte, demokratische Entscheidungen an Glaub-
würdigkeit verlieren. Die inhaltliche Entleerung der Politik geht einher mit dem
weiten Verzicht der Wahrnehmung politischer Rechte und Gestaltungsmög-
lichkeiten und untergräbt somit weiter die Fundamente der klassisch-national-
staatlichen solidarischen Bürgergemeinschaft (Habermas, 1998a: 121 f.).

Diese Rekapitulation der 'apokalyptischen Posaunen' der Moderne verdeutlicht
die Reichweite der oben dargestellten Transformationsprozesse. Der Bedeutung des Nationalstaates als Medium der gesellschaftlichen Selbstbestimmung
nimmt, vor dem Hintergrund seiner nachlassenden Fähigkeit primärer Ort der
Regeldefinition zum friedlichen Austausch politischer und wirtschaftlicher Akteure zu sein, sukzessive ab. Die (ökonomische) Globalisierung führt mit dem
Auseinanderdriften von nationalstaatlichem Einflussbereich und wirtschaftli-

chen Handlungsbereichen zur „Erosion der funktionalen Grundlagen staatlicher Existenz" (Scherer, 2003: 140). Der Nationalstaat ist nur noch bedingt in
der Lage, seine Ziele (Sicherheit, Identität, Legitimation und Solidarität (vgl.
Zürn, 1998a: 13)) zu erfüllen (vgl. Scherer, 2003: 139 ff.; vgl. hierzu auch Scherer, 2004b; Scherer, 2008a). Hinzu kommt die veränderte Reichweite politischer Herausforderungen, wie sie in Form der globalen Erderwärmung und des
transnationalen Terrorismus auftreten. Diese stellen die nationalstaatlichen Gesellschaften vor die Aufgabe neue Lösungskonzepte zu entwerfen, während sie
deren Wahrnehmung von einer gemeinschaftlichen Weltrisikogesellschaft be-
fördern. Damit einhergehend mehren sich auch die Anzeichen einer ersten De-
stabilisierung des sozialen Friedens sowohl in den Industrieländern als auch in
der übrigen Welt. Beispiele dafür sind die großen, zum Teil gewalttätigen, Pro-
testaktionen zu Treffen der G8-Staaten, Weltwirtschaftsgipfeln oder Sicher-
heitskonferenzen (u. a.), bei denen Globalisierungskritiker bzw. -verlierer den
Globalisierungsgewinnern gegenüberstehen. Offen bleibt im Lichte der Erkenntnis der Unumkehrbarkeit der beschriebenen Entwicklungen und in Anbetracht der neuen Problemqualitäten die Frage nach alternativen, ordnenden
Strukturen und Akteuren. In diesem Kontext werden neben den Nationalstaaten, supranationalen Organisationen und Nichtregierungsorganisationen (NGO)
zunehmend auch wirtschaftliche Akteure nicht nur als Teil des Problems, sondern auch als ein Teil der Lösung betrachtet (vgl. beispielsweise Homann, 2001:
6; Scherer, 2003; Scherer/Palazzo, 2007). Entsprechend sehen sich multinationale Unternehmen und ihre Organisationsmitglieder verstärkt Herausforderungen ausgesetzt, die über bloße Probleme einer ökonomischen Rationalität hinausgehen und das Unternehmen mit Aufgaben politischer Natur konfrontieren
(vgl. hierzu bspw. Hillman/Keim/Schuler, 2004; Matten/Crane, 2005;
Moon/Crane/Matten, 2005; Scherer/Palazzo/Baumann, 2006; Steinmann, 2005:
79 ff.; Steinmann/Löhr, 2002: 529). Dies ist unter den Bedingungen des Endes
der Moderne und dem Aufziehen der postnationalen Konstellation Gegenstand
des nächsten Abschnitts.

2.2.2 Konsequenzen für die Führung von multinationalen Unternehmen

2.2.2.1 Die neue Rolle der wirtschaftlichen Akteure: Die multinationale Unternehmung

Unter den Bedingungen einer postnationalen Konstellation fällt auch den wirtschaftlichen Akteuren und davon in erster Linie den multinationalen Unternehmen „(...) neben der ökonomischen Verantwortung zur Gewinnerzielung auch eine soziale Verantwortung zur Friedenssicherung in der Gesellschaft [zu]" (Scherer, 2008a: 111). Dies ist die These auf deren Basis Scherer und Palazzo einen Paradigmenwechsel in der Unternehmensethik bzw. CSR-Theorie fordern (vgl. Palazzo/Scherer, 2006; Palazzo/Scherer, 2008; Scherer, 2003; Scherer/Palazzo, 2007; Scherer/Palazzo, 2008a; Scherer/Palazzo, 2008c). Dieser soll ein instrumentelles Verständnis von CSR transzendieren und durch die Konzeption der multinationalen Unternehmung als politischer Akteur den Herausforderungen der Globalisierung gerecht werden.

Die besondere Rolle der multinationalen Unternehmung (und ihrer Führung) wird damit begründet, dass diese dazu in der Lage ist, auch in Ebenen gesellschaftlicher Integration erfolgreich agieren können, die über und unterhalb des Nationalstaates anzusiedeln sind. Scherer unterscheidet hierbei zwischen drei Ebenen, einer regionalen bzw. subnationalen, der nationalen und der supranationalen Ebene. In ihnen kommen vornehmlich verschiedenen Modi der Integration zur Geltung. Auf einer regionalen Ebene erfolgt dies über eingeübte Routinen bzw. geteilte Werte, auf der nationalen Ebene übernehmen dies die politischen Diskurse und auf der supranationalen Ebene dominiert der marktlich geprägte Austausch (Scherer, 2003: 157 ff.). Während nach dieser Einschätzung der Nationalstaat weiterhin vorrangiger Ort der gesellschaftlichen Integration ist, wird bzw. kann er im Lichte der aufgezeigten Steuerungsschwächen und Legitimitätsdefizite durch sub- und supranationale Koordinationen alimentiert werden. Auf einer regionalen Ebene ermöglicht die Koordination über lebensweltlich eingeübte soziale Praktiken, also eine kulturelle Integration, eine Abmilderung nationalstaatlicher Legitimitätsdefizite, indem sie ihren Mitgliedern

die Möglichkeit eröffnet, ihre Vorstellungen anhand von lokalen Interessensgruppen zu bündeln (vgl. Scherer, 2003: 161 ff.). Verständigungen und Ab-
sprachen auf einer supranationalen Ebene hingegen können dazu beitragen,
dass die Rahmenordnung den befreiten Markt wieder einholt. Beispiele für Ansätze in dieser Richtung sind die bestehenden Handelsblöcke, Institutionen wie
die ILO oder die UN und die Europäische Union als Paradebeispiel transnationaler Integrationsversuche (Scherer, 2003: 179 ff.; sowie Beck, 1997; Habermas, 1998a; und bereits etwas pessimistischer Habermas, 2008).

Dies setzt ein Umdenken hinsichtlich der Rolle des Staates voraus (so auch Lyotard, 1979: 52). Von der Vorstellung des Staates als zentrale und übergeordnete Instanz, die in der Lage ist, legitime Regeln zu erlassen und durchzusetzen,
wandelt sich das Bild nun hin zu einem Verständnis des Staates als Primus in-
ter Pares. In einer solchen Heterarchie ist er auf die Unterstützung anderer
gleichberechtigter sozialer Akteure angewiesen und um deren Abstimmung bemüht (vgl. auch Günther/Randeria, 2001; Kingsbury, 2003; Parker/Braithwai-
te, 2003). Weiter noch relativiert sich die Bedeutung des Staates, wenn er als
Netzwerk gefasst wird. So beispielsweise Teubner:

> „War der ‚Staat' einst die kollektive Personifikation der zentralisierten Re-
> gierungshierarchie, so ist der ‚Staat' heute ein lockeres Netzwerk privater und
> öffentlicher Akteure. Öffentliche Verwaltungen, politische Parteien und au-
> tonome gesellschaftliche Organisationen ergeben zusammen eine lose ge-
> koppelte Konfiguration der Zusammenarbeit, die die hierarchische Einheit der
> alten Staatsregierung ersetzt." (Teubner, 1999: 362 f.).

In einer solchen Konstellation übernehmen nun die (multinationalen) Unternehmen eine zentrale Rolle. Sie beherrschen die ‘Sprache' aller drei Ebenen
(Scherer, 2003: 157), sie sind lokal verwurzelt, national eingebettet und transnational handlungsfähig. Diese Einsicht in diese Schlüsselrolle hat überzeu-
gend Eingang gefunden in die Diskussionen um Unternehmensethik und CSR
(vgl. u. a. Crane et. al., 2008; Garriga/Melé, 2004; Matten/Crane, 2005; Scherer, 2003; Scherer/Palazzo, 2007; Scherer/Palazzo, 2008a; Scherer/Palazzo,
2008b; Windsor, 2006; in Teilen kritisch siehe auch Willke/Willke, 2008a; Will-
ke/Willke, 2008b). In der Konsequenz haben Scherer und Palazzo ihre Kon-

zeption der (multinationalen) Unternehmung als politischer Akteur begründet, welche sich stark auf die aktuellen politischen Theoriediskussion um eine deliberative Demokratiekonzeption stützt (vgl. hierzu Habermas, 1992a; Habermas, 1996c; Habermas, 1999a; oder auch Bohman/Rehg, 1999b; Rehg, 1994; Thompson, 2008; sowie kritisch Carpini/Cook/Jacobs, 2004; Pincione/Tesón, 2006; Ryfe, 2005). Die multinationale Unternehmung wird im Zuge der Transformation der Globalisierung vom bloßen Adressat der Rahmenordnung zu deren Mitgestalter (Scherer/Palazzo, 2007). In der konsensual-deliberativen Wahrnehmung dieser Rolle manifestiert sich unternehmerische Verantwortung in der postnationalen Gesellschaft.[40]

Damit ist die Literatur zur Unternehmensethik, der der Führungsethik voraus. Letztere berücksichtigt dies nur am Rande. Dabei haben die oben beschriebenen Prozesse unmittelbare Konsequenzen für die Führung(-skräfte) von Unternehmen. Mit dem Verlust der Kongruenzbedingungen nationalstaatlichen Regierens und der Notwendigkeit der Partizipation wirtschaftlicher Akteure an der politischen Willensbildung verändert sich unserer Ansicht auch das Verständnis einer angemessenen Führung. Dies gilt es im Folgenden auszuführen.

2.2.2.2 *Über die Notwendigkeit eines neuen Verantwortungsverständnis der Führung*

Diese Überlegungen haben weitreichende Implikationen für die Führungskräfte (in und von multinationalen Unternehmen), welche in der Literatur bisher nicht berücksichtigt wurden, in der Praxis jedoch unmittelbar einsichtig sind. Dies zu analysieren und zu adressieren ist der notwendige nächste Schritt in der Entwicklung eines erweiterten Verständnisses von der Rolle von wirtschaftlichen Akteuren in der Gemeinschaft. Hierin liegt der originäre Beitrag der vor-

---

[40] An dieser Stelle wäre noch viel zu sagen. Zunächst hinsichtlich der post-instrumentellen Begründung verantwortlichen Handelns seitens der Unternehmen und dann zu deren deliberativer Ausgestaltung. An dieser Stelle wird mit Blick auf den eigenen Untersuchungsfokus, der die Frage nach dem Beitrag der Führung hierzu, nicht eingegangen. Prinzipiell folgt die Arbeit der in Scherer/Palazzo, 2007 entfalteten Argumentation.

liegenden Arbeit. Diese vertritt die Auffassung, dass unter den Bedingungen der postnationalen Konstellation Führungskräfte begründet Adressaten der oben beschriebenen Prozesse sind, und dass dies sich in unserem Verständnis von Führung niederschlagen muss. Dies lässt sich anhand der eingeführten Dimensionen des Führungsbegriffes aufzeigen. Dabei erscheint es in Hinblick auf die Argumentation sinnvoll und mit dem Aspekt der 'Aufgabe' (1) zu beginnen, bevor die Dimensionen 'Interaktion' (2) und 'Person' (3) miteinbezogen werden. Ein solches Vorgehen knüpft an die Diskussionen in der CSR-Literatur an und mobilisiert diese für die Führungstheorie. Dabei darf die Interdependenz von unternehmens- und führungsethischen Überlegungen (vgl. dazu Kapitel 3.1) nicht als kausale Abhängigkeit der letzteren von der ersteren missverstanden werden. Es sollte deutlich werden, dass die postnationale Konstellation in jeder Führungsdimension ihre eigene Resonanz aufweist.

(1) Die Globalisierung und die unter dem Begriff der postnationalen Konstellation thematisierten Defizite einer (globalen) Regulierung stellen Unternehmen und ihre Führung vor zweierlei Herausforderungen. Zum einen verschärfen sich die ökonomischen Imperative (vgl. Perraton, 2003; Sundaram/Inkpen, 2004). Die Internationalisierung und Professionalisierung der Kapitalmärkte und der auf sie ausgerichteten Anreizsysteme stellen eine (wirksame) Kontrolle börsennotierter Unternehmen dar. Diese trägt eine starke Rendite- und Kostenorientierung an die Unternehmen heran. Hinzu kommt, dass die ehemals nationalen Unternehmen im globalen Raum auf neue, potente Konkurrenten treffen, mit denen sie im Wettbewerb um Konsumenten, Rohstoffe und Mitarbeiter stehen. Dies erfolgt unter Bedingungen erschwerter Koordination. Unternehmen agieren über Rechts- und Kulturgrenzen hinweg, über die sie die Integrität der Wertschöpfungsaktivitäten sicherstellen müssen.

Zu diesen ökonomischen Implikationen kommt sehr prominent die Frage nach der gesellschaftlichen Verantwortung der wirtschaftlichen Akteure hinzu. Es wurde argumentiert, dass die Rolle der Unternehmen und ihrer Führung in der Gesellschaft, ebenso wie ihr soziales Engagement durch eine kritische Öffentlichkeit zunehmend hinterfragt wird (vgl. Kapitel 1.1). Manchen traditionell ökonomischen Argumenten zugunsten einer reinen Profitorientierung zum trotze sind CSR-Aktivitäten von Unternehmen längst keine Ausnahmeerscheinung mehr, sondern haben sich in zahlreichen Unternehmensprogrammen, ebenso wie in der Theoriebildung niedergeschlagen (vgl. hierzu die beiden Fallbeispiele der Arbeit, sowie die Fallstudie zur Sportartikelherstellung in Scherer, 2003; sowie Crane et. al., 2008; Scherer/Palazzo, 2008b; Scherer/Palazzo/Baumann, 2006). In manchen Branchen gehören entsprechende Programme zum „way of doing business". Mit dieser Ausbreitung der Diskussionen zum verantwortungsvollen Handeln von Unternehmen in den öffentlichen Diskursen, wird also erwartet, dass Unternehmen sich entsprechend verhalten. Das heisst: „companies integrate social and environmental concerns in their business operations and in their interaction with their stakeholders on a voluntary basis." (CSR-Definition der European Commission, 2008). Die Forderung nach sozial verantwortungsvollem Handeln ist in diesem Sinne zu einem (neuen) Thema auf der organisationalen Agenda geworden und hat sich dort zu einem permanenten strategischen Impetus entwickelt (vgl. auch Diermeier, 2006; Galan, 2006). Hierzu hat auch die bereits angesprochene Ausgestaltung von Regierungsrichtlinien (Deutscher Corporate Governance Kodex) sowie der Rechtsordnung in den Vereinigten Staaten (Sarbanes Oxely Act) beigetragen. Die intensiven Diskussionen um eine angemessene Umsetzung dieser Zielvorgaben unterscheiden hier „Compliance"- und „Integrity"-basierte Ethikprogramme. Erstere entsprechen rechtsbasierten Kontrollsystemen, welche konformes Verhalten mit bestehenden Regeln durch Zwang sicherstellen sollen (bspw. Weaver/Trevino, 1999: 317). Letztere auch als wertbasierte Programme bezeichneten Umsetzungsbemühungen zielen auf das Konzept der Selbstkontrolle ab, welche durch leitende Prinzipien gestützt wird (vgl. Paine, 1994: 111). In beiden Fällen ist die Führung unmittelbarer Adressat der durch den Wahrnehmungswandel induzierten Entsprechungsbemühungen der Unternehmen. Sei es in Form der Sicherstellung der Regeleinhaltung im Rahmen der eher durch eine „Top-Down"-Mentalität geprägten „Compliance"-Programme oder, nach Kritik derselben (vgl. Stansbury/Barry, 2007; oder auch Steinmann/Olbrich, 1998: 112) und ihren im Siemens-Fall angedeuteten Unzuglänglichkeiten, in Form der Anleitung und Unterstützung der Mitarbeiter im moralischen Urteilen.

Dies beschreibt die organisationsinternen Aspekte der Zielverfolgung der Aufgabendimension. Hinzu kommt die Einflechtung der sozialen Ziele und Teil-
ziele in die strategische Gemengelage der Organisation. Bei dieser situativen
Vermittlung von ökonomischen und sozialen Zielgrössen kommt der mit Autorisierungsrechten ausgestatteten Führung die zentrale Rolle zu. Es handelt sich
hierbei um eine genuine Aufgabe der Funktion Führung, die nicht durch Organisationsstrukturen aufgefangen werden kann. Im Verständnis dieser Arbeit
kommt ihr in diesem Rahmen die Aufgabe sozialer Entrepreneure zu, die als
Agenten des Wandels die Überwindung des 'klassischen Ökonomismus' vo-
rantreiben. Die Theoriebildung ist hierbei gut beraten, nicht erneut in die tay-
loristische Falle des strategischen Managements zu tappen und CSR-Aktivitäten nicht im Sinne eines synoptischen Planungsmodells zentralistisch, sondern
vielmehr von Anfang an dezentral zu konzipieren (vgl. hierzu Steinmann, 2008b;
Steinmann/Kustermann, 1996; Steinmann/Olbrich, 1994; Steinmann/Olbrich,
1998). In der Evaluation der strategischen Pläne im operativen Geschäft, ebenso wie in dem permanenten Austausch mit der organisationalen Umwelt manifestiert sich die Relevanz der Führung für die Annahme der veränderten sozialen Rolle von Unternehmen, indem sie sowohl mit der Umsetzung betraut als
auch zur kritischen Rückkopplung befähigt ist (vgl. insbesondere Stein-
mann/Kustermann, 1996; Steinmann/Olbrich, 1998).

Resümierend lässt sich festhalten, dass die Führung von (multinationalen) Unternehmen durch die Transformationsprozesse im Zuge der Globalisierung hinsichtlich ihrer Aufgabendimension stark betroffen ist. Sie ist zum einen mit er-
höhten Anforderungen an ökonomische Effizienz und Koordination konfrontiert,
zum anderen etabliert sich neben dem traditionellen Imperativ der Profitmaximierung die Erwartung über die Wahrnehmung einer sozialen Rolle der Unternehmung. Führungskräfte als Exponenten ihrer Organisationen sind im verstärkten Masse in gesellschaftliche Abstimmungsprozesse eingebunden, deren
resultierende Handlungsorientierungen sie in der Unternehmung verankern und
umsetzen müssen. Dies hat unmittelbare Konsequenzen für die Führungsdimension der 'Interaktion'.

(2) Die Vorstellung der Interaktion ist in der Führungstheorie eng verknüpft mit einer unternehmensinternen Perspektive. Die Führungsdyade wird meist als Vorgesetzten-Mitarbeiter-Beziehung gedacht. Mit der Aufwertung unternehmensexterner Anspruchsgruppen und der Zunahme der Führungskraft-Stakeholder-Interaktionen relativiert sich diese (implizite) Vorstellung. Gleichzeitig birgt das derart erweiterte Handlungsfeld der Führung auf andere gesellschaftliche Teilbereiche weitreichende Konsequenzen für die für das Führungsverständnis konstitutiven Einflussgrundlagen. Neben Gruppen wie Mitarbeitern oder auch Zulieferern treten vermehrt Akteure auf, deren Verhältnis zur Führungskraft weder durch das Rollengefüge einer Unternehmensverfassung, noch durch unmittelbare wirschaftliche Abhängigkeit geprägt ist. Damit verfallen Machtgrundlagen, welche auf Belohnung und Bestrafung beruhen. Auch ist es fraglich, ob aufgrund der niedrigeren Frequenz des sozialen Austausches ein Gefühl der Verbundenheit entstehen kann. In solchen Beziehungen nehmen die Bedeutung von Fachwissen, sowie das Empfinden legitimen Einflusses zu. Dies bedeutet, wie im weiteren Verlauf der Arbeit noch argumentiert wird, einen Bedeutungsverlust von Koordinationsmechanismen wie Geld und Macht zugunsten stärker kommunikativ geprägter Einflussprozesse, welche legitimitätsstiftend wirken können. Es ändert sich neben den Grundlagen der Einflussbeziehung also auch der Modus der Einflussnahme.

Mit Blick auf das Wesen der Interaktion wird also deutlich, dass diese in einem Führungsverständnis, welches die postnationale Konstellation berücksichtigt, eine Erweiterung erfährt. Das klassische innengerichtete Führungsverständnis ist nicht mehr hinreichend, um die vielschichtigen Einflussbeziehungen abzubilden. Unternehmen und ihre Führung sind nun nicht mehr nur für ihre Mitarbeiter und Shareholder verantwortlich, sondern müssen weitere Stakeholder oder sogar den gesamten gesellschaftlichen Integrationsprozess mitberücksichtigen. Die alten Führer haben 'neue' Geführte, bzw. Adressaten, deren Spezifika sie entsprechend berücksichtigen müssen. Es stellt sich hier die Frage nach den Mitteln der Einflussnahme, sowie deren Legitimität.

(3) In Hinblick auf die Führungsdimension 'Person' waren die Bedeutung der individuellen Lebenswelt und ihre Perspektiven Gesellschaft, Kultur und Per-

sönlichkeit als wesentliche Aspekte der Sozialisation und des individuellen Entscheidungsverhaltens herausgestellt worden. Die Überlegungen zum Ende der Moderne sollten deutlich gemacht haben, dass die Globalisierung, ebenso wie die angesprochene philosophische Postmoderne und Individualisierung, eine Transformation der Gesellschaft bedeuten, welche sich in der individuellen Erfahrung der Welt bemerkbar macht. Wesentlich ist dabei die marktliche Durchdringung der gesellschaftlichen Systeme, welcher sich in einem „Strukturwandel der Öffentlichkeit" niedergeschlagen hat (vgl. Habermas, 1990b). Diese Öffentlichkeit konstituierte sich im Wechselverhältnis der privaten und öffentlichen Sphäre auf Basis eines kulturräsonierenden Bürgertums, welches in dieser Form ein kritisches Gegengewicht zu staatlichen und wirtschaftlichen Prozessen bildete. Mit dem Rückzug der Privatsphäre in ihr letztes (Schein-)Bollwerk, die Familie, und ihrer ständigen medialen Belagerung hat die Öffentlichkeit ihre korrigierende Funktion eingebüßt. Dies ist der Verknüpfung der ehemals emanzipierten Öffentlichkeit mit dem Konsumbereich geschuldet (vgl. Habermas, 1990b: 248 f.; sowie grundlegend Horkheimer/Adorno, 1988; und mit Blick auf das Fernsehen Postman, 2006). Die Familie, ehemals primärer Ort der Sozialisation, ist zu einer Konsumentengemeinschaft zusammengeschrumpft, deren Autonomieverlust zu einem Vakuum in der Individuierung ihrer Mitglieder resultiert. Diese erfolgt nach der Relativierung der Verfügung über privates Eigentum nicht mehr nach dem Muster einer protestantischen Ethik, noch kann sie durch eine politische Ethik im Rahmen einer funktionsfähigen politischen Öffentlichkeit erfolgen (vgl. Habermas, 1990b: 249 f.). Sie ergibt sich vielmehr aus den Bedingungen der medial vermittelten Verheißungen eines (neoliberalen) Materialismus, in dem „man morgen mehr verbrauchen muss als heute, damit es den Menschen nicht schlechter geht als gestern" (Assheuer, 2008).

Im Zuge dessen nimmt die Arbeitswelt als Zugang zu dieser konsumtiven Entfaltung eine aufgewertete Rolle im Prozess der Identitätsbildung ein. Mit Blick auf die Führung manifestieren sich die Implikationen der Globalisierung an kaum einer anderen Stelle so stark wie in der persönlichen Karriereplanung. Im Wettbewerb der Biographien wird Arbeitnehmern und Führungskräften ein ungeheures Maß an Flexibilität in Hinblick auf Beruf, Wohnort und Lebens- und Familienplanung abverlangt (vgl. Beck, 1986: 121-248; Sennett, 2006).

Die Führung, die in ihrem Entscheidungsverhalten auf kulturelle Deutungsmuster zurückgreift steht nun vor einem doppelten Dilemma: Zum einen reduziert die Krise der gesellschaftlichen Urteilsbildung bereits die Geltungsreichweite dieser Wissensvorräte im Nationalstaat, zum anderen verschärft sich diese Situation mit dem vermehrten Kontakt sozialisationsfremder Kontexte. Dies gilt umso mehr, als dass sich der (implizite) Universalitätsanspruch der ökonomischen Rationalität als problembehaftet erweist (in diesem Zusammenhang Ferraro/Pfeffer/Sutton, 2005; Ghoshal, 2005). Die Globalisierung erhebt weitreichende Begründungsforderungen an die Führung von multinationalen Unternehmen, raubt ihr aber gleichzeitig das traditionelle kulturell-institutionelle Fundament. Diese gestiegene Komplexität der Entscheidungssituationen muss sich dann auch in der persönlichen Befähigung der Führungskräfte niederschlagen. In Anbetracht des moralischen Charakters der neuen Aufgaben und Interaktionsformen der Führung erscheint ein erhöhtes Maß an Sensibilität für normative Anliegen, sowohl auf Seiten der Führenden als auch der Geführten ebenso wie eine angemessene moralische Reife und Reflexionsfähigkeit zu einem wesentlichen Bestandteil eines Führungsverständnisses zu werden, welches die Implikationen der Globalisierung mit einbezieht.

Mit Blick auf die eingangs aufgestellte Behauptung, dass Führungskräfte begründet Adressaten der globalen Transformationsprozesse und ihrer sozialen Dimension sind, lässt sich für das Verständnis dieser Arbeit nun Folgendes resümieren. Zunächst sind Sie als *Mitglieder ihrer Organisation* betroffen. Mit der gestiegenen Bedeutung der multinationalen Unternehmen in einer postnationalen Konstellation wird auch die Rolle ihrer Führungskräfte aufgewertet. Sie sind zum einen maßgebend für die offizielle Außendarstellung der Unternehmung, zum anderen für die innerorganisatorische Formulierung und Implementierung von (strategischen) Unternehmensprogrammen verantwortlich. Mit der Auseinandersetzung mit CSR-Forderungen sind sie unmittelbar in die Bemühungen ihrer Unternehmen um verantwortliches Handeln involviert. CSR-Aktivitäten, die die Form strategischer Unternehmensprogramme annehmen,

werden maßgeblich durch die Führungskräfte, die diese erarbeiten und umsetzen, beeinflusst (vgl. Waldman/Siegel, 2008). Als 'Change Agents', also Inku-
batoren organisatorischen Wandels, ist ihr Beitrag wesentlich für den nachhaltigen Wandel einer Unternehmung (bspw. Thomas/Schermerhorn/Dienhart,
2004). Auffällig ist dabei, wie bereits in der Einleitung angesprochen, dass die
Rolle der Führung in den meisten CSR-Beiträgen bisher kaum behandelt wurde und nun als wichtiger Zusammenhang zunehmend Interesse auf sich zieht
(Waldman/Siegel, 2008: 117 f.; vgl. auch Bies et. al., 2007; Maak/Pless, 2006b).
Weiterhin wird medial präsenten Führungskräften zunehmend auch die Rolle
von *Weltbürgern* attribuiert. Einige Autoren verlangen ihnen gar eine kosmo-
politische Geisteshaltung' ab, in der sie sich für eine gerechte Weltrahmenord-
nung einsetzen sollen (vgl. Maak/Pless, 2008). Sie sind zweifelsohne im hohen
Maße nicht nur Gegenstand sondern auch Mitgestalter von bzw. in den beschriebenen Transformationsprozessen. Auf einer persönlich-privaten Ebene
sind sie dies als Wähler, Konsumenten oder Arbeitnehmer, die sich durch stei-
gendes politisches Desinteresse auszeichnen, sich über (vermeintlich) 'günsti-
ge' Bekleidung freuen und mit den Herausforderungen einer immer stärker fle-
xibilisierten Arbeitsbiografie (und Identität) konfrontiert sehen (vgl. dazu Keupp
et. al., 2006; Sennett, 2006; Young, 2008). Zum anderen sind sie als Entscheidungsträger von Organisationen, die weit in die soziale Sphäre eingreifen maßgebliche Verursacher sozialer, politischer und ökologischer Dilemmata. Als mo-
bile Arbeitskraft sind sie die wesentlichen Treiber der Glokalität (vgl. Beck,
1997: 102 ff.) und nicht zuletzt auch aufgrund ihres materiellen Status', Rollenvorbilder und Exponenten einer liberalen Managementlehre, die zu ihrer
Entsolidarisierung beigetragen hat (vgl. Scherer, 2003: 113 ff.; sowie Cradden,
2005; Ferraro/Pfeffer/Sutton, 2005; Ghoshal, 2005).

Dies deutet bereits an, dass die Begründung eines veränderten Führungsverständnisses, welches sich immer häufiger in dem Ruf nach einem neuen Führungsparadigma niederschlägt (bspw. Heidbrink/Jenewein, 2008), nicht auf die
Mitgliedschaft in Organisationen reduziert werden darf. Die Führungskräfte
sind nicht nur als Vertreter einer mit ihrer gesellschaftlichen Rolle ringenden
Institution, sondern auch unmittelbar betroffen. Dies haben die beiden Fallbei-

spiele klar verdeutlicht. Die Diskussion zum Rollenwandel der Unternehmung in der Gesellschaft hat den alten Streit um das Verhältnis von Staat und Wirtschaft wiederbelebt und Extrempositionen von der gewinnmaximierenden (bspw. Friedman, 1970; McWilliams/Siegel, 2001b) bis zur moralisierten Unternehmung (exemplarisch Ulrich, 2001) hervorgebracht. Diese Frage, ob soziales Engagement überhaupt in der Theoriebildung berücksichtigt werden soll, stellt sich im Kontext der Führungstheorie nicht in dieser Schärfe. Die Überlegungen zum menschlichen Handeln sind traditionell, trotz der Modellierung rationalen Entscheidens, Werturteilsfragen gegenüber eher aufgeschlossen, wenngleich sie in der Forschung nicht immer Berücksichtigung finden (vgl. Kapitel 3.2). Nichtsdestotrotz lässt sich in Analogie zur CSR-Literatur die Notwendigkeit eines verantwortlichen Handelns seitens der Führungskräfte untermauern. Aus einer *instrumentellen Perspektive* heraus erscheint ein vitales Interesse seitens der Führungskräfte zu bestehen, gesellschaftliche Erwartungen in angemessener Art und Weise zu berücksichtigen. Dies ist aus dem Bedürfnis von Führungskräften um Risikovermeidung begründet. Die jüngere Vergangenheit kennt eine Vielzahl an Beispielen in denen sich prominente Führungskräfte dem öffentlichen Druck ausgesetzt sahen und von ihren Posten zurücktreten mussten, bzw. mit gerichtlichen Prozessen konfrontiert wurden. Heinrich von Pierer mit Siemens und auch Jeffrey Skilling mit Enron sind die in dieser Arbeit angeführten Beispiele von Top-Führungskräften, die sich plötzlich im Fokus der Tagespresse wiederfinden und als Fallbeispiele für „Bad Leadership" herhalten müssen (vgl. Kellerman, 2004; vgl. auch Lipman-Blumen, 2005). Die persönlichen Konsequenzen sind weitreichend. Gleichzeitig legt die instrumentelle Perspektive auch eine Auseinandersetzung mit Fragen sozialer Akzeptanz aus finanziellen Gründen nahe. Die Hinwendung zu CSR-Aktivitäten kann auch lukrative Chancen mit sich bringen, wie der Erfolg Ray C. Andersons mit Interface zeigt. CSR als 'Business Case' ist ein umfangreicher Literaturstrang (vgl. bspw. McWilliams/Siegel, 2001a; McWilliams/Siegel, 2001b). Dies gilt ebenso für Führungskräfte, die hier Gewinnpotentiale heben wollen oder sich auf Basis eines aktuellen Themas neu positionieren (vgl. Waldman/Siegel, 2008). Verantwortungsvolles Handeln erscheint im Lichte eines Stakeholderdruckes und -erwartungen (zumindest gegenwärtig) opportun, auch liegt die langfristig friedvolle Entwicklung der globalen Gesellschaft im (wirtschaftlichen) Interesse der Unternehmen.

Jenseits einer solchen von modischen Entwicklungen abhängigen Rechtfertigung gesellschaftlich akzeptablen Verhaltens steht die Frage, wie es um die *moralische Verantwortung* der Führung bestellt ist, die bereits in der Adressierung der Führungskräfte als Weltbürger angedeutet ist. Die obenstehenden Ausführungen zu den Implikationen der Globalisierung für die Führungsdimensionen legen die Notwendigkeit der Auseinandersetzung mit Fragen der Verantwortung im Rahmen der Führungstheorie nahe. Dabei ist zu klären, ob ein traditionelles Verständnis von Verantwortung, welches den Reaktionen mancher Führungskräfte zugrunde liegt für die beschriebene Problemlage hinreichend ist. Verantwortung bzw. 'Responsibility' beschreibt in einem ersten Zugriff „die rechtfertigende Antwort auf eine Klage oder einen Vorwurf" (Schwemmer, 2007: 499). Der Begriff entstammt ursprünglich dem Rechtsleben. Verantwortung übernehmen bedeutet in diesem Sinne Rechenschaft abzugeben, bzw. zur Rechenschaft gezogen zu werden (vgl. Doh/Stumpf, 2005b: 3). Gegenstand einer solchen Verantwortungsübernahme ist damit die Handlung eines Subjektes bzw. seine Konsequenz, für welche der Handelnde zuständig ist. Als Voraussetzung ist die Zurechnungsfähigkeit des Subjektes anzunehmen (vgl. bspw. Düwell/Hübenthal/Werner, 2006; sowie Young, 2008: 149 ff.). Weiterhin gilt es zwischen einer vollständigen und einer partiellen Zuständigkeit zu unterscheiden. Während die erste das dominierende paradigmatische Verständnis der Verantwortung darstellt, berücksichtigt letztere auch Verantwortlichkeiten, welche aus komplexen Handlungsgefügen und der damit einhergehenden Unübersichtlichkeit der Kausalbeziehungen entspringen. Damit einher geht die Frage nach der Instanz, vor der es sich zu rechtfertigen gilt, seien es 'Gott', die 'Menschheit', die vom Handeln 'Betroffenen' oder auch die Teilnehmer des Diskurses hierüber (vgl. Schwemmer, 2007: 499 f.). Dieses traditionelle Verständnis einer Rechenschaftsverantwortung erscheint im Kontext der Globalisierung als sehr eng gefasst zumal Problemkonstellationen, wie beispielsweise Kinderarbeit oder auch Umweltzerstörungen, in denen die wirtschaftlichen Akteure offenkundig eine Mitverantwortung tragen, nicht in seinen komplexen

Wirkungszusammenhängen abgebildet werden können. Es stellt sich also die Frage, auf welche Weise das dominierende Rechenschaftsmodell, welches auf den direkten kausalen Zusammenhang zwischen der 'Tat' und deren Auswirkungen beruht, durch einen erweiterten Verantwortungsbegriff ergänzt werden kann (vgl. Young, 2006; Young, 2008).

Diese Ausführungen haben deutlich gemacht, dass sich dem Verständnis von Führung mit dem Ende der Moderne neue Anforderungen stellen. Diese resultieren aus einem veränderten Verständnis des Verhältnisses von wirtschaftlichen Akteuren und der Gesellschaft, der damit verbundenen Erweiterung der Handlungssphäre der Führung ebenso wie grundlegenden Wandelprozessen in der lebensweltlichen Einbettung der Führungskräfte. Waren diese Aspekte lange Zeit nicht Gegenstand der Führungsforschung, so haben sich in jüngster Vergangenheit eine kleine Zahl an Forschungsbemühungen entwickelt, welche darum bemüht sind sich dieser Fragen anzunehmen. Ihr Erkenntnisbeitrag und -grenzen sind Gegenstand des folgenden Kapitels. Abbildung 2-10 rekapituliert die Anforderungen an ein neues Führungsparadigma, welches die Herausforderungen der Globalisierung annimmt und das Verständnis von Führung grundlegend neu konzeptionalisiert.

Die neuen Anforderungen weisen neben der Berücksichtigung eines verschärften Wettbewerbes vornehmlich eine moralische Dimension auf. Um die Frage nach der Verantwortung von Führung im Zuge der Globalisierung beantworten zu können, müssen die anhand der Führungsdimensionen kenntlich gemachten Veränderungen angemessen berücksichtigt werden. Es muss erstens geklärt werden, welche Implikationen das durch den Rollenwandel von Unternehmen veränderte Zielsystem für die Führungsaufgabe besitzt. Wie vermittelt die Führungskraft ökonomische und soziale Zielstellungen? In welches Verhältnis stehen diese zueinander? Zweitens muss dargelegt werden, wie die Führung verstanden und aufrechterhalten werden kann für den Fall, in dem traditionelle Einflussgrundlagen verfallen und sich der Kontakt mit neuen Anspruchsgruppen intensiviert. Drittens gilt es darzustellen, auf welcher ethischen Basis das Individuum erfolgreich und legitim handeln kann. Dies ist erschwert durch den Verfall tradierter, kultureller Deutungsmuster und institutioneller Ordnungen, eben-

	Aufgabe Organisationsziele Zielverfolgung Erfolg	Interaktion Machtgrundlagen Einflussprozess	Person Persönlichkeitsmerkmale Sozialisation Entscheidungsprozess
Annahmen eines "klassischen" Verständnis von Führung (meist implizit)	* Dominanz eines Instrumental- bzw. Überlebensmodells mit finanzgeprägten Teilzielen und Anreizsystemen * Führer und Geführter operieren unter diesem Zielsystem und prägen es maßgeblich mit	* Primärer Fokus liegt auf einer Vorgesetzten-Mitarbeiter-Beziehung * Die Interaktion ist durch formale Machtgrundlagen und Weisungsrechte geprägt	* Individuierung im Rahmen "homogener" kultureller und gesellschaftlicher Räume * Die "vollständige" nationalstaatliche Rahmenordnung und religiöse Ethiken liefern unproblematische, moralische Orientierung
Implikationen der postnationalen Konstellation für das Führungsverständnis	* Verschärfung der "ökonomischen Imperative" im globalen Wettbewerb * Aufkommen neuer, sozialer Ziele, die eine angemessene Adressierung notwendig machen	* Intensivierter Kontakt mit unternehmensexternen Anspruchsgruppen * Konfrontation mit Legitimitätsforderungen jenseits der Unternehmensverfassung	* Fragmentierung des lebensweltlichen Hintergrundes und der Grundlagen moralischer Urteile * Erhöhte Relevanz einer moralischen Entwicklung der Führungskraft und ihrer Bereitschaft zur Komplexitätsbejahung
Leitfragen an ein neues Führungskonzept	* Wie können ökonomische und soziale Zielsetzungen vermittelt werden? * Wie verändert sich die organisationale Steuerungslogik?	* Wie können Einflussnahmen legitimiert werden? * Welche Form nehmen solche Einflussprozesse an?	* Wie können Führungskräfte auf öffentliche Kritik reagieren? * Wie können Führungskräfte den vorgebrachten Anforderungen gerecht werden? * Welche ethischen Referenzrahmen können als Entscheidungsgrundlage im kultur-pluralistischen Räumen herangezogen werden?
⇒	**Notwendigkeit eines Paradigmenwechsels in der Theoriebildung der Führung im Lichte der Implikationen der postnationalen Konstellation**		

Abb. 2-10: Die postnationale Konstellation und die Dimensionen der Führung[41]

so wie durch den vermehrten Kontakt mit sozialisationsfremden, kulturpluralistischen Kontexten. Hier gilt es zu überlegen, wie Entscheidungsprozesse zu konzeptionalisieren sind, ohne das Individuum systematisch zu überfordern.

---

[41]   Quelle: Eigene Darstellung.

Abbildung 2-10 fasst somit die aufgezeigten Veränderungen für das bisherige Führungsverständnis zusammen, welche aus den globalen Transformationsprozessen erwachsen. Die Behauptung, dass die Krise des Nationalstaates unmittelbare Konsequenzen für unser Verständnis von Führung hat, konnte begründet werden. Das dies bisher nur bedingt Eingang in die Theoriebildung gefunden hat, wird im Kapitel 3 anhand einer kritischen Besprechung bisheriger Ansätze verdeutlicht. Anhand der hier dargelegten führungstheoretischen und -ethischen Anforderungen, welche sich aus einer postnationalen Konstellation für die Führung in (multinationalen) Unternehmen ergeben, gilt es bisherige Forschungsbemühungen zu beurteilen.

2.3 Zwischenresümee

Das Kapitel 2 spannt einen weiten Bogen. Es konkretisiert und erweitert die Problemstellung der Arbeit indem es die Notwendigkeit einer Neukonzeption unseres Führungsverständnisses verdeutlicht. Dazu wurde zunächst das Feld der Führungsforschung beleuchtet, um zu einer ersten Arbeitsdefinition zu gelangen. Führung als Prozess der sozialen Einflussnahme in einer Interaktionsbeziehung konstituiert sich durch die (situativ eingebetteten) Elemente der 'Person', der 'Interaktion' und der 'Aufgabe'. Die erarbeiteten Merkmale entsprechen einem breiten Konsens über die relevanten Dimensionen des Führungsbegriffes, abgeleitet aus bestehenden Definitionen und Führungstheorien. Gleichzeitig liefern sie ein Raster anhand dessen die unterstellten Veränderungen für unser Führungsverständnis illustriert werden können. Wie gezeigt wurde, resultieren diese aus weitreichenden Transformationsprozessen in Wissenschaft, Gesellschaft und Wirtschaftspraxis, die das Fundament der gesellschaftlichen Institutionen der Moderne aushöhlen. Mit der nachlassenden Fähigkeit der Nationalstaaten einziger Ort der Regeldefinition und -durchsetzung, sowie der gesellschaftlichen Integration zu sein, begegnen sich die ermächtigten, neuen Akteure wie bspw. die multinationalen Unternehmen in einer postnationalen Konstellation. Aus der dadurch notwendig gewordenen neuen Institutionalisierung des demokratischen Prozesses als Modus der Einbeziehung und

Legitimation, erwächst die Verantwortung dieser Akteure und ihrer Führungskräfte zur Überwindung globaler Probleme und zur Gewährleistung des sozialen Friedens. Die Führungskräfte stehen sowohl als Exponenten und Mitglieder ihrer Organisationen, als auch als Weltbürger in der Pflicht zu einem verantwortungsvollen Handeln. Den Führungskräften kommt durch ihre Verfügungsmacht über zentrale Ressourcen eine Schlüsselrolle in der Öffentlichkeit zu. Gleiches gilt für ihre Rolle innerhalb ihrer Organisation, in der sie die maßgeblichen Promotoren eines organisationsweiten verantwortungsvollen Handelns sind.

Dies war die Hintergrundfolie, vor der die Konsequenzen für die einzelnen Dimensionen unseres Führungsverständnisses illustriert wurden. Diese machen die Notwendigkeit zu einem Paradigmenwechsel deutlich. Aufgaben, Beziehungen und Grundlagen der Führung müssen neu konzeptionalisiert werden. Führungskräfte sehen sich mit einer Vielzahl neuer Anforderungen konfrontiert. Ihnen werden Leistungen und Begründungen, die über ihre eigene Unternehmung und das neoklassische Primat des Gewinnprinzips hinausgehen, abverlangt. Ein Handeln, welches dies nicht berücksichtigt kann zu gravierenden Konsequenzen führen.

Dass die Bedeutung der Führung zur Bewältigung der neuen Konfliktfelder in der bisherigen Theoriebildung bisher nicht systematisch berücksichtigt wurde, wird in Kapitel 3 zu zeigen sein. Die Erweiterungen der Führungsaufgabe und -beziehung, sowie die Veränderung der Einflussgrundlagen bedürfen einer theoretischen Konzeptionalisierung, die den gesellschaftlichen Bezug grundsätzlich mitdenkt. Der Review bestehender Theorieansätze vor dem Hintergrund der in diesem Kapitel entfalteten neuen Anforderungen an unser Verständnis von Führung bereiten die Grundlage für die eigene Führungskonzeption dieser Arbeit in Kapitel 4.

3 Führung und Verantwortung: Überlegungen zur Rolle der Moral in den Theorien der Führung

Zusammenfassung

Kapitel 2 hat die Implikationen der Globalisierung für den Führungsbegriff aufgezeigt und argumentiert, dass die gegenwärtige Aktualität der Frage nach verantwortungsbewusster Führung Ergebnis einer grundlegenden Vertrauenskrise in die internationale (Unternehmens-)Führung ist (vgl. auch Brink, 2005). Diese ist auf die vielfältigen 'Unternehmensskandale', namentlich Bilanzfälschungen, Korruption, den Abbau von Arbeitsplätzen (insbesondere im Zusammenhang mit Rekordgewinnen), (überzogene) Managergehälter, das Auftreten von sogenannten 'Heuschrecken' (bspw. in der Form von Private-Equity- oder Hedgefonds), ökologischen Risiken, Menschenrechtsverletzungen und vielem anderen zurückzuführen. Die Berichterstattung in Zeiten der weltweiten Finanzkrise verdeutlicht die gewachsene Bedeutung der 'weichen' Faktoren der Führung. Kapitel 3 greift diese Einsicht in die Notwendigkeit eines derart erweiterten Führungsverständnisses auf und beleuchtet die bisherigen Überlegungen zu ethischen Führungskonzeptionen.

Teilkapitel 3.1: Vor der kritischen Diskussion bestehender Führungstheorien, die sich moralischer Fragen annehmen, bedarf es einer Konkretisierung der hierzu bestehenden Forschungstradition. Ausgehend von einer knappen Skizzierung des moralisch-ethischen Vokabulars, wird die Führungsethik als systematischer Untersuchungsort der entwickelten Fragestellung vorgestellt. Sie liefert die Hintergrundfolie für die anschließende Theorieschau.

Teilkapitel 3.2: Dieses Kapitel betrachtet bestehende Überlegungen zum Verhältnis von Führung und Verantwortung. Um diese in Hinblick auf die entworfenen neuen Herausforderungen besser beleuchten zu können, wird zunächst ein Bezugsrahmen entwickelt, anhand dessen sich die Vielzahl an Ansätzen nach ihren zugrundeliegenden Forschungstraditionen gruppieren lassen. Dies ist Voraussetzung für die detaillierte Auseinandersetzung mit den wesentlichen Exponenten einer verantwortungsvollen Führung.

Ziel des Kapitels ist es, den Grund zu bereiten, auf dem in einem nächsten Schritt ein eigenes Führungsverständnis entwickelt werden kann.

3.1 Begriffliche und systematische Vorüberlegungen

3.1.1 Moral, Ethik und Verantwortung: Begriffliche Vorüberlegungen

Die bestehenden 'Leadership'-Ansätze, welche sich den aufgezeigten Wertfragen widmen, fassen diese unter einer Reihe verschiedener Etiketten zusammen. So findet sich mit moralischer, integrer, authentischer oder auch tugendethischer Führung eine Vielzahl artverwandter Konzepte. Bevor diese Gegenstand der kritischen Betrachtung werden, sollen zunächst die grundlegenden, vornehmlich der praktischen Philosophie entstammenden Begrifflichkeiten näher beleuchtet werden. Ziel ist es anhand von ersten, robusten Arbeitsdefinitionen das zu entwickelnde Verständnis einer verantwortungsvollen Führung möglichst scharf zu zeichnen. Gleichzeitig soll damit der allzu häufig anzutreffenden begrifflichen Verwirrung im Feld der 'Leadership Ethics' vorgebeugt werden. Ausgangspunkt einer angemessenen Betrachtung der Bedeutung der Führung hinsichtlich Moral und Ethik in betriebswirtschaftlichen Organisationen muss die Auseinandersetzung mit gerade diesen Konstrukten sein, die in der sonstigen betriebswirtschaftlichen Literatur zu kurz kommt und die notwendige Rückbindung an die Grundlagendiskurse vernachlässigt.

Bei der Verwendung des Begriffes der *Moral(ia)* kann zwischen einer deskriptiven und einer normativen Bedeutung unterschieden werden. Im Sinne eines *soziologisch, deskriptiven Verständnisses* beschreibt die Moral die Menge von Handlungsregeln, Zielen und Normen, die in einer Gruppe „faktisch in Geltung sind" (Kambartel, 2004a: 932). Eine Norm kann dabei (wiederum im deskriptiven Sinne) Handlungsregeln, Zielsetzungen und institutionelle Regeln darstellen (vgl. Kambartel, 2004b: 1030 f.; allgemeiner auch Staffelbach, 1994: 225-244). In diesem Sinne bezeichnet Moral die „Gesamtheit der Überzeugungen vom normativ richtigen und vom evaluativ guten sowie der diesen Überzeugungen korrespondierenden Handlungen (...)" (Düwell/Hübenthal/Werner, 2006: 2). In einem *normativen Verständnis* bezieht sich Moral auf die 'moralische' bzw. 'vernünftige' Begründung einer Norm, welche derart als „Anleitung zu einem vernünftigen individuellen oder gemeinsamen Leben (...) verstanden wird" (Kambartel, 2004a: 932 f.).

Die **Ethik** als Gegenstand der Moralphilosophie bzw. praktischen Philosophie ist die Reflexionslehre der Moral. Sie setzt sich mit der Frage nach der Möglichkeit einer guten Moral auseinander und versucht auf Basis der Vernunft zu allgemein gültigen Normen gelangen. Es ist die Lehre „vom menschlichen Handeln, welches sich von der Differenz zwischen gut/sittlich richtig und böse/sittlich falsch leiten lässt" (Göbel, 2006: 12; vgl. auch Düwell/Hübenthal/Werner, 2006; Schwemmer, 2004). Generell kann auch hier zwischen einer deskriptiven (1) und einer normativen (2), sowie einer Metaethik (3) unterschieden werden.[42]

(1) Eng verwandt mit Disziplinen außerhalb der Ethik im engeren Sinne, beispielsweise der Moralpsychologie oder der Moralsoziologie steht die deskriptive Ethik. Diese widmet sich der empirischen Erfassung und Beschreibung bestehender Moralia. Die Betrachtung von Unterschieden in den Moralia verschiedener Kulturkreise, sowie die Veränderungen gesellschaftlicher Regelvorstellungen im Zeitablauf liefert dabei eine wichtige Grundlage gesellschaftlicher Diskurse über die Gültigkeit bestimmter Normen (vgl. Düwell/Hübenthal/Werner, 2006; Göbel, 2006).

(2) Diese sind Gegenstand der normativen Ethik, die um die Begründung und Kritik der Moral bemüht ist. Sie stellt den eigentlichen Kern der Ethik dar, indem sie das Ziel der Evaluation von Werturteilen, also wertenden Aussagen, verfolgt. Die Begründungsbemühungen lassen sich weiter grob in teleologische und deontologische Ansätze unterteilen (bspw. Ciulla, 2006: 23; Göbel, 2006; Quante, 2006).

---

[42] Göbel weist an dieser Stelle in Rekurs auf Kant noch auf die Methodenlehre hin, welche der Frage nach der Implementierung von Ethik nachgeht (vgl. Göbel, 2006: 13 f.).

Erstere, auch als Folgenethik bezeichnet, lassen sich im weiteren Sinne als Ansätze charakterisieren, in denen Zwecken und Zielen in der Beurteilung von Handlungen die zentrale Rolle zukommt. Damit werden nach Düwell/Hübenthal/Werner diejenigen Theorieansätze beschrieben, „die eine Trennung zwischen *moralischer Richtigkeit* und *außermoralischer Gutheit* vornehmen und das moralisch Richtige ausschließlich dadurch bestimmen, dass es das außermoralisch Gute auf bestmögliche Weise fördert"(ebd., 2006: 61). Hierunter fallen die aristotelische Ethik, der Eudaimonismus, der Utilitarismus ebenso wie die Werteethik.

Die deontologischen Ansätze verabschieden sich von der Vorstellung, dass Handlungsfolgen das Kriterium der moralischen Qualität bestimmter Handlungen sind. Ethische Bewertungen stützen sich auf das intrinsisch Gute von Handlungen. Sie beziehen sich auf „das Gesollte [déon ~ die Pflicht] im Sinne der ethisch richtigen Handlung" (Quante, 2006: 130). Die Beurteilung erfolgt also durch den Bezug zu intrinsisch guten Handlungstypen. Beispiele hierfür sind die Kantsche Ethik, die Diskursethik, Kontraktualistische Ansätze, sowie Rawls Theorie der Gerechtigkeit (vgl. Düwell/Hübenthal/Werner, 2006), wenngleich diese sich durch sehr unterschiedliche Begründungsmodi auszeichnen. Zu denken ist hierbei beispielsweise an die Charakterisierung von Ethikbegründungen als monologisch, in Abgrenzung zu dialogischen Begründungen. Hierauf wird im Rahmen der Kritik des Konzeptes nach Maak und Pless in Kapitel 3.2.5 vertiefend eingegangen.

(3) Die Metaethik ist die Reflexionslehre in Bezug auf Moral *und* Ethik. Ziel ist es moralisches bzw. ethisches (Sprech-)Handeln hinsichtlich ihrer logischen, semantischen und pragmatischen Strukturen zu untersuchen. Eine besondere Bedeutung kommt dabei der Sprachanalyse zu (vgl. Düwell/Hübenthal/Werner, 2006: 2 f., 25 ff.; Göbel, 2006: 14).

Mit dieser Darstellung lassen sich bereits Aspekte des Verhältnisses von Moral und Ethik zur Verantwortung erahnen. Verantwortung war, wie bereits dargestellt, als eine vierstellige Relation charakterisiert: *„Jemand* (Subjekt) ist *für* etwas (Gegenstand) *vor* oder *gegenüber* jemandem (Instanz) *aufgrund bestimmter normativer Standards* (Normhintergrund) – prospektiv – verantwortlich"

(Düwell/Hübenthal/Werner, 2006: 543). Der Normhintergrund entspricht den mit Werturteilen versehenen, in einer Gemeinschaft geltenden Handlungsregeln, also der Moral.[43]

Verantwortungsvolles, moralisches oder auch ethisches Handeln ist damit ein Handeln, welches sich in einer reflexiven Weise mit den relevanten Normhintergründen auseinandersetzt. Ausgangspunkt und Begründung der Ethik in der Gegenwart ist es, einen Lösungsbeitrag bei der Überwindung der neuzeitlichen Herausforderungen zu liefern. Diese liegen in den bestehenden Interessen- und Wertungskonflikten, die im Zuge der Verfolgung von Partikularinteressen und durch den zunehmenden interkulturellen Pluralismus verursacht werden und die einer moralisch legitimen Regelung bedürfen (vgl. Düwell/Hübenthal/Werner, 2006: 10).

3.1.2 Die Führungsethik als systematischer Untersuchungsort

Systematischer Ort der Auseinandersetzung mit Aspekten moralisch-ethischer Handlungen in den Theorien der Führung ist die Führungs- bzw. Managerethik. Sie widmet sich Fragen der Verantwortung und der Legitimität einer Personengruppe, welche sich durch ihre Rolle als Entscheidungsträger (und Weisungsberechtigte) innerhalb von Unternehmen auszeichnet (eine frühe Übersicht liefert Staffelbach, 1994; sowie Ulrich, 1995; Ulrich, 1999; für jüngere Entwicklungen vgl. Brink, 2005; Brink/Tiberius, 2005a; Brink/Tiberius, 2005b; Göbel, 2006: 169 ff.; Neuberger, 2002: 730 ff.). In diesem Sinne umfasst sie die Analyse der Wirkung von Werten und Normen auf den Führungsprozess ebenso wie die „kritisch-normative Reflexion darüber, wie Beziehungen zwischen ‚Vorgesetzen' (...) und ‚Untergebenen' (...) in hierarchischen Strukturen menschenwürdig und fair gestaltet werden sollen." (Ulrich, 1999: 230).[44] Festzuhalten ist dabei, dass das Feld der Führungsethik bis in die Gegenwart in der Literatur tendenziell stiefmütterlich behandelt wurde.[45] Dies gilt auch für sein

---

[43]   Inwiefern ein enger Verantwortungsbegriff mit Blick auf die neuen Führungsherausforderungen zweckmäßig ist wird in Kapitel 4.3 wieder aufgegriffen.

internationales Pendant „Leadership Ethics" (zum Begriff siehe Ciulla, 1995:
6). Ursächlich hierfür sind die bereits angedeuteten Probleme bei der Abgrenzung von 'Leadership' und Management, der Person des 'Leaders' und dem Führungsprozess, ebenso wie die Tatsache, dass Aspekte der Führungsethik oftmals
im Kontext der Unternehmensethik bzw. der 'Business Ethics'-Literatur behandelt werden (vgl. hierzu auch Ciulla, 2005b). Unternehmens- und Führungsethik stehen dabei im Sinne des soziologischen Spannungsfeldes von
Struktur und Handeln in einem interdependenten Verhältnis zueinander. Beide
sind sie eingebettet in die weiterfassende Wirtschaftsethik (i.w.S.), Abbildung
3-01 illustriert diesen Zusammenhang.

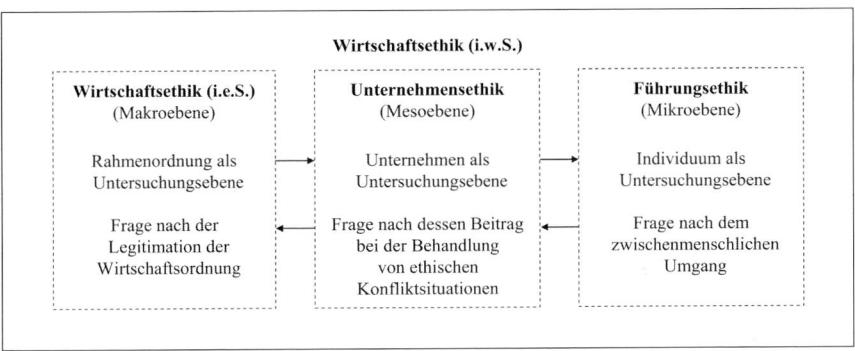

Abb. 3-01: Wirtschafts-, Unternehmens- und Führungsethik[46]

44 Göbel differenziert den Begriff der Führungsethik anhand einer Unternehmensführungsethik und einer Personalführungsethik weiter aus. Erstere orientiert sich vornehmlich an den Unternehmensfüh-
rungsentscheidungen, letzterer primär an dem direkten Führer-Geführten Austausch. Da es sich hierbei bisher nur um eine Skizzierung handelt wird vor dem Hintergrund des hier weit angelegten Führungsbegriffes diese Unterscheidung nicht weiter verfolgt (vgl. Göbel, 2006: 179 ff.).

45 Hier danke ich Prof. Dr. Dr. h.c. mult. Horst Steinmann, für seine anregenden Hinweise und die Be-
kräftigung dieses Verständnisses.

46 Quelle: Eigene Darstellung in Anlehnung an die in der Literatur weit verbreitete Systematisierung
des Feldes vgl. u. a. Brink/Tiberius, 2005a; Göbel, 2006: 95 f.; Jäger, 2001: 25; Löhr, 2004; Maring,
2005; Steinmann/Löhr, 2002.

Die *Wirtschaftsethik* (i.e.S.) widmet sich in ihren Betrachtungen auf einer Ma-
kroebene der Frage nach der Legitimation der Wirtschaftsordnung. Sie ist im
Rahmen dieser Arbeit nur am Rande von Interesse. Zentral ist das Verhältnis
von Meso- und Mikroebene. Die *Unternehmensethik* verstanden als „(...) eine
(wissenschaftliche) Lehre von denjenigen idealen Normen (...), die in der Markt-
wirtschaft zu einem friedensstiftenden Gebrauch der unternehmerischen Handlungsfreiheit anleiten sollen" (Steinmann/Löhr, 1994: 106), widmet sich der
Diskussion um die soziale Verantwortung von Unternehmen (vgl. Stein-
mann/Löhr, 2002: 519; vgl. ebenfalls Homann/Blome-Drees, 1992; Ho-
mann/Lütge, 2005; Ulrich, 2001). Der angedeutete, steigende Legitimations-
druck seitens der Unternehmen hat ihre wachsende Bedeutung begründet (vgl.
Steinmann/Löhr, 2002: 513; oder auch Scherer, 2003; Steinmann, 2005: 80;
Steinmann, 2006: 16) und zu einer Vielzahl jüngerer Publikationen und the-
matischer Stoßrichtungen geführt (eine gute Übersicht bieten Matten/Palazzo,
2008). Hierunter fallen auch Beiträge zur 'Corporate Social Responsibility'
(vgl. Crane et. al., 2008; Garriga/Melé, 2004; Scherer/Palazzo, 2007; Sche-
rer/Palazzo, 2008a; Windsor, 2006; im deutschsprachigen Raum auch Kersting,
2008b; Küpper, 2006; Scherer/Picot, 2008) und 'Corporate Citizenship' (vgl.
bspw. Matten/Crane, 2005), sowie 'Corporate Legitimacy' (vgl. Palazzo/Sche-
rer, 2006) und neuerdings auch 'Corporate Integrity' (vgl. jüngst Maak, 2008b).

Löhr charakterisiert die Unternehmensethik anhand ihrer Auseinandersetzung
mit drei Begründungsproblemen: Dem philosophischen Begründungsproblem
(1), dem ökonomischen Begründungsproblem (2) und einem praktischen Begründungsproblem (3).

(1) In der Betrachtung des philosophischen Begründungsproblems erweist sich
die deutschsprachige Diskussion um Unternehmensethik, insbesondere im Vergleich zu den stärker praxisorientierten Bemühungen aus den angloamerikanischen Diskursen, als weit entwickelt (vgl. Beschorner, 2002: 17). Dieses Problem setzt an der ethischen Frage nach der vernünftigen Begründungsmög-
lichkeit von handlungsleitenden Normen an:

„Es geht letztlich darum, Begründungen für (situationsunabhängige und personenübergreifende) Normen zu finden, die gegenüber jedermann zurecht Gültigkeit beanspruchen können" (Steinmann/Löhr, 1994: 62).

entsprechend

„geht es [bei der Unternehmensethik] um die Formulierung von Normen, also personen- und situationsübergreifenden Aufforderungssätzen in Form von Geboten oder Verboten" (Löhr, 2004: 1513, Hervorhebungen des Verfassers weggelassen).

Hierin unterstützt die Unternehmensethik bei der Frage nach einer inhaltlichen oder prozessualen Normregulierung und bei der Begründungspflicht unternehmerischen Handelns (vgl. Löhr, 2004: 1513 ff.; Steinmann/Löhr, 1992: 2452 ff.; Steinmann/Löhr, 1994: 62 ff., u.a.).

(2) Mit dem ökonomischen Begründungsproblem wird die Frage nach der Vermittlung zwischen ethischer (bspw. kommunikativer) und ökonomischer Rationalität gestellt. Wie kann im Rahmen des Wettbewerbes eine Ethik verfolgt werden? Gibt es für sie einen systematischen Platz in der Unternehmung (vgl. Löhr, 2004: 1512)? In dieser Frage nach dem Verhältnis von Unternehmensethik und Gewinnprinzip scheiden sich die Geister in der Ökonomik. Friedmans Beitrag „The Social Responsibility of Business is to Increase its Profit" (ebd., 1970) bringt die noch immer etablierte Meinung innerhalb der Wirtschaftswissenschaften treffend zum Ausdruck (vgl. Butz, 2008a). Aber auch innerhalb der Unternehmensethik bestehen weiterhin erhebliche Unterschiede in der Herangehensweise an dieses Problem. Systematische Auseinandersetzungen haben insbesondere im deutschsprachigen Raum Tradition. Zu nennen sind hierbei die „ökonomische Theorie der Moral" nach Homann et. al. (2a), die „Integrative Wirtschaftsethik von Ulrich et. al. (2b) und die „Republikanische Unternehmensethik" nach Steinmann et. al (2c).[47]

(2a) Homann und Schüler verfolgen das Projekt einer ökonomischen Ethik, welches sich weniger mit der Frage einer Ethikbegründung und vielmehr mit

[47] Prinzipiell wäre hier auch die „Governance"-Ethik von Josef Wieland anführbar (vgl. Wieland, 2004; Wieland, 2007).

der Vorstellung der Ökonomik als Fortsetzung der Ethik mit anderen Mitteln befasst (Homann, 2001; Löhr, 2004: 1515). Homann bemüht sich um eine Überwindung des seiner Auffassung nach vordergründigen Dualismus von Moral und Wirtschaft, bzw. moralischer Motivation und Eigeninteresse (Homann, 2003: 19; Homann/Lütge, 2005: 9, 11 ff.). Seine Theorie „folgt dem Grundsatz, dass keine Ethik, am wenigsten eine christliche Ethik, vom Einzelnen verlangen kann, dass er dauerhaft und systematisch gegen seine Interessen verstößt" (Homann/Lütge, 2005: 22). Zentrales Element seiner Konzeption ist eine zweistufige Rahmenordnung. Diese ist in Hinblick auf ihre Anreizwirkung der systematische Ort der Moral (vgl. dazu Homann, 2001; Homann, 2003: 16; Homann/Blome-Drees, 1992; Homann/Lütge, 2005; Steinmann/Löhr, 1994: 131 ff.; Suchanek, 2001).

(2b) Die integrative Unternehmensethik nach Ulrich und Schülern stellt demgegenüber ein Kontrastprogramm dar. Ziel hierin ist es, „das ökonomische Prinzip selbst in diskursethischer Reflexion aufgehen zu lassen und insofern die Ökonomie zur ethischen Vernunft zu bringen (Löhr, 2004: 1516)." Es geht also darum, die ökonomische Vernunft in eine kommunikative zu überführen. Grundlage einer lebensdienlichen Ökonomie ist das „konzeptionelle Primat einer unternehmenspolitischen Verständigung" (Steinmann/Löhr, 1994: 129 bzw. Ulrich, 2001; Ulrich, 2008).

(2c) Einen Mittelweg stellt die „republikanische Unternehmensethik" nach Steinmann und Mitarbeitern dar. Diese versieht unter einem Friedensprimat (hervorgebracht durch die Einigung im Diskurs) das Gewinnprinzip mit einer Richtigkeitsvermutung. Für dieses fordert die Unternehmensethik eine situationsgerechte Anwendung bzw. Disziplinierung (vgl. Löhr, 2004: 1515, oder auch Steinmann, 2005; Steinmann, 2006; Steinmann/Löhr, 1994; Steinmann/Löhr, 2002). Damit grenzt sich die Konzeption gegenüber anderen, die ein Primat der Ethik fordern (bspw. Ulrich, 2001) ab. Ausschlaggebend hierbei ist die Einsicht in die Überlegenheit des Markt- und Preismechanismus bei der Allokation der Ressourcen (vgl. Scherer, 2003: 423 ff.). In Hinblick auf die multinationale Unternehmung bleibt damit die auf den Gewinn ausgerichtete Zielfunktion bestehen. Sie wird nur durch die Unternehmensethik dahingehend ergänzt, dass diese eine Restriktion zur Friedenssicherung darstellt. Hierauf wird im Rahmen des Kapitels 4.2 näher eingegangen.

(3) Das praktische Begründungsproblem stellt die Frage nach Implementierungsansätzen. Dies wird auf den Anwendungsebenen der Organisation und des Personals verfolgt (vgl. Löhr, 2004: 1517 f.). Dabei weist die erstere einen höheren Entwicklungsstand auf. Gegenwärtige Gestaltungsempfehlungen beziehen sich auf „die Entwicklung von Leitbildern und Verhaltensgrundsätzen" (Löhr, 2004: 1517 f.), sowie die Frage nach institutionellen Rahmenbedingungen zur Förderung von Diskursen in der Organisation. Hier hat auch die Diskussion um 'Compliance'- und 'Integrity'-Programme ihren systematischen Ort. Diese war bereits angesprochen worden. Es handelt sich hierbei um Ansätze der Unternehmensethikimplementierung (vgl. Paine, 1994; Weaver/Trevino, 1999). 'Compliance'-Strategien, stellen auf Regelüberwachungssysteme ab, welche konformes Verhalten anhand Sanktionsmöglichkeiten sicherstellen wollen. Sie sind durch potentielle Strafminderungen, wie sie die 'US-Sentencing Guidelines' für den Fall von Regelverstößen trotz vorhandener Kontrollsysteme vorsieht, stark befördert worden (vgl. Steinmann/Olbrich, 1998). Die 'Integrity'-Ansätze zielen stärker auf die Akteursmoral ab. Sie kritisieren Regelsysteme in Hinblick auf ihre prinzipielle Unvollständigkeit und die verbleibende Notwendigkeit einer situativen Auslegung. Die Selbstkontrolle anhand leitender Prinzipien nimmt hier die zentrale Stellung ein (Paine, 1994: 111; vgl. auch Stansbury/Barry, 2007). Führung und Führungsethik unterfüttert beide Konzeptionen, sie leistet einen wesentlichen Beitrag bei der Formulierung und Kontrolle der Regelsysteme und Codizes und ist Vorbild und Stütze im Prozess der Selbstkontrolle. Ansonsten wird die Frage nach der Personalentwicklung und deren Möglichkeiten und Grenzen dabei nur rudimentär behandelt (vgl. Löhr, 2004).

Diese Begründungsprobleme besitzen gleichsam Gültigkeit für die Führungsethik. Dies angemessen zu berücksichtigen, ist ein zentrales Anliegen, wenn es darum geht, der in der deutschsprachigen Literatur verbreiteten Engführung des Konzeptes zu entgehen. Oftmals wird darin die Führungsethik als 'bloßer Erfüllungsgehilfe' einer Unternehmensethik konzipiert, welche die philosophische und ökonomische Begründung bereits vorgedacht hat. In der internatio-

nalen Literatur bleiben die Begründungsprobleme hingegen integraler Bestandteil der Auseinandersetzung der Theorien der Führung mit Moral. 'Leadership Ethics' ist dort stärker durch die Führungs- bzw. 'Leadership'-Theorien
als durch die Unternehmenstheorien geprägt. Entsprechend setzen sich Veröffentlichungen in diesem Bereich oftmals unmittelbar mit (individual-)ethischen
Konzepten auseinander, ohne den 'Umweg' über die Unternehmensethik zu
machen (bspw. Ciulla, 2006; Doh/Stumpf, 2005b; Rost, 1995). Moralbegründungen, das Verhältnis von Ethik und Effektivität, Macht und Tugend und Al-
truismus und Eigeninteresse sind beispielhafte Brennpunkte dieser Diskussionen (Ciulla, 2005b). Sie korrespondieren, wenngleich in abgewandelter Form
mit den genannten drei Begründungsproblemen. Eine solche Aufwertung des
Konzeptes Führungsethik erscheint vor dem Hintergrund der Ausführungen in
Kapitel 2.2 sinnvoll. Dort wo Führungskräfte direkt zur Verantwortung gezogen werden und eine moralische Vorbildfunktion von ihnen erwartet wird, können sie sich nicht hinter einer (unvollständigen) Ordnungsethik zurückziehen,
sondern müssen ihre Handlungen begründen und rechtfertigen können. Derart
konkretisieren sich der Beitrag der Führungsethik und die Anforderungen an ihre Theorien für die vorliegende Arbeit:

Theorien einer ethischen oder verantwortungsvollen Führung müssen demnach,
neben den hiermit verquickten, identifizierten Leitfragen im Kontext der Globalisierung, prinzipiell in der Lage sein, Fragen der Normbegründung, der Vermittlung ethischer und ökonomischer Rationalität und der wirksamen Realisierung unter den Bedingungen kultureller Heterogenität zu adressieren. Dabei
sollte die Theoriebildung natürlich nicht wieder bei 'Null' anfangen. Natürlich
muss bei der Betrachtung von Führung und ihrer Ethik stets das Unterneh-
mensgeschehen mitberücksichtigt werden. Dies hat bereits die Einbettung der
Führer-Geführter-Dyade in den organisationalen Kontext, dessen Zielsystem
und Programme bei den Darstellungen in Kapitel 2.1 verdeutlicht. Die Unternehmensethik und ihre Überlegungen zur institutionellen Gestaltung und Implementierung einer ethischen Dimension unternehmerischen Handelns informiert die Führungsethik über Implikationen für die Mikroebene der zwischen-
menschlichen Koordination, sie kann gegebenenfalls Handlungsräume vor-

strukturieren. Gleichzeitig liefert die Mikroebene eine maßgebliche Rückkopplung zur Ausgestaltung der Institutionalisierung und behält aufgrund der
begrenzten Regulierungsfähigkeit der Rahmenordnung maßgeblichen Handlungsspielraum. In einem solchen sich wechselseitig informierenden und be-
dingenden Verständnis, können die Führungsethik und ihre Theorien aus dem
Schatten der Unternehmensethik heraustreten und aufbauend auf bisherigen Er-
kenntnissen einen genuinen Beitrag zum Verständnis verantwortungsbewusster
Führung unter den Bedingungen der Globalisierung leisten. Mit einem derart
gefassten Verständnis des Begriffes der Führungsethik wurden die inhaltlichen
Anforderungen an eine verantwortungsbewusste Führungskonzeption aus Kapitel 2.2 systematisch konkretisiert. Im folgenden Kapitel 3.2 sollen nun Bemühungen zur ethischen Führung in der Praxis und Theorie vorgestellt werden,
um zu untersuchen, inwiefern es ihnen gelingt, die dargestellten Anforderungen einzulösen.

3.2 Moral und Ethik der Führung in der Theorie und Praxis[48]

Dem Thema ethische bzw. verantwortungsbewusste Führung haben sich in der
jüngeren Vergangenheit eine große Zahl von (Sammel-)Bänden angenommen.
Auch hier findet sich die, meist implizite, Schwerpunktsetzung zugunsten von
„Leadership" (bspw. Hess/Cameron, 2006; Johnson, 2009; Maak/Pless, 2006a;
Sharma/Bhal, 2004) und Management (bspw. Brink, 2005; Brink/Tiberius,
2005b (trotz anders lautenden Titels); Jonker/de Witte, 2006; Pickett, 2005;
Ruh/Leisinger, 2004; von Weltzien Hoivik, 2002 oder auch etwas älteren Datums Hollander, 1995; Kumar/Steinmann, 1998; Staffelbach, 1994). Dabei wer-
den in der Regel jedoch nur Facetten des Untersuchungsfeldes beleuchtet, eine

---

[48]   Bei der Beschreibung der folgenden Ansätze orientiert sich die Arbeit zunächst anhand deren bloßer
       Darstellung. Dies führt dazu, dass manche Begriffe wenig gehaltvoll, bzw. der Begriff der Ethik und
       Moral unsystematisch verwandt wird. Dies ist jedoch in erster Linie Kennzeichen der gesichteten Li-
       teratur und nicht Ausdruck des eigenen Verständnisses.

systematische Auseinandersetzung findet, im Gegensatz zu den Diskussionen im Rahmen der etablierten, 'moralischen' Führungstheorien, nicht statt. Eine Auswahl der letzteren soll im Folgenden vorgestellt und hinsichtlich ihrer Leistungsfähigkeit beurteilt werden. Vorab wird aber den Bemühungen in der Praxis zur Handhabung der neuen Herausforderungen für Führungskräfte (knapp) Beachtung geschenkt.

3.2.1 Praxisinitivativen zu Fragen der Führungsverantwortung

Eine Darstellung dieser betonenswerten Bemühungen, an dieser Stelle wird kein Anspruch auf Vollständigkeit erhoben, dient zweierlei Zwecken. Zum einen verdeutlichen diese Anstrengungen den Handlungsdruck der Praxis in Hinblick auf die öffentliche Einforderung von Rechenschaft und damit die Aktualität und Relevanz des Themas, zum anderen wird in Hinblick auf die jeweilige Ausgestaltung der Initiativen auch die oftmals bemängelte Lücke zwischen Theorie und Praxis in diesem Felde offenkundig (vgl. die Ausführungen zur unzureichenden Behandlung des praktischen Begründungsproblem, sowie Bartlett, 2003). Anführen kann man hier das *World Business Councils for Sustainable Development (WBCSD)* (1)*, die Business Leaders Initiative on Human Rights (BLIHR) (2), die Global Business Coalition (GBC)* (3), die Initiative *Globally Responsible Leadership (GRLI) der European Foundation for Management Development (EFMD)* (4) oder jüngstens auch die *Principles for Responsible Management Education (PRME)* (5).

(1) Das WBCSD wurde 1992 am Vorabend der Konferenz der Vereinten Nationen über Umwelt und Entwicklung in Rio de Janeiro gegründet, um Unternehmen und Wirtschaft in Anliegen der Nachhaltigkeit mit einzubinden. Bedingung der Mitgliedschaft ist die persönliche Einbeziehung des Vorstandsvorsitzenden bzw. CEOs. Damit soll das Commitment der Führungskräfte gesichert werden, um derart besetzt die Öffentlichkeit und Unternehmen für das Thema (ökologische) Nachhaltigkeit zu sensibilisieren und die Rolle der Wirtschaftsakteure bei der Erreichung desselben neu zu fassen (vgl. Tomorrow's Leaders group/WBCSD, 2006; WBCSD, 2008a; WBCSD, 2008b).

(2) BLIHR wurde 2003 in Leben gerufen. Es handelt sich um eine Initiative seitens Unternehmen mit dem Ziel, die Ideale der Menschenrechte auf eine pragmatische Art und Weise in das wirtschaftliche Handeln mit einzubinden und andere Unternehmen anzuregen dies auch für sich zu übernehmen. Wesentlich ist es dabei Unternehmen dazu anzuleiten, die Menschenrechte anhand eines zur Verfügung gestellten Werkzeugkastens schrittweise zur Geltung zu bringen (vgl. BLIHR, 2008a; BLIHR, 2008b).

(3) Die GBC ist eine Vereinigung, welche sich dem Kampf gegen HIV/Aids, Tuberkulose und Malaria verschrieben hat. Die in Anschluss an die öffentliche Wahrnehmung von HIV/Aids als nationales Sicherheitsproblem 2000/2001 entstandene Koalition zählt mittlerweile über 220 Mitglieder. Ziel ist es die öffentlichen Institutionen bei der Aufklärung, Eindämmung und Bekämpfung pandemischer Krankheiten zu unterstützen. Dabei liefert die lokale Verankerung entlang der jeweiligen Wertschöpfungsketten, die Infrastrukturen und Fähigkeiten der Unternehmen einen wesentlichen Aktivposten (vgl. GBC, 2008a; GBC, 2008b).

(4) Anfang der GRLI war das Jahrestreffen der EFMD 2002 zum Thema „Global Responsibility". Die EFMD ist eine etablierte Plattform welche die Weiterentwicklung von Management durch die Zusammenführung ihrer Mitglieder aus der Academia, Praxis und dem öffentlichen Sektor fördert EFMD, 2008a; EFMD, 2008b). Aus dem Treffen und einer Partnerschaft mit dem UN Global Compact entstand die GRLI, die das Ziel verfolgt das Verständnis von global verantwortlicher Führung zu entwickeln und umzusetzen. In der Kooperation zwischen Praktikern und Forschern werden die Inhalte der Managementausbildung, die Rolle der Unternehmung im 21. Jahrhundert und der kulturelle Wandel in Unternehmen als zentrale Themen behandelt (vgl. GRLI, 2008a; GRLI, 2008b).

(5) Zentraler Baustein bei der Umsetzung verantwortungsbewusster Führung ist stets die Ausbildung (vgl. auch Butz, 2008c). Hier setzt die im Jahr 2007 gestartete PRME Initiative an, welche auf eine Erweiterung der Curricula von Business Schools abzielt. Hintergrund ist die Einsicht, dass Themen des Umweltschutzes und Unternehmensverantwortung in der Forschung und Lehre zwar wahrgenommen werden, es jedoch noch nicht in den Mainstream der For-

schung geschafft haben. Ziel ist es, Führungskräfte auszubilden, die diesen Herausforderungen der Gegenwart und Zukunft gewachsen sind. Dabei stützt sich die Initiative auf „international akzeptierte Werte" wie beispielsweise den Global Compact, der auch Co-Convernor der Initiative ist. Seine Ziele waren Richtschnur bei der Entwicklung der PRME Prinzipien durch die Repräsentanten von Universitäten und wissenschaftlichen Gemeinschaften (vgl. PRME, 2008a; PRME, 2008b).

Wenngleich auch hier die bereits als problematisch beschriebene Abgrenzung zwischen 'Leadership' und Management bzw. Führungs- und Unternehmensethik virulent wird, so greifen diese beispielhaften Initiativen doch die öffentlichen Konfliktpotentiale und Kritik auf und signalisieren die gewachsene Sensibilität gegenüber der Verantwortung der Führung gegenüber einer (Welt-)Gemeinschaft und ihrer ökologischen und sozio-politischen Probleme. Dies kann als weiterer Beweis für die langsame Abkehr der Wirtschaftsgemeinschaft von dem bereits angesprochenen unreflektierten neoliberalen Paradigma gewertet werden (vgl. auch Pless/Maak, 2008: 3). Hierin zeigt sich die Einbeziehung der Führungskader in die Erarbeitung eines erweiterten Verständnisses von verantwortungsvollen Unternehmens- und Führungshandeln. Damit wird die entworfene These neuer Führungsherausforderungen nochmals geschärft. Die Berücksichtigung dieser Aspekte in den Theorien der ethischen Führung ist Thema der nächsten Abschnitte, in denen die zentralen Ansätze des Feldes vorgestellt werden.

3.2.2 Systematisierung der Forschungsbemühungen: Ein Bezugsrahmen

3.2.2.1 Wissenschaftstheoretische Systematisierung in den Sozialwissenschaften

Indem die Herleitung der Globalisierungsimplikationen für den Führungsbegriff und die Betrachtung der Begründungsprobleme der Führungsethik umfangreiche Anforderungskriterien für (ethische) Führungstheorien bereitgestellt hat, gilt es nun, bestehende führungsethische Konzepte kritisch zu untersuchen. Dabei ist es zweckmäßig, die zum Teil noch sehr jungen Arbeiten anhand ihrer paradigmatischen Ausrichtung zu gruppieren. Ein solches Vorgehen ermöglicht eine ausdifferenzierte Besprechung der bestehenden Forschungsbeiträge.

Eine paradigmatische Ausrichtung bzw. ein wissenschaftliches Paradigma beschreibt die Art und Weise durch die Wissenschaftler Erklärungen für soziale Phänomene generieren:

> „A paradigm labels the basic assumptions about a researcher's purpose, the character of the examined object (ontology), and the suitable methodology for examining the object. Therefore a paradigm gives the answer to the basic questions of the philosophy of science: (1) What is the purpose of research? and (2) By what means and methodologies can this purpose be achieved?" (Scherer/Patzer, 2008: 1218).

Dies impliziert bereits die spätestens mit Kuhn einsetzende Einsicht, dass Erkenntnisgewinnung nicht als linearer Prozess, sondern vielmehr als Wechsel dominierender Theoriesysteme verstanden werden muss (vgl. Kuhn, 1977; sowie allgemein Chalmers, 2001; Opp, 2005). Die Fragen nach Zweck- und Mittelebene der Forschung sind Ausgangspunkt verschiedener Systematisierungen sozialwissenschaftlicher Paradigmen mit jeweils unterschiedlicher Schwerpunktsetzung (vgl. exemplarisch Astley/Van de Ven, 1983; Burrell/Morgan, 1979; Hollis, 1994; Pfeffer, 1982; zur Diskussion der jeweiligen Systematisierungen, sowie zur Behandlung des damit einhergehenden Inkommensurabilitätsproblems vgl. Gioia/Pitre, 1990; Scherer, 1995; Scherer, 1998; Scherer, 1999; Scherer/Dowling, 1995; Wicks/Freeman, 1998). Die Überlegungen zu einer Gruppierung der führungsethischen Forschungsbemühungen im Rahmen dieser Arbeit sind in erster Line durch den Bezugsrahmen von Burrell und Morgan inspiriert. Dieses Vorgehen steht im Einklang mit vorangegangen Arbeiten des Forschungsprogramms und der Tatsache, dass das Raster nach Burrell und Morgen als das für die Zwecke der Arbeit fruchtbarste erscheint. Ihre Grundannahme: „all theories of organisation are based upon a philosophy of science and a theory of society" (Burrell/Morgan, 1979: 1) korrespondiert mit obiger Zweck-/Mittel-Unterscheidung. Dabei adressiert die der Forschung (implizit) zugrundeliegende „theory of society" als *Zweckdimension* die Fragen nach dem Erkenntnisinteresse der Forschung. Burrell und Morgan unterscheiden hierbei zwischen einer Ordnungs- und einer Wandelsoziologie. Erstere bezieht sich als „sociology of regulation" auf Arbeiten, die auf die Erklärung der Struktur und des Bestandes sozialer Einheiten abzielen (Burrell/Morgan, 1979: 17). Dies korrespondiert mit einem eher technischen und praktischen Erkenntnisinteresse (vgl. Habermas, 1968; Willmott, 2003; sowie Scherer, 1995: 141). Die Wandelsoziologie, als „sociology of radical change" umfasst Bemühungen, die auf die (präskriptive) Kritik des Status Quo abzielen. Letzterer beschreibt die in der Gesellschaft bestehenden Machtgefälle und strukturellen Zwänge. Der Fokus liegt hierbei auf den Überlegungen zur Emanzipation des Menschen von den ihn beschränkenden Bedingungen und ist damit Ausdruck eines emanzipatorischen Erkenntnisinteresses (vgl. Burrell/Morgan, 1979: 17). Die der Forschung inhärente „philosophy of science", als *Mitteldimension* wird durch die Autoren anhand der zugrunde gelegten ontologischen und epistemologischen Annahmen, des Menschenbildes und der darauf ausgerichteten Methodologie weiter ausdifferenziert. Auf dieser Basis können sie 'subjektive' von 'objektiven' Forschungsparadigmen unterscheiden. Abbildung 3-02 illustriert dies.

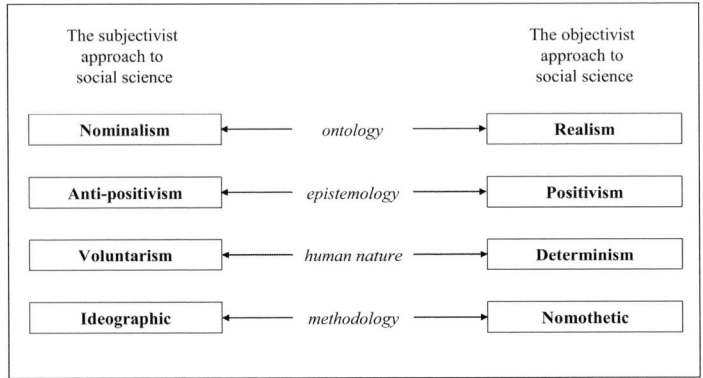

Abb. 3-02: Die Mitteldimension bei Burrell und Morgan[49]

---

[49] Quelle: Burrell/Morgan, 1979: 3. In Anlehnung an Osterloh (ebd., 1993) weist Scherer darauf hin, dass diese Grundannahmen nicht als trennscharf verstanden werden sollten, sondern vielfältige Überlappungen aufweisen (Scherer, 1995: 138).

Hinsichtlich der ontologischen Grundannahmen stützt sich ihre Unterscheidung auf die Nominalismus-Realismus-Dichotomie. Die Ontologie als Lehre des 'Seienden' geht der Frage nach den fundamentalen Strukturen des Forschungsgegenstandes, der Realität selbst nach. Die aus dem Universalienstreit erwachsene Position des Nominalismus' geht davon aus, dass die soziale Welt sich aus die Realität strukturierenden Begriffen und Konzepten konstituiert. Der Realismus versteht die Welt als vom Subjekt unabhängig. Sie geht dem sie erfahrenden Bewusstsein voraus (vgl. Burrell/Morgan, 1979: 1, 4; zum Nominalismus Lorenz, 2004a; zum Realismus Gethmann, 2004). Die epistemologische Grundannahme, als Frage nach den möglichen Formen der Erkenntnisgewinnung und Sicherstellung gültiger bzw. wahrer Aussagen, wird hier in positivistische und anti-positivistische Lager getrennt. Erstere stehen für eine an den Naturwissenschaften ausgerichtete Suche nach Gesetzmäßigkeiten und kausalen Beziehungen anhand derer das soziale Geschehen erklärt werden kann. Davon abgrenzend argumentiert der anti-positivistische Standpunkt zu Gunsten eines interpretativen, verstehenden Zuganges für soziale Phänomene, welche nur aus einer Teilnehmerperspektive begreifbar sind. Die Annahmen zum Menschenbild bewegen sich hierbei zwischen einer voluntaristischen und einer deterministischen Sichtweise. Dies war im Rahmen des Bekenntnisses dieser Arbeit zu einem gemäßigten Voluntarismus bereits besprochen worden. Letztlich manifestiert sich die Dichotomie subjektiver und objektiver Forschungsperspektiven auf der Ebene der Methodologie in der Unterscheidung von ideographischen und nomothetischen Ansätzen. Erstere betonen die Bedeutung des direkten Zugangs zum 'Untersuchungssubjekt', dessen Weltwahrnehmung und Historie anhand eines teilnehmenden Vorgehens sowie der Auswertung persönlicher Aufzeichnungen. Letztere stützen sich bei den Bemühungen um Gesetzesbildungen auf strenge wissenschaftliche Test und (quantitative) Techniken, sowie systematische und standardisierte Datenanalysen (vgl. Burrell/Morgan, 1979: 6 f.).

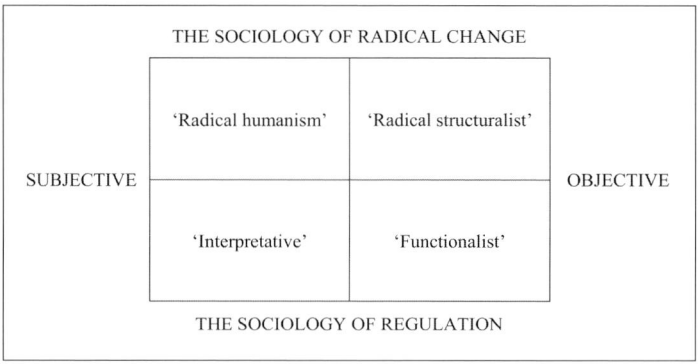

THE SOCIOLOGY OF RADICAL CHANGE

'Radical humanism'	'Radical structuralist'
'Interpretative'	'Functionalist'

SUBJECTIVE   OBJECTIVE

THE SOCIOLOGY OF REGULATION

Abb. 3-03: Das Untersuchungsraster nach Burrell und Morgen[50]

Die so konkretisierten Dimensionen Subjekt/Objekt und Wandel/Ordnung spannen damit das in Abbildung 3-03 dargestellte Raster auf, welches den Autoren die prinzipielle Unterscheidung von vier Paradigmen („Funktionalist", „Interpretative", „Radical humanism" und „Radical structuralist") ermöglicht (zur Erläuterung vgl. Burrell/Morgan, 1979: 21 ff.).

3.2.2.2 Paradigmen ethischer Führungstheorien

Mit diesen Überlegungen liefern Burrell und Morgen wichtige Anhaltspunkte zur Herangehensweise an die Gruppierung von (ethischen) Führungstheorien. Bisher erfolgten Systematisierungen in der Führungsforschung in erster Linie auf Basis der historischen Entwicklung oder inhaltlicher Kristallisationspunkte. Dies war bereits im Kapitel 2.1 angesprochen worden. Theoretisch-konzeptionelle und quantitative Arbeiten stehen, ähnlich wie in der Organisations-

---

[50] Quelle: Burrell/Morgan, 1979: 22.

[51] In Kapitel 2.1 war anhand der „Leadership"-Dimensionen in erster Linie der inhaltliche Pluralismus adressiert worden, um ein grundlegendes Verständnis von Führung zu erarbeiten. An dieser Stelle liegt der Fokus auf der kritischen Reflexion des konzeptionellen Pluralismus und seiner Konsequenzen für die Aussagekraft von Führungstheorien, insbesondere in Hinblick auf ethische Fragestellungen.

theorie, in einem pluralistisch-inkommensurablen Verhältnis zueinander, welches oftmals beklagt, jedoch in den seltensten Fällen 'angegangen' worden ist (vgl. Bennis/Nanus, 1986; Calas/Smircich, 1988; Hunt et. al., 1988).[51] Einen Versuch einer paradigmatischen Einteilung von Führungstheorien liefert Rost. Dieser besitzt bereits einen direkten Bezug zu ethischen Fragenstellungen. In Anlehnung an Daniel Bells Arbeiten zum gesellschaftlichen Wandel (ebd., 1985), unterscheidet Rost zwischen einem „Industriellen" und einem „Post-industriellen" Paradigma der Führung (vgl. Rost, 1991; Rost, 1995). Ersteres betrachtet Rost als das in der Literatur prävalente 'Leadership'-Verständnis. Basierend auf der liberalen Philosophie des 18. Jahrhunderts weist es die folgenden Charakteristika auf:

> „(1) a structural-functionalist view of organizations, (2) a view of management as the pre-eminent profession, (3) a personalistic focus on the leader, (4) a dominant objective of goal achievement, (5) a self-interested and individualistic outlook, (6) a male model of life, (7) a utilitarian and materialistic ethical perspective, and (8) a rational, technocratic linear, quantitative, and scientific language and methodology." (Rost, 1991: 180).

In dieser Form korrespondiert es mit dem funktionalistischen Paradigma von Burrell/Morgan. Im Zuge seiner kritischen Auseinandersetzung mit dem traditionellen Führungsparadigma fordert Rost dessen Ablösung durch ein neues, post-industrielles Paradigma. Seine Beschreibung bleibt rudimentär. Es muss in seinem Verständnis dafür geeignet sein, und hier beweist er Weitsicht, die sich abzeichnenden Bürden des industriellen Zeitalters wie Verschmutzung, Erderwärmung, Individualismus, etc., zu adressieren. Dazu muss es eine klare Position zu ethischen Problemen beziehen können (vgl. Rost, 1991: 179 ff.). Rost erahnt also bereits die Notwendigkeit des Paradigmenwechsels in der Führungsforschung, die das zentrale Motiv der vorliegenden Arbeit darstellt. Während Rost seine Vorstellung noch skizzenhaft und stark verkürzend in einer erweiterten 'Leadership'-Definition zusammenführt (vgl. Rost, 1991; Rost, 1995), kann im Rahmen dieser Arbeit auf jüngere Überlegungen in der Führungsforschung zurückgegriffen werden, um damit Rosts Ahnung und das Ziel dieser Untersuchung zu adressieren. Dazu bietet es sich an, Rosts Unterscheidung zu übernehmen und in Anlehnung an jüngere Entwicklungen, insbesondere auch in den Diskussionen der Unternehmensethik, in das gegenwärtige Vokabular zu übersetzen. Rosts führungsethische Differenzierung korrespondiert mit der in der Unternehmensethik anzutreffenden Unterscheidung zwischen normativen und deskriptiven Beiträgen (vgl. Trevino/Weaver, 1994; Weaver/Trevino, 1994; Weaver/Trevino, 1998). Scherer und Palazzo konkretisieren diese Unterscheidung im Rahmen ihrer Kritik bestehender CSR-Ansätze (Scherer/Palazzo, 2007: 1098 ff.; sowie zur Systematisierung Donaldson, 1996; Donaldson, 2003). In Anknüpfung hieran bietet es sich an zwischen positivistischen (1) und post-positivistischen (2) Führungs-(ethischen)-theorien zu unterscheiden.

(1) Unter positivistischer Führungsforschung und Führungsethik sollen in Einklang mit der funktionalistischen Erklärungsperspektive nach Burrell/Morgen, sowie dem industriellen Paradigma nach Rost, solche Ansätze verstanden werden, die sich eines naturalistischen Erklärungsmodells bedienen. Gestützt durch quantitative empirische Forschung des soziologischen Positivismus, zielt es darauf ab, beobachtbare Phänomene durch generelle oder statistische Gesetze und deren situativen Randbedingungen zu erklären (vgl. Bryman, 1996: 280 ff.; Hempel, 1998; im CSR-Kontext siehe ähnlich Scherer/Palazzo, 2007: 1098). Auf Basis seines mechanischen Verständnisses der sozialen Welt ist es um eine deskriptive Modellierung des Führungsphänomens bemüht. Die Erklärung und Steigerung der 'Leadership'-Effektivität, verstanden als das Ausmaß in dem die organisationale Einheit der Führungskraft ihre Aufgaben erfüllt und Ziele erreicht (Yukl, 2006: 10), ist dabei maßgeblicher Bestandteil des Forschungsverständnisses (vgl. hierzu exemplarisch Calas/Smirich, 1988; Ciulla, 1995; Ciulla, 2004a; Hunt et. al., 1988; Maak/Ulrich, 2007; Rost, 1995).

(2) Das Verständnis post-positivistischer Führungsforschung ist breiter angelegt. Es ruht auf den paradigmatischen Annahmen der normativen Unternehmensethik und bezieht ihre Methoden eher aus dem Arsenal der Philosophie denn der (empirischen) Sozialwissenschaft. Entsprechend findet hier eine präskriptive Forschung ihren Platz, welche um die Evaluation des Handelns von Führungskräften im Sinne von richtig/falsch bzw. gut/böse bemüht ist (vgl. bspw. Trevino/Weaver, 1994; Weaver/Trevino, 1994). Der post-positivistische Zugang ist stärker durch eine holistische Perspektive gekennzeichnet und versucht Füh-

rung als relationales Sozialphänomen zu verstehen. Im Rahmen seiner pluralistischen Methodologie nimmt das 'bessere Argument' eine zentrale Position ein. Die hierunter fallenden Ansätze weisen entsprechend einen Bias zugunsten der Abstraktion auf. (vgl. Weaver/Trevino, 1998). Dies ist nicht zuletzt dadurch begründet, dass aus dieser Perspektive 'Leadership-Ethics' in erster Linie als normatives Unterfangen verstanden wird und sich die Führungsforschung explizit der ethischen Theoriebildung geöffnet hat.

Die Unterschiede in Sprache, Annahmen und Ziel der jeweiligen Theorien haben historisch zu eine separaten Entwicklung der positivistischen und postpositivistischen Führungsforschung geführt, ohne dass die wahrgenommene konzeptionelle Differenz durch integrative (nicht reduktive!) Bemühungen adressiert worden wäre. Dabei muss das Verhältnis der beiden Forschungsparadigmen als ein interdependentes gedacht werden. Positivistisch-deskriptive Forschung kann durch das Aufdecken bestehender sozialer Zusammenhange und Funktionen eine (in der Prax's begründete) kritisch-präskriptive Theoriebildung informieren. Gleichzeitig bleibt sie eingebettet in die konzeptionellen Vorüberlegungen normativer Ansätze. Abbildung 3-04 rekapituliert die Ergebnisse der Überlegungen zu einer Systematisierung ethischer Führungstheorien.

Positivistische Führungsethik	**Post-positivistische Führungsethik**
Naturalistisches Erklärungsmodell	Näher an philosophischen Erklärungsmodellen & Methoden
Quantitativ-empirischer Fokus	Stark interdisziplinär angelegt
Technokratische, quantitative Sprache und Methodologie	Holistische Perspektive

Abb. 3-04: Paradigmen ethischer Führungstheorien[52]

....

[52] Quelle: Eigene Darstellung.

Mit Blick auf die Problemstellung der Arbeit werden im Folgenden nun positivistische und post-positivistische Ansätze der Führungsforschung besprochen, die die ethische Dimension der Führung in ihre Betrachtungen mit einbeziehen. Die getroffenen paradigmatischen Unterscheidungen dienen dabei zur kritischen Analyse der Aussagekraft der jeweiligen Forschungsstränge im Rahmen ihrer konzeptionellen Grenzen. Maßgeblich für die Evaluation ist es, inwiefern diese zum Teil sehr jungen Ansätze in der Lage sind die Implikationen der Globalisierung für unser Führungsverständnis zu adressieren.

3.2.3 Traditionelle Ansätze 'ethischer' Führung.

Auf die Tatsache, dass das Feld der Führung fragmentiert und schwer überschaubar ist wurde in dieser Arbeit bereits zu genüge hingewiesen. Ihr wurde mit dem Führungsbezugsrahmen aus Kapitel 2.1 begegnet, indem personelle, interaktionelle und organisationale Aspekte der Führung berücksichtigt wurden. Führung, im Sinne von 'Leadership', wurde als eine soziale Einflussnahme charakterisiert, die in den 'Ongoing Process' des Unternehmensgeschehens eingebettet ist und durch dasselbe beeinflusst wird. Will man nun die Theorien der Führung, die im weitesten Sinne ethische Aspekte berücksichtigen, rekapitulieren so lassen sich sicherlich zu den meisten der bereits angeführten Führungstheorien Beitrage mit implizitem oder explizitem Bezug zu ethischen Fragen finden. Diese aufzuarbeiten ist weder möglich noch zielführend für die vorliegende Arbeit. Anstelle dessen werden einige traditionelle Ansätze 'ethischer' Führung rekapituliert. Das Attribut 'traditionell' bezeichnet dabei etablierte Forschungsbemühungen, die sich bereits vor der veränderten Fragestellung im Zuge der Globalisierung wie sie in Kapitel 2.2 dargestellt wurde, mit ethischen Problemkonstellationen in der Führungstheorie auseinandergesetzt haben. Die getroffene Ansatzauswahl soll einen Eindruck davon vermitteln welche Argumentationsgänge einen wesentlichen Beitrag zu dem eigenen Verständnis des Feldes der 'Leadership Ethics' geleistet haben.

3.2.3.1 Transformational Leadership

Als einer der ersten Autoren, die sich in systematischer Art und Weise den Fragen der Ethik in der Führung angenommen haben ist James MacGregor Burns zu nennen. Im Zuge seiner deskriptiven Forschung zu politischen Führern entwickelte er das Konzept der transformationalen Führung (ebd., 1978; sowie, 2003). Dieses hatte einen maßgeblichen Einfluss auf die Entwicklung der heutigen Untersuchungen zur Führung(-sethik) und ersetzte oftmals den Begriff der charismatischen Führung (vgl. bspw. Ciulla, 2006: 27 ff.; Neuberger, 2002: 196; Yukl, 2006: 418 f.). Burns beschreibt 'transforming' bzw. 'transformational Leadership' folgendermaßen:

> „[Transforming] leadership occurs when one or more persons engage with others in such a way that leaders and followers raise one another to higher levels of motivation and morality. (...) Their purposes, which might have started out as separate but related, (...), become fused." (Burns, 1978: 20; Hervorhebungen durch den Verfasser weggelassen).

Er grenzt dieses Verständnis von dem kürzer greifenden „transactional" Leadership ab:

> „[Transactional] leadership occurs when one person takes the initiative in making contact with others for the purpose of an exchange of valued things." (Burns, 1978: 19).

Während also eine transaktionale Führung sich auf Austausch und Aushandlungsprozesse beschränkt, bezieht die transformationale Führung in einem verstärkten Maße auch die „Ziele Bedürfnisse und Ansprüche der Untergebenen" mit ein (Bass/Steyrer, 1995: 2054; vgl. auch Vögtlin, 2008a). Transformationale Führung hat in diesem Sinne also eine explizit ethische Konnotation, indem Macht, Werte und Gewissen explizit in das Zentrum der Betrachtung menschlicher Beziehungen gerückt werden (Burns, 1978: 29 ff.).

Diese Konnotation trat in der weiteren Entwicklung des Konzeptes in den Hintergrund, welche stark durch die Arbeiten von Bass und Mitarbeitern und deren Bemühungen um empirische Erfassbarkeit geprägt waren (vgl. Bass, 1985; Bass/Avolio, 1990; Bass/Avolio, 1994; Bass/Steidelmeier, 1999; Bass/Steyrer, 1995). Diese Arbeiten betteten das Konzept der transformationalen und transaktionalen Führung in den Kontext der Wirtschaftsorganisationen ein und untersuchten in breit angelegten Studien anhand ihres Fragebogen „Multifactor Leadership Questionaire" (MLQ) die Effektivität der jeweiligen Führungskonzepte (vgl. Neuberger, 2002: 195 ff., sowie kritisch 215 ff.; Yukl, 2006: 248-283). In diesem Sinne liegt ein Großteil der Arbeiten zur transformationalen Führung ein positivistisches Forschungsparadigma zugrunde.

3.2.3.2 Servant Leadership

Eine weitere Arbeit der frühen Auseinandersetzung mit ethisch konnotierten Führungsfragen, die gegenwärtig eine ähnliche Entwicklung zu durchlaufen scheint, ist Robert Greenleafs Konzept des 'Servant Leadership' (Greenleaf, 1977; vgl. auch Graham, 1991). Hierin wird das Verhältnis von Führendem und Geführten umgedreht. Aufgabe und Verantwortung des Führers ist es, seinen Anhängern zu dienen, indem er sie fördert und darin bestärkt eigene Verantwortung zu übernehmen (vgl. Ciulla, 2006: 29 f.; Vögtlin, 2008a; Yukl, 2006: 420).

Ciulla illustriert das Konzept anhand Hermann Hesses „Morgendlandfahrt". Diese berichtet von einer spiruellen Reise einer kleinen Gemeinschaft und ihres Dieners Leo. Nach dessen Verschwinden gerät die Gruppe in eine schwere Krise, sie verliert ihre Zuversicht. Im weiteren Verlauf realisiert der Protagonist, dass Leo der zentrale Ankerpunkt der Gruppe war. Aus dem Diener wird der Anführer (Ciulla, 2006: 29 f.; Hesse, 1951).

Der 'Servant Leader', der seine Anhänger bei ihrer Weiterentwicklung unterstützt und derart ihr Vertrauen gewinnt, wird zu einem Nexus in der Auseinandersetzung mit moralisch-ethischen Fragen. In dem Maße, in dem der Führende sich den Geführten annimmt, auf ihre Probleme eingeht und Schwache fördert, wird er zum Inbegriff des Guten und Richtigen und dies gegebenenfalls auch entgegen der Interessen der Unternehmung.

Wenngleich das Konzept nicht in dem Maße rezipiert wurde, wie es für die transformationale Führung der Fall ist, so bietet es doch eine gute Illustration eines verantwortungsvollen Führers und reiht sich ein in die Gruppe der normativen

Ansätze (für jüngere Anstrengungen einer eher deskriptiven Maßentwicklung für 'Servant Leadership' vgl. Liden et. al., 2008).

3.2.3.3 Tugendethische Ansätze der Führung

Unter den traditionellen Ansätzen der Führungsethik sind auch diejenigen zu nennen, die Bemühungen um eine tugendethische Fundierung gemeinsam haben und sich bis in die Gegenwart behaupten konnten (vgl. Freeman/Gilbert/Hartman, 1988; Jäger, 2001; Moore, 2005a; Moore, 2005b; Moore, 2008; Schmidt, 1986; Solomon, 1992; Solomon, 2003; zur Übersicht siehe auch Borchers, 2005; Göbel, 2006: 183 ff.). Dies ist wohl vor allem dem individualistischen Zuschnitt der Tugendethik und dessen Nähe zum Phänomen der Führung geschuldet. Seine Aktualität findet der Ansatz in den öffentlich zur Schau gestellten Untugenden der wirtschaftlichen Eliten. Gier, Arroganz und Ignoranz sind nur einige der Vorwürfe, denen sich diese Führungskräfte ausgesetzt sehen und Gegenstand einer tugendethischen Betrachtung werden können. Dabei gilt es zunächst zu klären, wofür der Begriff der Tugend steht. Allgemein kann Tugend, griechisch „arete", verstanden werden als

> „(...) die Charakterdisposition eines moralisch Handelnden, aufgrund derer er in der Lage ist, die seinen moralischen Überzeugungen entsprechenden Handlungen motiviert (freiwillig), angemessen und durchhaltend auszuführen." (Wils, 2006: 534).

Der Begriff der Tugend(en) bezieht sich also auf die vorzügliche Haltung bzw. lobenswerten Charaktereigenschaften einer Person, die diese benötigt um ein gutes Leben zu führen (bspw. Borchers, 2005: 506; MacIntyre, 1981; Roughley, 2004; Tugendhat, 1993b). In diesem Sinne werden Tugenden zu mit Werturteilen behafteten kognitiven Orientierungsmustern im Entscheidungsprozess des Akteurs bzw. der Führungskraft. Ziel ist es, sinnvolle Handlungsfaustregeln zu entwickeln. Ihre inhaltliche Konkretisierung erfahren sie durch Tugendkataloge. Bekannt sind beispielsweise die Auflistung nach Aristoteles, der Tapferkeit, Besonnenheit, Großzügigkeit, Großgeartetheit, Hochsinnigkeit, Ehrliebe, Sanftmut, Freundschaft, Aufrichtigkeit, Gewandtheit, Scham-Empfindung, Gerech-

tigkeit und Güte in der Gerechtigkeit als Tugenden nennt (Aristoteles, 2002; siehe vor allem Göbel, 2006: 183) oder auch die, in Anlehnung an Platon konzi-
pierten Kardinaltugenden der Klugheit, Gerechtigkeit, Tapferkeit und Besonnenheit. Diese Überlegungen finden Eingang in die führungsethischen Überlegungen und werden entsprechend durch einige Autoren ergänzt bzw. ersetzt. So
nennt Borchers beispielhaft Fleiß, Disziplin und Höflichkeit als nicht-morali-
sche, Verantwortungsbereitschaft, Gerechtigkeit, Integrität, Loyalität als moralische Tugenden (vgl. Borchers, 2005: 517).

Absicht dieser Vorhaben ist es, stets ein ethisches Orientierungswissen bereitzustellen, welches für die Führungskräfte in den Handlungen relevant wird.
Wichtig ist allerdings nochmals darauf hinzuweisen, dass es sich hierbei nicht
um ein einheitliches Forschungsprogramm handelt. Vielmehr weisen viele Führungskonzepte tugendethische Aspekte auf oder sind hiermit verwandt. Popu-
lär in diesem Zusammenhang sind die Arbeiten zum Thema Integrität in der Führung. Diese in empirischen Untersuchungen oftmals als 'Leadership'-Variable
konzipierte Eigenschaft hat wie Palanski und Yammarino betonen einen unmittelbaren Bezug zu existierenden Tugenden oder ist selbst als solche zu verstehen (vgl. Palanski/Yammarino, 2007; siehe auch Waddock, 2007).

Die Aufzählung dieser Ansätze 'ethischer' Führung ist nicht abschliessend. Es
ließen sich hier auch Konzepte wie 'Authentic Leadership' (bspw. Avolio/Gard-
ner, 2005; Walumbwa et. al., 2008), 'Spiritual Leadership' (bspw. Fry, 2003; Pru-
zan/Miller, 2006; Reave, 2005) oder auch 'Participative Leadership' (bspw.
Bass, 1990; Esteban/Collier, 2002; Yukl, 2006) anführen. Offenkundig ist damit, dass Fragen der Moral, Ethik und Verantwortung in der einen oder anderen Form stets Gegenstand der Führungsforschung waren: „Ethics is at the heart of leadership" wie Joanne B. Ciulla nicht müde wird festzustellen (Ciulla,
1995: 9; vgl. ähnlich Ciulla, 2004a; Ciulla, 2004b; Ciulla, 2005a). Dies sei in
Erinnerung gerufen bevor nun im Folgenden zwei jüngere, einflussreiche Konzeptionen ethischer Führung dargestellt werden.

3.2.4 Ethical Leadership als positivistische Führungsethik

3.2.4.1 Ethical Leadership als aufkommendes Forschungsprogramm

Das Konstrukt 'Ethical Leadership' ist Etikett für eine Zahl relativ junger Forschungsbemühungen mit dem Ziel die moralische Dimension der Führung aus einer deskriptiv-empirischen Perspektive heraus zu beleuchten. Damit grenzen sich die Autoren explizit von der philosophisch orientierten Führungsliteratur ab, welche sich in ihrem Empfinden zu sehr mit der Frage nach dem, was eine Führungskraft tun sollte, beschäftigen, als der Frage nachzugehen, was 'ethische Führung' eigentlich ist (bspw. Brown/Trevino, 2006: 595 f.). Ausgangspunkt sind auch hier die jüngsten Unternehmensskandale und die damit einhergehende Aufmerksamkeit des Themas 'Moral und Führung', sei dies nun von Seiten der Praxis oder der universitären Lehre. Einen guten Überblick liefert die Bestandsaufnahme von Michael E. Brown und Linda K. Trevino, die sich dem entstehenden Felde prominent widmen (Brown/Trevino, 2006; vgl. weiter auch Brown/Trevino/Harrison, 2005; Trevino/Brown/Hartman, 2003; Trevino/Hartman/Brown, 2000; Trevino/Weaver/Reynolds, 2006). Sie begreifen „Ethical Leadership" als

> „(...) the demonstration of normatively appropriate conduct through personal actions and interpersonal relationships, and the promotion of such conduct to followers through two-way communication, reinforcement, and decision-making." (Brown/Trevino/Harrison, 2005: 120).

> „(...), ethical leaders are likely to be honest, considerate of their followers, fair in their decisions, use rewards and punishments to promote ethical conduct, and make decisions based on ethical values. " (Brown/Trevino/Harrison, 2005: 122).

Zentral für das Verständnis dieser Konzeption einer ethischen Führung ist die eingeführte Unterscheidung zwischen der ethischen Führungskraft als moralische Person und als moralischer Manager (Brown/Trevino, 2006; Trevino/ Brown/Hartman, 2003; Trevino/Hartman/Brown, 2000). Abbildung 3-05 illustriert diese anhand ihrer Subdimensionen:

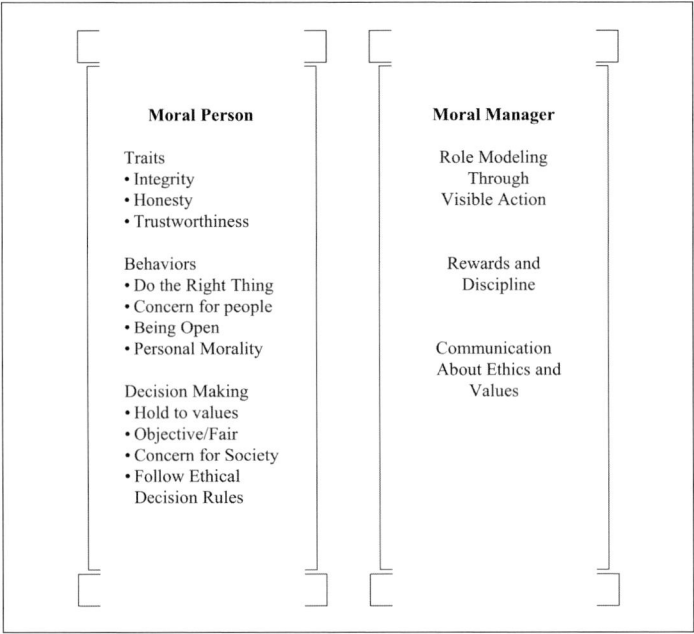

Abb. 3-05: Säulen des Konzeptes „Ethical Leadership" nach Trevino et al.[53]

Die moralische Person stellt den substantiellen Teil einer ethischen Führungskraft dar. Sie zeichnet sich durch spezifische Eigenschaften (1), Verhaltensweisen (2) und Entscheidungsverhalten (3) aus, denen sie im Privat- und Be-
rufsleben treu bleibt.

(1) Eigenschaften bzw. 'Traits' waren bereits als zeitlich stabile Charakterdis-
positionen dargestellt worden. Ethische Führungskräfte zeichnen sich nach dem
Verständnis der Autoren durch Integrität, Ehrlichkeit und Vertrauenswürdigkeit
aus (vgl. Trevino/Hartman/Brown, 2000: 130 f.). Allgemeiner fallen unter diese individuellen Charakteristika auch die Überlegungen zur moralischen Entwicklung von Menschen, die wesentlich durch die Arbeiten Kohlbergs geprägt

---

53   Quelle: Trevino/Hartman/Brown, 2000: 131.

worden sind (vgl. Kohlberg, 1969; Kohlberg, 1996; oder auch Habermas, 1991b; Habermas, 1991c).

(2) Abgrenzend zu den moralisch guten Eigenschaften und Verhaltensweisen sind die 'guten' Handlungen zu verstehen. Die Autoren führen hier exemplarisch Offenheit gegenüber Anderen und deren adäquate Behandlung an. Die Intuition hierbei ist, dass die moralische Qualität einer Person sich für Außenstehende nur anhand ihrer Verhaltensweisen beurteilen lässt.

(3) In Hinblick auf das Entscheidungsverhalten knüpfen die Autoren an (ihre) früheren Arbeiten zum „Ethical Decision Making" an (vgl. Trevino, 1986; sowie Bartlett, 2003; Cottone/Claus, 2000; Jones, 1991; Rest, 1986). 'Ethical Decision Making' beleuchtet die Prozesse einer ethischen Entscheidungsfindung anhand moralischer Prinzipien (bspw. Goldene Regel oder „New York Times Test")[54] und adressiert somit gemäß einiger Autoren die Theorie-Praxis-Lücke (vgl. Bartlett, 2003).

In dem Maße, in dem die moralische Person die Inhalte ethischer Führung darstellt, beschreibt der *Moral Manager* die organisationale Einbettung. Ethische Führungskräfte zeichnen sich demnach dadurch aus, dass sie im Zuge der Verfolgung ökonomischer Ziele auch Raum für eine ethische Dimension schaffen und diese auch seinen Geführten zu vermitteln. Hierin knüpfen die Autoren an Banduras Theorie des sozialen Lernens an (vgl. Bandura, 1977). Demnach sind Führungskräfte Rollenmodelle, die durch sichtbare Handlungen Vorbildcharakter für ihre Mitarbeiter besitzen. Darüber hinaus sollen sich ethische Führungskräfte auch der aktiven Kommunikation von Ethik und Werten widmen. Dies betonen die Autoren entgegen der vorherrschenden Intuitionen, dass Ethik primär 'Privatsache' sei. Diese Annahme, dass ein 'gutes Handeln' allein genug positive Strahlkraft entwickelt, beschreiben sie als irrige Meinung zum Thema der ethischen Führung. Sie argumentieren, dass Mitarbeiter oftmals

---

[54] Der „New York Times Test" dient der ethischen Beurteilung von Handlungsmöglichkeiten. Führungskräfte müssen entscheiden, ob die von ihnen erwogene Handlung samt ihres Namens auf der Titelseite der New York Times des nächsten Tages erscheinen sollte. Auf diese Weise soll den gemeinschaftlichen Standards im Prozess der Entscheidungsfindung Rechnung getragen werden (vgl. Trevino/Hartman/Brown, 2000: 132 f.).

mangels des direkten Kontaktes keine Vorstellung über die moralisch-ethische Haltung der Führungskräfte entwickeln können (Trevino/Brown/Hartman, 2003). Auch betonen sie, dass der Führung eine Erziehungsfunktion zukommt und der bloße Rekurs auf bestehende Richtlinien unzureichend ist (vgl. Brown, 2007). Aktive Kommunikation liefert ein Signal über den Stellenwert der Ethik in der Organisation und füllt bestehende Codizes erst mit Leben. Damit einher geht auch die konsequente Nutzung von Belohnungs- und Bestrafungssystemen. Beides liefert klare Signale über die moralische Vorstellung der Führungskräfte und wird damit konstitutiv für 'Ethical Leadership'.

Auf Basis dieser beiden Dimensionen ethischer Führung unterscheiden die Autoren zwischen ethischen, unethischen, scheinheiligen und ethisch neutralen Führungskräften (vgl. Abbildung 3-06).

Letztere, die ethisch neutral wahrgenommenen Führungskräfte, machen dabei einen substantiellen Anteil der gesamten Managerschaft aus (vgl. auch Trevino/Hartman/Brown, 2000). Hierfür mitverantwortlich ist die mangelnde Sensibilität hinsichtlich der Aufgaben des 'moralischen Managers'. Dies gilt für die Praxis ebenso wie für die Führungs(-ethik)-literatur. Hier gilt es anzusetzen, um der inhärenten Gefahr als moralisch neutral wahrgenommen zu werden, zu begegnen.

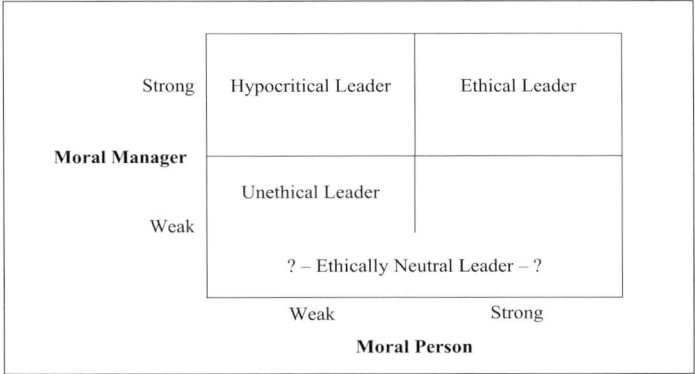

Abb. 3-06: 'Executive Reputation' und 'Ethical Leadership'[55]

[55]   Quelle: Trevino/Hartman/Brown, 2000: 137, Anlehnung an Carroll, 1987.

3.2.4.2 Würdigung des Untersuchungsprogramms: Beitrag und Grenzen

Will man die Arbeiten zu dem Forschungsbegriff 'Ethical Leadership' angemessen würdigen, so darf nicht vergessen werden, dass es sich hierbei um ein junges Forschungsprogramm handelt, dessen Ausarbeitung gegenwärtig im Gange ist und von dem wohl noch wichtige Einsichten zum Wesen ethischer Führung zu erwarten sind. *Methodisch* verpflichtet sich die Gruppe um Trevino und Brown einem minutiösen und umfangreichen Vorgehen. Auf der Basis qualitativer Interviews entwickeln Sie (induktiv) ein grundlegendes Verständnis ethischer Führung (vgl. Trevino/Brown/Hartman, 2003; Trevino/Hartman/Brown, 2000) und erarbeiten so die für sie relevanten 'Items'. Diese werden aufwendig validiert und anhand weiterer Studien von ähnlichen Konzepten, wie authentischer oder transformationaler Führung abgegrenzt (vgl. Brown/Trevino/Harrison, 2005). Ergebnis ist damit ein bereits getestetes Modell ethischer Führung (vgl. Brown/Trevino, 2006), welches weiter getestet und ergänzt werden kann. *Inhaltlich* liefern sie den wichtigen Hinweis, dass sich Führungskräfte offenbar ihrer Führungsverantwortung nicht bewusst sind und die Distanz zu ihren Geführten stark unterschätzen. Konsequenz hieraus ist eine Selbst-Fremd-Wahrnehmungsdiskrepanz. Führungskräfte sehen ihr eigenes Handeln stets in Werturteilsfragen eingebettet. Die Mitarbeiter haben keine Kenntnis hiervon und erfahren die Führung oftmals als amoralisch. Die Implikation, dass Führung also 'lauter' auf ethische Abwägungen und Prinzipien hinweisen muss, um im laufenden Geschehen 'gehört' zu werden, ist von großer Bedeutung bei den Überlegungen zu verantwortungsvoller Führung.

Neben diesen Einblicken in die Funktionsweise der ethischen Führung, welche zum Teil bereits in der Rekapitulation der Dimensionen der 'einfachen' Führung in Kapitel 2 angesprochen wurden, weist dieses Forschungsprogramm jedoch weitreichende Defizite auf, welche es zweifelhaft machen, ob es die hier adressierte Forschungslücke, einer verantwortungsvollen Führung unter den Bedingungen der Globalisierung, schließen kann. Ausgangspunkt für ihre Untersuchungen ist das neu erwachte öffentliche Interesse an ethischer Führung und die hierzu existierende Lücke in der Führungsliteratur (bspw. Brown/Trevino, 2006; Brown/Trevino/Harrison, 2005; Trevino/Weaver/Reynolds, 2006).

Inwiefern an dieser Stelle tatsächlich eine Lücke besteht, oder ob es hier zu einem Wiederaufgreifen und einer Re-Etikettierung der unübersichtlichen Forschung zu vergleichbaren Konzepten handelt, mag diskussionswürdig sein. Offenkundig erscheint es dem Verfasser allerdings, dass das Praxisproblem, das öffentliche Interesse, wenn überhaupt nur stark verkürzt in die Konzeptionalisierung des Führungsbegriffes eingeht. Dieses öffentliche Interesse und die es verursachten Skandale des Wirtschaftssystems werden auf einen Mangel an Führungseffektivität eingeengt und finden so Eingang in das zugrunde gelegte technokratische Führungsverständnis. Es gilt die Vernachlässigung der „ethical performance" für „effective leadership" zu korrigieren (Brown/Trevino, 2006: 613). Diese Relation von Ethik und Effektivität wird dabei gegen Kritik mit dem Verweis auf die (ökonomische) Vorteilhaftigkeit der Berücksichtigung der 'urteilsbehafteten' Faktoren verteidigt (Brown, 2007: 149 ff.). Ethik in Unternehmen tritt also in einem instrumentellen Verständnis auf. Entsprechend entfaltet sich ihr weiteres Vorgehen, welches durch den Rückgriff auf Arbeiten zu kognitiven Moralentwicklung, ethischen Entscheidungen und der sozialen Lerntheorie gekennzeichnet ist. Zweifelsohne leistet dieser Literaturstrang einen wesentlichen Beitrag über die Charakteristika wahrgenommener ethischer Führung und betont die Bedeutung des 'Moral Managers', der für die notwendige Sichtbarkeit von Ethik in Organisationen sorgen muss. Es ist allerdings gerade diese Engführung der Krise-Effektivität- und Effektivität-Ethik-Relationen, wobei letztere nicht prinzipiell in Abrede gestellt werden soll, die die Konzeption daran hindert die aufgezeigten Implikationen für die Führung unter den Bedingungen der Globalisierung zu berücksichtigen.

Hinsichtlich der *Aufgabendimension* der Führung und dem damit angedeuteten ökonomischen Begründungsproblem bleibt das Konzept der ethischen Führung in einem Weltverständnis verhaftet, welches die Bedingungen der postnationalen Konstellation nicht berücksichtigt, sondern weiterhin der neoliberalen Trennung von staatlichen und privaten Akteuren in Hinblick auf die Festlegung von Rahmenbedingungen anhängt. Die aus dem öffentlichen Druck und der eigenen Einsicht erwachsenen unternehmensethischen Bemühungen und die daraus hervorgegangenen Anforderungen an die Führung werden nicht berücksichtigt.

Probleme der Vermittlung sozialer und ökonomischer Ziele sind nachrangig, da sich erstere als Teilaspekt letzterer darstellen lassen.

Auch mit Blick auf die Veränderungen für die *Interaktionsdimension* bleibt das Forschungsprogramm blind. 'Ethical Leadership' denkt Führung traditionell als Vorgesetzen-Mitarbeiter-Relation (exemplarisch vgl. Brown/Trevino, 2006; oder Walumbwa et. al., 2008). Der Kontakt mit anderen (externen) Anspruchsgruppen und seine Konsequenz für das der Führung zugrunde liegende Machtverständnis und dessen Legitimation werden nicht berücksichtigt. Dies mag auch in gewissem Maße der Natur der Befragungen geschuldet sein. Hier sind Mitarbeiter erheblich leichter zugänglich, als die Identifikation und Ansprache sonstiger relevanter Stakeholder.

Hinsichtlich der *Persönlichkeitsdimension* des Führungsbegriffes nimmt 'Ethical Leadership' wohl die größten Bemühungen auf sich, individuelles Entscheidungsverhalten zu erklären. Die Konzeption bleibt im Zuge ihres methodologischen Individualismus einem Rationalitätsideal verpflichtet, welches in der Praxis nicht eingelöst werden kann. So stellt sich im Zuge der Überlegungen des Kapitels 2 die Frage nach der Handlungsfähigkeit des Individuums in Hinblick auf moralische Urteile im Lichte einer philosophischen Begründung der ethischen Vorteilhaftigkeit einzelner Eigenschaften und Werte der Führung. Hierzu nehmen die Exponenten des Forschungsbegriffes 'Ethical Leadership' keine Stellung. Die Werte finden gleichsam 'natürlich' Eingang in die Führungskonzeption. Dies wird noch problematischer wenn hier für zentrale (empirisch ermittelte) Werte eine gewisse kulturübergreifende Universalität angenommen wird (so bspw. Brown/Trevino, 2006: 612 f.). Dabei bleibt es offen, wie die ethische Performance der Führung verbessert werden kann ohne Aussagen über einen ethischen Referenzrahmen zu treffen. Gleiches gilt für die Vorstellung des ethisch-effektiven Einflussprozesses. Die Trennung zwischen dem mechanischen Prozess ethischer Führung und den zugrundeliegenden moralisch-ethischen Grundannahmen ist in dieser Form nicht denkbar. Sollte hingegen die Verbesserung der ethischen Performance nicht nur auf die prozessuale Dimension der Führung reduziert gemeint sein, sondern sich hierin auch die Vorstellung verbergen, dass die über empirisch-quantitativen Methoden ermittelten Prinzipien Wirkungskraft für unser Verständnis von Führung entfalten sollen, so unterliegt dieser Versuch der Normbegründung epistemologischen Grenzen. Sowohl die Zulässigkeit eines Schlusses von deskriptiven auf normative Sätze (Sein-Sollen-Dichotomie; vgl. Hume, 1986), ebenso wie ihre Rückführung auf naturalistische Begriffe (naturalistischer Fehlschluss; Moore, 1970) stellen (gegenwärtig) nicht überbrückbare Probleme der Philosophie dar, welche eine moralische Orientierung der Führungskräfte durch diesen deskriptiven Ansatz grundsätzlich ausschließen.

In dieser Konsequenz vermag es das Konzept der ethischen Führung, stellvertretend für die positivistische Führungsforschung, bestenfalls Aspekte eines praktischen Begründungsproblems zu adressieren. Die Überlegungen zur Realisierung guter Führung erhalten durch die Rolle des 'Moral Managers' und der Notwendigkeit der Hervorhebung ethischer Aspekte des Handelns für die Mitarbeiter wichtige Impulse. Nichtsdestotrotz vermögen es diese Forschungsbemühungen unserem Verständnis nach nicht das von ihnen herangezogene öffentliche Interesse' angemessen in ihre Führungskonzeption mit einzubeziehen. Hier greifen die konzeptionellen Grenzen des positivistischen Paradigmas zu kurz, indem sie die moralische Evaluation von Prinzipien und Handlungen nicht mitdenken. Im Folgenden wird daher nun das Augenmerk auf die post-positivistische Führungsforschung und ihren Beitrag zur Lösung der neuen Führungsherausforderungen gelegt.

3.2.5 Responsible Leadership als post-positivistische Führungsethik

3.2.5.1 Responsible Leadership: Ein integratives Forschungsfeld

Das Konzept der verantwortungsbewussten Führung bzw. 'Responsible Leadership' steht hier stellvertretend für post-positivistische Bemühungen ethische Fragen in die Führungsforschung zu tragen. Dabei konnte das Konzept durch eine Reihe von Veröffentlichungen in jüngeren Vergangenheit viel Aufmerksamkeit auf sich ziehen und scheint sich parallel zu den unternehmensethischen Diskussionen stärker als eigenständiges Feld etablieren zu können (hierzu bspw.

Doh/Stumpf, 2005a; Maak/Pless, 2006a; Maak/Pless, 2006b; Scherer/Palaz-zo/Weaver, 2009). Während die Literatur zu 'Ethical Leadership' auf eine Tra-dition der Auseinandersetzung mit ethischen Entscheidungsproblemen zurück-blickt, stellen die Beiträge, die unter dem Etikett 'Responsible Leadership' fir-mieren einen neuen führungstheoretischen Vorstoß dar, welcher die Wandeler-scheinungen zum Ende der Moderne zunehmend adressiert. Im Zentrum der Un-tersuchung steht weniger die Frage 'was ist Leadership?', als vielmehr die Fra-ge nach dem Wesen der 'guten Führung' (vgl. Ciulla, 1995; Ciulla, 2004a; Ci-ulla, 2004b; Ciulla, 2005a; Ciulla, 2006). Gute Führung transzendiert explizit ein rein technisches Verständnis und ist um die Einbeziehung der moralischen Dimension des Führens bemüht. In diesem Sinne steht verantwortungsbewuss-te Führung an der Schnittstelle zwischen Führungsforschung, Ethik und Un-ternehmensethik (vgl. Doh/Stumpf, 2005b). Während viele der Beiträge nur Teilaspekte des Konzeptes ansprechen und damit die Reichweite des Untersu-chungsfeldes ausleuchten, haben sich Thomas Maak und Nicola Pless um eine integrierte Sichtweise verdient gemacht. Sie präsentieren damit das gegenwär-tig am stärksten ausgereifte Verständnis verantwortungsbewusster Führung. Entsprechend werden im Folgenden vornehmlich die Ergebnisse dieser Arbei-ten diskutiert. Ihre Konzeption greift auf die Arbeiten zur integrativen Unter-nehmensethik des St. Galler Ansatzes zurück und versteht verantwortungsbe-wusste Führung im Kontext eines erweiterten Verständnisses der Rolle von Wirtschaftsakteuren in der Gesellschaft. Hierzu führen die Autoren vorange-gangene Überlegungen zur Einbettung der Führung in die Stakeholdertheorien (vgl. Bass/Steidelmeier, 1999: 200) fort und sehen diese als sinnbildlich für die global vernetzte Welt (vgl. Maak/Pless, 2006b; Maak/Pless, 2006c). Aus dieser Stakeholdersicht erwachsen nach dem Verständnis von Maak und Pless neue Aufgaben für eine verantwortungsvolle Führung. Diese werden in den klassi-schen Führungstheorien nicht angemessen abgebildet. 'Leadership' muss sich Herausforderungen ethischer Natur, einer zunehmenden Diversität, der verän-derten Rolle der Unternehmung in der Gesellschaft und dem Auftreten neuer Anspruchsgruppen stellen (vgl. Maak/Pless, 2006b: 99 ff.). Es bedarf ihren An-nahmen zufolge einer Abkehr von der wertfreien Führungstheorie und einer Betonung der relationalen Dimension verantwortungsvoller Führung in horizontalen anstelle von vertikalen Beziehungen. Entsprechend fassen die Autoren 'Responsibile Leadership' als

> „(...) a social-relational and ethical phenomenon, which occurs in social processes of interaction. (...). [It] takes place in interaction with a multitude of followers as stakeholders inside and outside the corporations." (Maak/Pless, 2006b: 99).

Und konkretisieren es als

> „(...) a values-based and through ethical principles driven relationship management between leaders and stakeholders who are connected through a shared sense of meaning and purpose through which they raise another to higher levels of motivation and commitment for achieving sustainable values creation and social change." (Pless, 2007: 438, see also Maak/Pless, 2006b).

sowie

> „(...) the art and ability involved in building, cultivating and sustaining, trustful relationships to different stakeholders, both inside and outside the organization, and in co-ordination responsible action to achieve a meaningful, commonly shared business vision." (Maak, 2007: 334).

Damit nehmen sich die Autoren den Rufen nach verantwortungsvoller Führung seitens der enttäuschten Öffentlichkeit an und interpretieren sie im Kontext einer Stakeholder-Gemeinschaft als Management der heterogenen Stakeholderbeziehungen, des Sozialkapitals der Unternehmung (vgl. Maak, 2007; Maak/Ulrich, 2007: 378 ff.). In diesem „Weben eines Netzes der Einbeziehung" manifestiert sich die zentrale Funktion verantwortungsbewusster Führung, da sich nur in der diskursiven Einbeziehung der vielfältigen Anspruchsgruppen Führungs- und Unternehmensintegrität sichern lässt (vgl. Maak/Pless, 2006b: 104 f.; sowie Pless/Maak, 2004). Um hierzu befähigt zu sein, muss die verantwortungsvolle Führungskraft im Sinne der Autoren über ein Mindestmaß an relationaler Intelligenz besitzen, welche wiederum auf emotionaler und ethischer Intelligenz aufbaut (Maak/Pless, 2006b: 105 f.; Pless/Maak, 2005). Die Führungskraft muss also auf einen moralischen Kompass zurückgreifen können, der sich auf ein moralisches Bewusstsein, moralische Vorstellungskraft und Reflexionsvermögen, sowie eine Reihe von Lebens- und Führungstugenden stützt (vgl. Maak/Ulrich, 2007: 383 ff.; sowie auch Paine, 2006). Abbildung 3-07 illustriert das von Ihnen vorgeschlagene Tugendenbrevier.

Tugend	Bedeutung	Beispiele
Anerkennung	Führungsbeziehung sollte auf dem Prinzip wechselseitiger Anerkennung als psychisch und physisch verletzliches Wesen beruhen.	- Achtung der Menschenwürde - Emotionaler Zuspruch - Gesten sozialer Wertschätzung
Bescheidenheit	"Bescheidenheit ist eine Tugend." Sich selbst nicht zu wichtig nehmen. Führung hat nichts mit Privilegien und Statussymbolen zu tun.	- bescheidenes Auftreten, kein "Protzen" mit den Insignien von Position und Macht - Bodenhaftung zeigen
Care/Fürsorge	Empathie und aktive Fürsorge sind wichtig. Sympathie, zuhören, sich einfühlen können, für Geführte da zu sein, ist emotionaler Support.	- Coaching, Definition von Entwicklungszielen - konstruktives Feedback - Gesten der Unterstützung
Citizenship	Eine Führungskraft sollte sich als "Good Citizen" verstehen und die Geführten in gleicher Weise zu Engagement ermutigen.	- Organisation eines Community Day, Corporate Volunteering - emanzipiertes Selberdenken - Gemeinwohlorientierung
Dienen/ Dienstbereitschaft	Führen heißt Dienen. Der Servant ist Diener anderer, der Organisation, Gemeinschaft und damit letztlich einem größeren Gut.	- Was brauchen andere von mir? - Wo kann ich als Führungskraft unterstützen und helfen? - Aaron Feuerstein
Ehrlichkeit	Offenheit und Ehrlichkeit sind von großer Bedeutung. Die Geführten müssen wissen, woran sie sind. Nur so kann Vertrauen entstehen.	- offene und ehrliche Kommunikation - Mikropolitik verhindern - Fehler offen eingestehen
Freundlichkeit	Gute Führung und eine freundliches Wesen sind keine Gegensätze. Im Gegenteil: Sie ist ein Zeichen der Wertschätzung und wirkt positiv.	- ein freundliches Wort wirkt oft Wunder - Humor zeigen
Gerechtigkeit	Führungsentscheidungen, die als ungerecht wahrgenommen werden, untergraben deren Legitimität. Einheitliche Maßstäbe sind zwingend.	- gleiche Maßstäbe für alle - für Inklusivität und Lohngerechtigkeit sorgen - faire Prozesse sicherstellen
Integrität	Integritätsorientiertes Handeln ist eine entscheidende Voraussetzung dafür, dass der Führungskraft von Geführten überhaupt Integrität zugeschrieben werden kann.	- konsistentes, kohärentes und verlässliches Handeln - im Einklang mit Werten und Prinzipien - auch und gerade in schwierigen Zeiten
Kreativität	Im Umgang mit Komplexität, konfligierenden Werten, multiplen Beziehungen und unterschiedlichen Rollen braucht es "Moral Imagination".	- auch mal unkonventionelle Wege in der Konfliktlösung gehen - transdisziplinäres Denken fördern
Respekt	Basierend auf einer Ethik der Anerkennung müssen Führungsbeziehungen von wechselseitigem Respekt getragen werden.	- Ausreden lassen - mit Höflichkeit begegnen - andere Meinungen tolerieren - Feedback empathisch geben
Standfestigkeit/ Willensstärke	Schwierige Situationen sind mit Standfestigkeit zu meistern; u.U. müssen moralische Entscheide auch allein getragen werden.	- eigenen moralischen Standpunkt nötigenfalls auch gegen Widerstand vertreten
Verlässlichkeit	"Walk the talk": Followers müssen sich auf das Wort einer Führungskraft verlassen können. Ohne Verlässlichkeit keine Integrität.	- Versprechen einhalten - Standpunktverlässlichkeit - kein Schwanken in den Werten
Wohlwollen	"Klassische" , schon bei Adam Smith ausführlich thematisierte Tugend wechselseitiger Wertschätzung.	- Anderen wohlwollend und wohlgesonnen gegenübertreten - "Bejahung" der anderen Person

Abb. 3-07: Tugenden verantwortungsvoller Führungskräfte nach Maak et. al.[56]

56   Quelle: Maak/Ulrich, 2007: 388 f.

Um das Konzept des 'Responsible Leadership' weiter zu konkretisieren und ihm
so eine 'Gestalt' zu geben, schlagen Maak und Pless eine Reihe von Führungsrollen als Ausdruck verantwortungsbewusster Führung vor. So unterscheiden sie die normativ konnotierten Rollen des „Steward", „Citizen", „Servant" und „Visionary" sowie die eher operationalen Rollen des „Architekten",
des „Change Agents", des „Storytellers" und des „Coach" (vgl. Abbildung 3-
08; sowie Maak/Pless, 2006b: 106 ff.; Maak/Pless, 2006c: 44 ff.; Maak/Ulrich,
2007: 390 ff.).

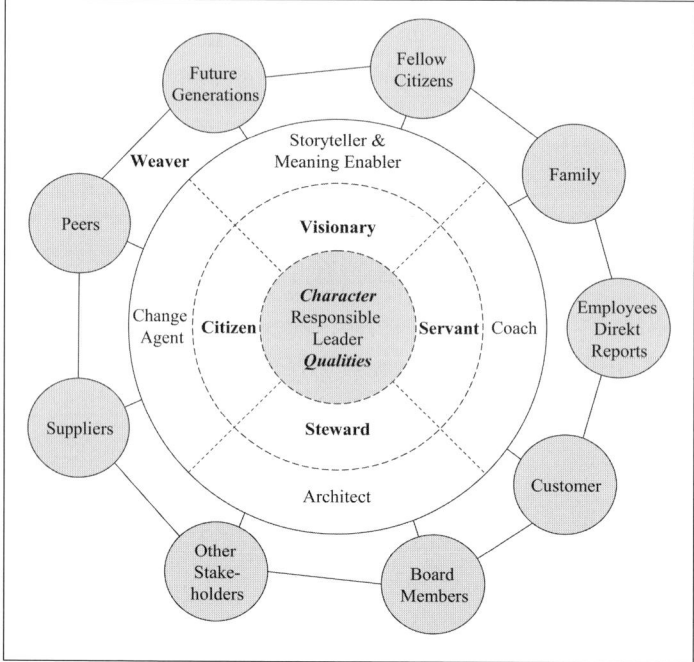

Abb. 3-08: Ein Rollenmodell verantwortungsvoller Führung nach Maak et. al.[57]

---

[57]   Quelle: Maak/Pless, 2006b: 107, die Rollen des „Citizen" und „Visionary" werden in den anderen
         Quellen nicht thematisiert.

Die normativen Rollen verstehen die verantwortungsvolle Führungskraft als Treuhänder von Werten („Steward"), als guten, um die Gemeinschaft bemühten Mitbürger („Citizen"), der, anderen dienend („Servant"), inspirative Quelle für wünschenswerte zukünftige Szenarien bleibt („Visionary"). Die operationalen Rollen sehen ihn weiterhin als Architekten inklusiver Strukturen und Systeme („Architect"), als Agenten des (organisationalen) Wandels („Change Agent"), als Schöpfer von Narrativen, welche moralische Erfahrung transportieren („Storyteller"), sowie als seine Geführten unterstützenden Coach („Coach") (vgl. Maak/Pless, 2006b: 107). Diese Rollen implizieren dabei nicht jeweils eine neue Handlungslogik, sondern sind als sich ergänzende Elemente eines Rollen-Sets verantwortungsvoller Führung zu verstehen, die derart in der integrierten Rolle des 'Responsible Leader' zusammenfallen.

3.2.5.2 Würdigung des Untersuchungsprogramms: Beitrag und Grenzen

Im Verständnis der vorliegenden Arbeit ist 'Responsible Leadership' Inbegriff post-positivistischer Auseinandersetzungen mit der Rolle von Ethik in der Führung. Seine relative Neuheit, die pluralistische Methodologie und die Tatsache, dass das Konzept an den Schnittstellen mehrer, umfangreicher Forschungsdisziplinen und -traditionen operiert, haben dazu geführt, dass die meisten Beiträge hierzu in erster Linie Schlaglichter auf den Untersuchungsgegenstand darstellen. Eine Ausnahme bilden die Arbeiten von Maak und Pless, die sich dem Thema in einer Vielzahl von Zeitschriftenbeiträgen, einem Sammelband und einem Lehrbuch gewidmet haben. Im Zuge dieser Pionierarbeit und gegenwärtiger Arbeiten haben sie ein Verständnis verantwortungsvoller Führung entwickelt, welches eine Vielzahl von Literatursträngen anschneidet und die Rückkopplung an die Unternehmensethik im Auge behält. In ihrer konzeptionellen Positionierung und der inhaltlichen Argumentation ähneln sich diese Gedanken und die Überlegungen der vorliegenden Arbeit erheblich mehr als die Arbeiten zu 'Ethical Leadership'. Dies ist nicht zuletzt auch der Tatsache geschuldet, dass die Arbeiten zwei, sich parallel entwickelnden Forschungtraditionen der deutschsprachigen Unternehmensethik zuzuordnen sind. Umso mehr überraschen die augenscheinlichen Probleme der Arbeiten nach Maak und Pless hin-

sichtlich einer ethischen Fundierung, welche auch aus einer (zu) knappen Rückkopplung an ihr eigenes Forschungsprogramm, die integrative Unternehmensethik, zu resultieren scheinen. Dies gilt es neben anderen Kritikpunkten im Folgenden näher zu beleuchten.

Ihre Argumentation bewegt sich im Spannungsfeld führungs- und unterneh-
mensethischer Fragestellungen. Verantwortungsvolle Führung und die Frage
nach der Sicherstellung organisationaler Verantwortung stehen in einem wechselseitigen Verhältnis zueinander, welches verschiedene Steuerungsebenen (Gesellschaft, Organisation, Individuum) sowie strategische (Sicherung der Wett-
bewerbsfähigkeit) und normativ-ethische Fragen (Sicherung der Legitimität
von Führung und Unternehmung) integrieren muss.

Ziel ist es, ein Verständnis verantwortlicher Führung und integrer Unternehmensführung vor dem Hintergrund des Kontextes einer globalen Stakeholder-
Gesellschaft zu entwickeln, welche die Anforderungen an die Sicherung individueller und institutioneller Integrität gerecht zu werden vermag. Diese konzeptionelle Erweiterung soll der faktischen Komplexität ethischer Herausforderungen gegenüber Unternehmen und Führungskräften gerecht werden und ein
handlungsleitendes, ethisches Orientierungswissens bereitstellen (vgl. Maak/Ul-
rich, 2007). Dass hier die Forschung insbesondere aber auch die deutschsprachige Betriebswirtschaftslehre noch großen Nachholbedarf aufweist ist bereits
angesprochen worden und liefert auch für das Forschungsprogramm von Maak
et. al. den Anfangspunkt der Auseinandersetzung. Sie begründen ihr zentrales
Anliegen, die Forderung nach einem paradigmatischen Umdenken in der Führungsforschung, mit den, aus der Stakeholder-Gemeinschaft erwachsenen, neu-
en Herausforderungen für die Führungskräfte, welche in der bisherigen 'Leadership'-Theorie nicht angemessen berücksichtigt werden konnten. Wenngleich
diese Argumentationsschritte eingängig und mit denen der vorliegenden Arbeit
eng verwandt sind, so überrascht die verkürzte Auseinandersetzung mit der Stakeholder-Theorie zum einen und der Führungstheorie zum anderen. Dadurch
'treibt' dem eigenen Verständnis nach das Konzept von Maak und Pless gleichsam über verschiedene Diskussionsstränge, ohne angemessen in ihnen verankert zu sein. Für das Standbein der Stakeholder-Theorie wird auf die Entwick-

lung von ehemals instrumentellen hin zu den normativen Konzepten verwiesen und diese implizit als konsensual illustriert (vgl. Maak/Pless, 2006b: 102). Wenngleich die anhaltenden Diskussionen der weiterhin existierenden unterschiedlichen Positionen nicht für die eigene Argumentation relevant sein mögen, so erscheint es ausgesprochen problematisch, dass hier auch kein klarer Bezug zu einer konkreten Stakeholdertheorie hergestellt wird. Anstatt dessen schwebt die Vorstellung einer auf Solidarität verpflichteten Weltgemeinschaft implizit hinter den weiteren Überlegungen. An dieser Stelle verlassen die Autoren also eine deskriptive Perspektive zugunsten einer präskriptiven. Sie tun dies ohne das normative Hintergrundgerüst und dessen Begründung näher zu erläutern. Dies schadet allerdings nicht nur der Nachvollziehbarkeit der Argumente, sondern öffnet auch der Kritik, dass hier ein moralischer Zeigefinger erhoben wird, Tür und Tor. Gleichermaßen muss ein so angelegtes Konzept seine eigene Zielsetzung ethisches Orientierungswissen zu liefern verfehlen, wenn sie die moralisch-evaluativen Annahmen derart verschleiert.

Dieses Problem mangelnder Orientierungsleistung für Führungskräfte und Führungstheorien wird durch die hoch selektive Besprechung der Führungstheorien noch verschärft. Wenngleich in den jüngsten Arbeiten hier nachgebessert wurde (vor allem Pless/Maak, 2008), lässt sich zweierlei kritisch anführen. Zum einen erfolgt keine systematische Auseinandersetzung mit dem Phänomen der Führung an sich, zum anderen ist es erstaunlich zu sehen, dass die Kritik der traditionellen Führungsforschung auf Basis anderer normativer Autoren erfolgt. Jüngere Forschungsbemühungen wie beispielsweise das hier vorgestellte 'Ethical Leadership' werden nicht einmal erwähnt. Damit fehlt den Arbeiten nach Maak et. al. eine ihren Untersuchungszielen angemessene Verankerung in der Führungstheorie. Sie ist in ihrer verkürzenden Aufarbeitung in alten Führungskonzepte und -definitionen verhaftet.

Dies führt zu der Einschätzung, dass es sich bei dem Konzept der verantwortungsvollen Führung in der Leseart nach Maak und Pless um einen Programmaufriss handelt, der noch eine systematische Verankerung in den jeweiligen Diskussionssträngen liefern muss. Die Arbeiten starten von einem unternehmensethischen Hintergrund (vgl. Maak, 2008b; Maak/Ulrich, 2007; Ulrich,

2001; Ulrich, 2008) und widmen sich der (wichtigen!) Weiterführung auf der Ebene der Führungskräfte (vgl. Maak/Pless, 2006a; Maak/Pless, 2006b; Maak/Pless, 2006c; Maak/Pless, 2008; Pless/Maak, 2006; Pless/Maak, 2008). Dies wird erweitert durch Darstellungen der 'Diversity'-Forschung, der 'Social Capital'-Literatur, und der Betrachtungen kognitiven Entwicklung der Akteure (vgl. Maak, 2007; Pless/Maak, 2004) und ergänzt durch anekdotische Praxisbeispiele (vgl. Pless, 2007). In seiner eklektischen Form scheint auch dieses Forschungsprojekt nicht geeignet zufriedenstellende Antworten auf die von ihm selbst erkannten neuen Herausforderungen an die Führung zu liefern. Mit Blick auf die in dieser Arbeit eingeführten Führungsdimensionen lässt sich Folgendes sagen:

Vor dem Hintergrund, dass die Arbeiten in erster Linie durch Defizite der unternehmensethischen Diskussion inspiriert zu sein scheinen, ist der Wandel in der *Aufgabendimension* gut abgebildet. Die 'Stakeholder'-Gemeinschaft steht sinnbildlich für eine Vielzahl neuer Unternehmens- und Führungsaufgaben. Die Überlegungen zur Unternehmensintegrität und die darauf gerichtete Führung als wesentliche Bedingungen legitimen Unternehmenshandelns stellen sich diesen Wandelimplikationen, indem sie eine integre Unternehmensführung als kontinuierlichen Lernprozess konzipieren. Dieser soll die „prinzipiengeleitete Synchronisierung" (Maak, 2008a: 14) der drei Ebenen Individuen, Organisation und Gesellschaft zur Erfüllung horizontaler und vertikaler Integritätserfordernisse sicherstellen. Führung wird hier in dem Wechselspiel aus Governance- und Integritätssystemen der Unternehmung verortet, die den Rahmen ethischer Führung bilden (vgl. Maak/Ulrich, 2007). Wenngleich man skeptisch seien mag, ob die vorgeschlagene Ersetzung des CSR-Begriffes durch den einer „Corporate Integrity" (vgl. Maak, 2008b) zielführend ist, so bleibt festzuhalten, dass die Arbeiten die Implikationen der CSR-Diskussionen für die Führungstheorie erkennen und einzubeziehen suchen. Offen bleibt allerdings durch die zu oberflächliche Verknüpfung mit der Stakeholdertheorie wie ökonomische und soziale Ziele zu vermitteln sind. Es wird implizit ein Primat der Ethik angenommen.

Hinsichtlich der *Interaktionsdimension* der Führung ist der Konzeption nach Maak und Pless zu Gute zu halten, dass sie bei den Überlegungen zur Sicher-

stellung eines organisationsweiten, prinzipiengeleiteten und ethisch konsisten-
ten Handelns, die Bedeutung der internen *und* externen Stakeholder-Beziehun-
gen konsequent in das Zentrum ihrer Konzeptionalisierung stellen. Damit treffen sie den Kern der Kritik an sämtlichen traditionellen und positivistischen Führungstheorien, die auf eine Vorgesetzten-Mitarbeiter-Beziehung beschränkt bleiben. Vor dem Hintergrund der knappen Fundierung des Führungsprozesses
kommt diese Einsicht in erster Linie in Form der Metapher des „weavers of the
net of inclusion" zur Geltung. Indem 'Leadership' zu einem Management von
Stakeholderbeziehungen avanciert, in denen die Führungskraft als Gleichberechtigter in horizontalen Interaktionen agiert, nimmt die Bedeutung der Kommunikation im Führungsprozess deutlich zu. Dies wird zwar mehrfach ange-
schnitten (vgl. Maak, 2007; Pless, 2007), jedoch wird der Frage nach den veränderten Grundlagen der Führung, die hiermit verknüpft ist, nicht weiter vertieft. Ein kommunikatives Konzept der Führung wird damit zwar als gut erachtet, jedoch nicht entwickelt.

Am deutlichsten kommen die konzeptionellen Defizite in der *Personendimen-
sion* der Führung zur Geltung. Hier war im Lichte der philosophischen Postmoderne und eines kulturellen Pluralismus die (ethische) Handlungsfähigkeit
des Individuums in Gefahr geraten (vgl. Kap. 2.2). Maak und Pless erkennen
dies ebenfalls und zielen in ihrer Reflexion des normativen Gehaltes der Führung vor dem Hintergrund der globalen Stakeholdergesellschaft auf die Bereitstellung normativen Orientierungswissens ab. Schließlich manifestiert sich gerade darin die Überwindung der normativen Kurzsichtigkeit bisheriger füh-
rungstheoretischer Überlegungen. In ihren Beiträgen finden sich entsprechend
umfangreiche Kataloge deskriptiver und präskriptiver Charakteristika verantwortungsvoller Führungskräfte. Gemeint sind hiermit die Gedanken zur relationalen Intelligenz der Führungskräfte, der acht konstitutiven Rollen, der 14
exemplarischen Führungstugenden und der wiederkehrende Rückgriff auf den
legitimierenden („idealen") Diskurs (Maak, 2007: 330; in Bezug auf Habermas,
1991a; bzw. Apel, 1988).

Anstelle der normativen Leere des positivistischen Forschungsparadigmas findet sich nun eine Vielzahl an Handlungsprinzipien, ohne dass diese von den Au-

toren in angemessener Weise hergeleitet, begründet oder voneinander abgegrenzt werden. Es bleibt unklar in welchem Verhältnis nun diese teils monologischen, teils dialogischen Ethikfragmente zueinander stehen. Will man in den Skizzen zu einer kosmopolitischen Führungsverantwortung (insbesondere Maak/Pless, 2008) eine solches ethisches Rahmenkonzept finden, so wird man enttäuscht. Dem hinterlegt sind neben einer durch Kant inspirierten Ethik der wechselseitigen Anerkennung (vgl. Maak/Ulrich, 2007: 380 f.; sowie Kant, 1968) wiederum diffuse normative Forderungen einer Stakeholder-Weltgemeinschaft. Die Autoren bleiben inmitten dieses ethischen Pluralismus dem Führungsverständnis Vorzugsregeln schuldig. Damit stellt sich wieder die Frage, wie die Überforderung der Führung verhindert und ihre ethische Handlungsfähigkeit unter den kultur-pluralistischen Bedingungen der Globalisierung wieder hergestellt werden kann.

Damit lässt sich rekapitulieren, dass auch die gegenwärtige, als post-positivistisch charakterisierte Führungsforschung nur bedingt hinreichende Antworten zu den Problemen des Verhältnisses von Führung und Moral bzw. Verantwortung liefern kann. Zweifelsohne haben diese Arbeiten im Allgemeinen und die Beiträge von Maak und Pless im Speziellen auf eine überzeugende Art Neuland betreten und auf die Notwendigkeit eines erweiterten Führungsverständnisses aufmerksam gemacht. Im Zuge dieser Erneuerungsbemühungen ist jedoch, so scheint es, die Auseinandersetzung mit den sehr umfangreichen Forschungsfeldern, die die Paten des neuen Feldes darstellen, zu kurz gekommen. Dies reduziert die Aussagekraft der bisherigen Überlegungen maßgeblich, so dass die vorgeschlagene Konzeption durch ihre universalistisch-kosmopolitische Weltvorstellung stark utopische Züge trägt ohne dass die damit einhergehenden Begründungsprobleme adressiert werden (können). Hinzu kommt, dass sie ihr Ausgangsproblem nicht löst, sondern die Führungskraft schlichtweg mit einem 'Menu' moralisch-ethischer Handlungsprinzipien überfrachtet. Inwiefern dies in einer stärker geschlossenen Konzeption aufgefangen werden kann ist Gegenstand des Kapitels 4.

3.3 Zwischenresümee

Ziel des Kapitels 3 war es, die bestehende Führungsstränge zum Verhältnis der Führung und Ethik zu rekapitulieren und ihre Rezeptionsfähigkeit gegenüber den in Kapitel 2 hergeleiteten Herausforderungen für unser Verständnis von Führung unter den Bedingungen einer postnationalen Konstellation zu untersuchen. Dazu wurde eine paradigmatische Systematisierung der relevanten führungsethischen Ansätze vorgeschlagen. Dieses Vorgehen ermöglichte eine robuste Gruppierung der Führungstheorien, sowie die systematische Kritik der jeweiligen Positionen. Abbildung 3-09 fasst die Ergebnisse der Analyse in Hinblick auf die Einbeziehung der Implikationen der postnationalen Konstellation in die jeweiligen Führungskonzepte knapp zusammen.

Offensichtlich wurde dabei, dass sich die Führungstheorie in der jüngeren Vergangenheit explizit mit dem, den Bilanzskandalen und der Finanzkrise geschuldetem, öffentlichen Interesse in Verantwortungsfragen der Führung angenommen hat. Der immense Vertrauensverlust und die Unzulänglichkeit bisheriger Unternehmens- und Führungstheorien scheinen zu einer grundsätzlichen und nachhältigen Neukonzeptionalisierung der Rolle der Wirtschaftsakteure in der Gesellschaft zu führen. Dabei hat sich gezeigt, dass die bestehenden Forschungsansätze jeweils im Rahmen ihrer konzeptionellen Grundannahmen unterschiedliche Einsichten und Antworten für die aufgeworfene Fragestellung hervorbringen. Die positivistischen Ansätze liefern wichtige Eindrücke über die Wahrnehmung ethisch reflektierten Handelns seitens der Führung durch die Mitarbeiter und formulieren mit ihrer Trennung zwischen der moralischen Person und dem moralischen Manager einen konstruktiven Bezugspunkt für eigene Konzeptvorschläge. Dass diese notwendig sind, ist durch die normative 'Blindheit' dieses Paradigmas begründet. Zweifelsohne ist das Wissen um die Wirkungszusammenhänge ethischen Handelns der Führung und der Unternehmen von großer Bedeutung. Dennoch wird im Rahmen dieser Arbeit argumentiert, dass die gegenwärtigen (Praxis-)Probleme eine normative Evaluation des Führungsverständnisses nahelegen, ähnlich wie dies für die CSR-Diskussion bereits erfolgt. Entsprechend darf man sich nicht hinter dem (Schein-)Argument der Werturteilsfreiheit der Wissenschaft verstecken, sondern muss sich in die

	Aufgabe Organisationsziele Zielverfolgung Erfolg	Interaktion Machtgrundlagen Einflussprozess	Person Persönlichkeitsmerkmale Sozialisation Entscheidungsprozess
Annahmen eines "klassischen" Verständnis von Führung (meist implizit)	* Dominanz eines Instrumental- bzw. Überlebensmodells mit finanzgeprägten Teilzielen und Anreizsystemen * Führer und Geführter operieren unter diesem Zielsystem und prägen es maßgeblich mit	* Primärer Fokus liegt auf einer Vorgesetzten-Mitarbeiter-Beziehung * Die Interaktion ist durch formale Machtgrundlagen und Weisungsrechte geprägt	* Individuierung im Rahmen "homogener" kultureller und gesellschaftlicher Räume * Die "vollständige" nationalstaatliche Rahmenordnung und religiöse Ethiken liefern unproblematische, moralische Orientierung
Implikationen der postnationalen Konstellation für das Führungsverständnis	* Verschärfung der "ökonomischen Imperative" im globalen Wettbewerb * Aufkommen neuer, sozialer Ziele, die eine angemessene Adressierung notwendig machen	* Intensivierter Kontakt mit unternehmensexternen Anspruchsgruppen * Konfrontation mit Legitimitätsforderungen jenseits der Unternehmensverfassung	* Fragmentierung des lebensweltlichen Hintergrundes und der Grundlagen moralischer Urteile * Erhöhte Relevanz einer moralischen Entwicklung der Führungskraft und ihrer Bereitschaft zur Komplexitätsbejahung
Leitfragen an ein neues Führungskonzept	* Wie können ökonomische und soziale Zielsetzungen vermittelt werden? * Wie verändert sich die organisationale Steuerungslogik?	* Wie können Einflussnahmen legitimiert werden? * Welche Form nehmen solche Einflussprozesse an?	* Wie können Führungskräfte auf öffentliche Kritik reagieren? * Wie können Führungskräfte den vorgebrachten Anforderungen gerecht werden? * Welche ethischen Referenzrahmen können als Entscheidungsgrundlage im kultur-pluralistischen Räumen herangezogen werden?
$\Rightarrow$	**Notwendigkeit eines Paradigmenwechsels in der Theoriebildung der Führung im Lichte der Implikationen der postnationalen Konstellation**		
Beitrag einer positivistischen Führungsethik	* Betonung der Notwendigkeit proaktiver Kommunikation seitens der Führungskräfte hinsichtlich der ethischen Entscheidungsprämissen * Ethisches Verhalten wird unter einem Primat der ökonomischen Vorteilhaftigkeit betrachtet	* Im Fokus der Untersuchung steht die Frage nach der Relation von Effektivität und Ethik * Die Interaktion wird weiterhin als Vorgesetzten-Mitarbeiter-Relation gedacht * Legitimationsfragen werden nicht adressiert	* Die Frage nach ethischen Referenzrahmen, die Gültigkeit beanspruchen können wird nicht thematisiert * Die Leistungsfähigkeit des normativen Orientierungsrahmens wird vorausgesetzt

Beitrag einer post-positivistischen Führungsethik	* Verantwortungsvolle Führung manifestiert sich in der Sicherung von Unternehmenslegitimität im Zusammenspiel von Governance- und Integritätssystemen	* Verantwortungsvolle Führung manifestiert sich in der Einbeziehung der Unternehmensstakeholder	* Entwicklung eines Rollenmodells zur Konkretisierung der "Gestalt" verantwortungsvoller Führung
		* Responsible Leadership wird als Management von Stakeholderbeziehungen konzipiert	* Ethische Fundierung durch eine kosmopolitische Ethik, basierend auf tugend- und diskursethischen Elementen
	* Ökonomisches Handeln unterliegt dem Primat der Ethik	* Keine Aussage zu den Grundlagen der Führung und dem eigentlichen Einflussprozess	* Ethischer Pluralismus und die moralische Orientierungslosigkeit der Führung unter den interkulturellen Bedingungen der Globalisierung bleibt bestehen
	* Offen bleibt die Möglichkeit der Vermittlung von ökonomischen und sozialen Zielen		

Abb. 3-09: Der Beitrag bestehender Konzepte ethischer Führung[58]

'Niederungen' wertender Fragestellungen und Aussagen begeben. Dieses Verständnis entspricht dem post-positivistischen Führungsparadigma, welches sich explizit gegenüber Wertfragen öffnet. Wenngleich diese Forschungsorientierung unserem Verständnis nach besser geeignet ist, Vorschläge für ein erweitertes Führungskonzept zu liefern, so ist doch zu kritisieren, dass die Ergebnisse der deskriptiven Ansätze hier bisher keinen Eingang gefunden haben. Nichtsdestotrotz konkretisieren diese Arbeiten die Vorstellung einer verantwortungsvollen Führung für das 21. Jahrhundert anschaulich. Es wird dabei offensichtlich, dass die Arbeiten an diesem Konzept der Suche nach der sprichwörtlichen 'eierlegenden Wollmilchsau' gleichkommt, da ein derart erweitertes Führungsverständnis Ergebnisse unterschiedlichster Forschungstraditionen berücksichtigen und vereinen muss. Entsprechend liefern die bisherigen Arbeiten nur ein fragmentiertes Bild des Führungsbegriffs nach der paradigmatischen Wende im Zuge der Globalisierung und der für sie charakteristischen postnationalen Konstellation. Die mangelnde Integration vorgeschlagener Ethikkonzepte und Führungsrollen liefert damit in erster Linie heuristische Meilensteine auf dem Weg zu einer eigenen Konzeption. Diese ist nun, nachdem so die Möglichkeiten und Grenzen der bestehenden Überlegungen aufgezeigt worden sind, Gegenstand des Kapitels 4.

---

[58] Quelle: Eigene Darstellung.

4 Führung und Demokratie: Verantwortungsbewusste Führung als politische Konzeption

Zusammenfassung

In Anschluss an die Herleitung der neuen Führungsbedingungen in Kapitel 2 und der Sichtung bestehender führungsethischer Theorieansätze in Kapitel 3 wird in dem vorliegenden Abschnitt nun ein eigenes Konzept verantwortungsbewusster Führung entwickelt. Vorgeschlagen wird ein explizit normatives Verständnis von Führung im Kontext einer deliberativen Demokratietheorie. Auf diese Weise wird versucht, den Anforderungen der Führung und den Bedingungen der postnationalen Konstellation gerecht zu werden und Schwächen bestehender Überlegungen zu vermeiden.

Teilkapitel 4.1 rekapituliert wesentliche Herausforderungen an ein eigenes Verständnis in Form konzeptioneller Vorüberlegungen. Die bisherigen Ergebnisse werden knapp resümiert und ihre Implikationen fließen in einen 'Bearbeitungsfahrplan' ein. Der Abarbeitung desselben widmen sich die anschließenden Teilkapitel.

Teilkapitel 4.2 liefert die philosophischen Grundlagen der eigenen Konzeption. Ziel ist es hierin, der Frage nach der Wiederherstellung einer ethischen Handlungsfähigkeit nachzugehen. Dazu wird die deliberativen Demokratiekonzeption Habermas'scher Prägung mit ihrem diskursethischen Kern als ethisches Rahmenkonzept vorgeschlagen, welches die Positionsbestimmung der Führung in der postnationalen Gemeinschaft ermöglicht.

Teilkapitel 4.3 Ausgehend von der Analyse hinsichtlich der Notwendigkeit eines Paradigmenwechsels in der Führungsforschung, dem Theorienvergleich und den ethischen Vorüberlegungen wird hier ein eigenes Verständnis der Führung entwickelt. Dieses ruht auf einem deliberativen Verantwortungsbegriff und wird anhand der drei Führungsdimensionen weiter konkretisiert.

Teilkapitel 4.4 stellt den Rückbezug zu den Fallstudien und den Theoriekonzeptionen des Kapitels 3 her. Hierin werden diese vor dem Hintergrund eines eigenen Führungsverständnisses knapp diskutiert.

4.1 Konzeptionelle Vorüberlegungen

Die vorangegangenen Überlegungen aus den Kapiteln 2 und 3 sowie den Fallstudien haben zweierlei gezeigt:

Erstens erscheint das Thema Führung und Verantwortung gegenwärtig von großem Interesse in Theorie und Praxis. Nun mag es den Anschein haben, dass es Fragen der Führungs- und Unternehmensverantwortung in regelmäßigen Abständen immer wieder auf die öffentliche Agenda geschafft haben (vgl. für vorangegangene Höhepunkte des Themas vgl. bspw. Carroll, 1987; Steinmann/Löhr, 2002; sowie die vielen anderen Verweise auf 'ältere' Quellen in dieser Arbeit). Doch drängen der Blick in die Berichterstattung dieser Tage, die sorgenvollen Appelle seitens mancher Wirtschaftswissenschaftler (vgl. Ghoshal, 2005) oder auch die Vergabe der Nobelpreise an Personen wie Muhammad Yunus oder Al Gore[59], den Eindruck auf, dass sich, nicht zuletzt im Zuge der Finanzkrise, die 'Regeln des Spiels' ändern. In der Politik, Wirtschaft und Öffentlichkeit mehren sich die systemkritischen Stimmen (vgl. Hirn/Müller, 2008). An dieser Stelle die Frage nach dem Wesen der verantwortungsvollen Führung zu stellen, erscheint daher von vitaler Bedeutung, nicht zuletzt für die Führungskräfte deren Zunftethos an allen Ecken und Enden niedergerissen wird.

Zweitens ist der Frage nach einer verantwortungsvollen Führung mit einer systematischen Analyse des Führungsphänomens anhand seiner konstitutiven Dimensionen entsprochen worden. Zentral war es hier, die Ursachen für den Verständniswandels einer 'guten' Führung offenzulegen und zu untersuchen, in-

---

[59] Muhammad Yunus wurde 2006 für seine Bemühungen um die Förderung wirtschaftlicher und sozialer Entwicklung 'von unten' mit dem Friedensnobelpreis ausgezeichnet. Al Gore erhielt diesen im Jahr 2007 für seinen Beitrag zur Sensibilisierung für die vom Menschen verursachten Klimaveränderungen.

wiefern sich die gegenwärtige Führungstheorie den Implikationen bereits angenommen hat. Die kritische Sichtung des Feldes hat dabei weitreichende Defizite aufgedeckt, die zum einen im konzeptionellen Genom und der verkürzten Ursachenanalyse bestehender Ansätze, zum anderen in der Komplexität des Untersuchungsgegenstandes selbst, begründet sind. Die systematische Aufdeckung und Einbeziehung der Implikationen der 'Globalisierung' für die Führung in und von (multinationalen) Unternehmen stellt jeden Versuch vor eine Vielzahl an Begründungsproblemen.

Dies berücksichtigend soll das eigene Konzept verantwortungsvoller Führung entlang der drei, sich als robust erwiesenen, Führungsdimensionen erfolgen. Diese bilden die drei unserem Verständnis nach notwendigen Bausteine eines politisch erweiterten Führungsbegriffes. Es gilt also die aufgezeigten Leitfragen und Begründungsprobleme der Führung und ihrer Dimensionen, 'Person' (1), 'Interaktion' (2) und 'Aufgabe' (3) zu adressieren:

(1) Mit Blick auf die personale Dimension der Führung war aufgezeigt worden, dass im Zuge der Fragmentierung der kulturellen Sozialisation, der Flexibilisierung individueller Biographien und dem Wertpluralismus in multikulturellen Handlungsfeldern die Führungskraft trotz etwaiger Unternehmensrichtlinien kaum angemessen auf Wertfragen reagieren kann. Die Zunahme letzterer ist aber als wesentliches Merkmal der Globalisierung der postnationalen Konstellation herausgestellt worden. Dieses Problem wird von den positivistischen Ansätzen mit dem Verweis auf die Werturteilsfreiheit der Forschung schlicht ignoriert. Die post-positivistischen Ansätze warten bisher in erster Linie mit traditionellen (westlichen) Ethikkonzepten und -begründungen auf. Die Führungskraft erhält hier eine Vielzahl unsystematischer Heuristiken bzw. Pflichten, was letztendlich in unserem Verständnis zu einer 'ethischen' Handlungsunfähigkeit führt. Es gilt also zu untersuchen, inwiefern Möglichkeiten bestehen, jenseits eines abendländischen Vernunftimperialismus', diese Begründungs- und Orientierungsprobleme zu adressieren. Ist eine Wiedergewinnung der Handlungsfähigkeit des Individuums möglich? Die vorliegende Arbeit schlägt hierzu die Einbindung des Führungsverständnisses in die deliberative Demokratietheorie vor, welche sowohl durch ihre Hinwendung zu einer prozedual-kommunikati-

ven Ethik ein normatives Rahmenkonzept als auch eine Rollenbestimmung der 'globalen Führungskraft' liefert.

(2) Ein solches Vorgehen bei der normativen Fundierung des Führungsbegriffes hat entsprechende Konsequenzen für das Verständnis der Führungsinteraktion als Ausdruck des Führungsprozesses. Hier muss aufgezeigt werden, inwiefern die Entfaltung einer kommunikativen Vernunft mit den Machtgrundlagen und der bestehenden Führungsrationalität vermittelt werden kann. Dies ist die Voraussetzung, um erläutern zu können, wie eine legitime Führungsbeziehungen zwischen unternehmensinternen und -externen Geführten verstanden und konzipiert werden kann.

(3) Letztlich gilt es die organisationale Einbettung in den Fokus der Betrachtung zu rücken. Welche Implikationen wirft ein erweitertes Führungsverständnis für seine Einbindung in die Organisationsstrukturen auf? Welchen Beitrag liefert es bei der Vermittlung ökonomischer und sozialer Ziele und damit für den Erhalt der Unternehmenslegitimität. Hierin ist die Rückkopplung der führungsethischen Überlegungen der vorliegenden Arbeit an die Diskurse zur Unternehmensethik zu sehen.

Bei diesem Entwurf der nächsten Bearbeitungsschritte wird die Verzahnung der einzelnen Führungselemente erneut deutlich. Das hier vorangestellte ethische Rahmenkonzept ist auch für alle drei Bausteine konstitutiv. Entsprechend liegt hier die größte Erwartungslast. Im folgenden Teilkapitel gilt es nun, dieselbe zu adressieren.

4.2 Wiederherstellung der ethischen Handlungsfähigkeit

Zur Adressierung der aufgezeigten normativen Herausforderungen stützt sich die vorliegende Arbeit in erster Linie auf das Konzept der deliberativen Demokratie, insbesondere in der Leseart nach Jürgen Habermas (ebd., 1992a; sowie, 1996c). Ihr kommt auch im Rahmen des Forschungsprogramms um Scherer et. al. eine zentrale Stellung zu. Hierauf wurde bereits in der Einleitung und der Skizze der Theorie der multinationalen Unternehmung als spezifischer Untersuchungshintergrund der Arbeit hingewiesen. Für die Argumentation dieser

Arbeit bietet sich eine Vertiefung aus zweierlei Gründen an. *Erstens* liegt der deliberativen Theoriebildung das Konzept einer kommunikativen Rationalität zugrunde, worin der jüngste Versuch einer (absoluten) Vernunftbegründung in der Gegenwart gesehen werden kann. Wenngleich diese im Lichte des Vernunftskeptizismus relativiert werden muss, so kann sie im Verständnis der Arbeit doch ein universalisierbares Ethikrahmenkonzept liefern und damit ohne Dogmatismus Stellung zum philosophischen Begründungsproblem nehmen (vgl. Teilkapitel 4.2.3). Ist auf diese Weise für eine ethische 'Orientierung' gesorgt, so kann diese *zweitens* anhand der deliberativen Demokratie weiter ausbuchstabiert werden. Vorteilhaft ist der gegenüber anderen ethischen Konzeptionen stärkere Pragmatismus, auf dessen Basis die Globalisierungsimplikationen Eingang in die Theoriebildung finden und im Zuge einer Neupositionierung wirtschaftlicher Akteure in Gesellschaft und Gemeinschaft die Entwicklung eines Verantwortungsbegriffes der Führung ermöglichen (vgl. Teilkapitel 4.3.1). Bevor dies geschieht und der Fokus bisheriger Überlegungen, die vornehmlich auf einer strukturellen Ebene ansetzen, um eine individuelle Perspektive erweitert wird, soll nun zunächst der Begriff der deliberativen Demokratietheorie vertieft werden.

4.2.1 Diskurs und Deliberation: Ein Rahmenkonzept

Die deliberative oder auch diskursive Demokratie ist ein junges Konzept in der politischen Theoriebildung. Ihr liegt die Idee zugrunde:

> „(...) that legitimate lawmaking issues from the public deliberation of citizens. As a normative account of legitimacy, deliberative democracy evokes ideals of rational legislation, participatory politics, and civic self-governance. In short, it presents an ideal of political autonomy based on the practical reasoning of citizens." (Bohman/Rehg, 1999b: ix).

Dieser Kern, nach dem politische Entscheidungen nur durch die öffentliche Beratschlagung der Bürger Legitimität für sich beanspruchen können, ist von verschiedenen Vertretern aufgegriffen worden und stellt gegenwärtig wohl eines der aktivsten Felder in der Demokratietheorie dar (vgl. Dryzek, 2007; Thompson, 2008; sowie grundlegend Bohman/Rehg, 1999a; Cohen, 1999a; Cohen, 1999b; Elster, 1998; Gutmann/Thompson, 2004; Habermas, 1992a; Habermas, 1996c; kritisch Michelman, 1999).

In der Habermas'schen Leseart kann die die deliberative Demokratiekonzeption kann als ein 'Ausrollen' der diskurstheoretischen Überlegung in die Vorstellung von Gesellschaft, Rechtsstaat und Demokratie verstanden werden. Er schreibt hierzu:

> „Auch in den etablierten Demokratien sind die bestehenden Institutionen der Freiheit nicht mehr unangefochten, obgleich die Bevölkerungen hier eher auf mehr, denn auf weniger Demokratie zu drängen scheinen. Ich vermute allerdings, dass die Beunruhigung noch einen tieferliegenden Grund hat – die Ahnung nämlich, dass im Zeichen einer vollständig säkularisierten Politik der Rechtsstaat ohne radikale Demokratie nicht zu haben und nicht zu erhalten ist." (Habermas, 1992a: Klappentext zu „Faktizität und Geltung").

Ausgehend von der Spannung zwischen der Faktizität der gesellschaftlichen Realität und den Geltungsansprüchen normativistischer, dass heisst bekehrend auftretender Politik- und Rechtstheorien denkt er die Implikation der Säkularisierung zu Ende und lässt sie in einem pragmatischen, die Theorie-Praxis-Differenz überbrückenden Demokratieverständnis, welches eine kommunikative Vernunft zum Zentrum hat, zur Geltung kommen. Das Recht steht dabei in einem Ergänzungsverhältnis zur Moral und bringt diese in Form der Rechtsgemeinschaft in den modernen, komplexen Gesellschaften zur Geltung. Folglich sind die Bedingungen der hierauf gerichteten Meinungs- und Willensbildungsprozesse ebenso wie die Konzeption des Staatsbürgers von zentraler Bedeutung für das Demokratieverständnis. Habermas entwickelt den Begriff der deliberativen Politik in Abgrenzung zu den maßgeblichen normativen Demokratiemodellen: Dem liberalen (1) und dem republikanischen (2) Politikverständnis (vgl. Bohman/Rehg, 1999b: x; Elster, 1999; Habermas, 1992a; Habermas, 1996c: 277 ff.; Habermas, 1999a: 44 ff.; Habermas/Ratzinger, 2005).

(1) Das liberale Politikverständnis steht in der Tradition von Hobbes und Locke und seiner Weiterentwicklung durch Weber, Schumpeter oder Parson. Es basiert auf der Vorstellung eines Begriffes subjektiver (negativer) Rechte, der

den Staatsbürger zum Träger derselben macht und ihm damit einen Handlungsspielraum gegenüber anderen Bürgern und dem Staat einräumt. Die politischen Rechte der Bürger werden im Rahmen von Wahlprozessen, verstanden als utilitaristische Aggregationsprozesse der erfolgsorientierten Wählerpräferenzen, wirksam und drücken damit den mehrheitlichen politischen Willen aus (vgl. Habermas, 1996c: 277 ff.; vgl. ähnlich Cohen, 1999b: 411 f.; Elster, 1999: 4 ff.). Dies ähnelt eher einem Zusammenprallen verschiedener Interessen, einem „Kampf um Positionen, die Verfügung über administrative Macht einräumen" (Habermas, 1996c: 282), als der Suche nach einem Gemeingut (vgl. Bohman/Rehg, 1999b: x ff.; sowie Palazzo/Scherer, 2006; Scherer/Palazzo, 2007). Der demokratische Prozess hat also

> „(...) die Aufgabe, den Staat im Interesse der Gesellschaft zu programmieren, wobei der Staat als Apparat der öffentlichen Verwaltung, die Gesellschaft als System des marktwirtschaftlich strukturierten Verkehrs der Privatpersonen und ihrer gesellschaftlichen Arbeit vorgestellt werden. Dabei hat die Politik (im Sinne der politischen Willensbildung des Bürgers) die Funktion der Bündelung und Durchsetzung gesellschaftlicher Privatinteressen gegenüber einem Staatsapparat, der auf die administrative Verwendung politischer Macht für kollektive Ziele spezialisiert ist." (Habermas, 1996c: 277).

Regelungsinstanzen im Rahmen der liberalen Tradition sind die staatliche Hoheitsgewalt zum einen und der Markt zum anderen während Politik auf eine Vermittlerfunktion beschränkt bleibt. Zentrale Idee der Konzeption ist damit „die rechtsstaatliche Normierung einer Wirtschaftsgesellschaft, die über die Befriedigung der Glückserwartungen produktiv tätiger Privatleute ein im Kern unpolitisch verstandenes Gemeinwohl gewährleisten soll." (vgl. Habermas, 1992a: 361).

(2) Ganz anders formt das republikanische Politikverständnis die Rolle der politischen Öffentlichkeit und transzendiert dieses Minimalmodell des demokratischen Prozesses und seine auf eine bloße Vermittlerfunktion reduzierte Politik:

> „(...) [Politik] ist vielmehr konstitutiv für den Vergesellschaftungsprozess im Ganzen. Politik wird als Reflexionsform eines sittlichen Lebenszusammenhangs begriffen." (Habermas, 1996c: 277).

Der Staatsbürger wird daher zum aktiven Mitgestalter bei den Bemühungen um ein Gemeingut aufgewertet. Er ist Träger positiver Freiheiten, als Rechte zur politischen Teilnahme und Kommunikation (vgl. Bohman/Rehg, 1999b: x ff.). Sie gewährleisten keine Freiheitsräume gegenüber der Staatsgewalt, sondern konstituieren diese erst im Zuge ihrer diskursiven Praxis. Der republikanische Staat ist damit Rahmen der Verständigungsprozesse über die, der Gesellschaft zugrunde liegenden, Werte und Normen. In diesem Sinne orientiert sich der Staatsbürger also weniger an dem Eigeninteresse und vielmehr an der gemeinschaftlichen Solidarität, die hier eine Aufwertung als Reglungsinstanz erfährt (vgl. Habermas, 1996c: 279 f.). Der politische Prozess entfaltet als verständigungsorientierte öffentliche Kommunikation, und staatsbürgerlicher Selbstbestimmung seine legitimierende Kraft sowohl im Sinne der Machtautorisation als auch prozedual (vgl. Habermas, 1996c: 282 ff.). Die Kommunikation in der politischen Öffentlichkeit und Zivilgesellschaft sind also Ausdruck gesellschaftlicher Autonomie und Integration (Habermas, 1996c: 279).

Die deliberative Demokratiekonzeption Habermas'scher Prägung ist um einen Mittelweg zwischen liberaler und republikanischer Tradition bemüht. In ihr kommen nach Bohman und Rehg (ebd., 1999a) zwei Aspekte zum Ausdruck. Zum einen beinhaltet sie die republikanisch anmutende Überzeugung: „the political process involves more than self-interested competition governed by bargaining and aggregative mechanisms" (Bohman/Rehg, 1999b: xiii; vgl. auch Cohen, 1999b; Elster, 1999). Zum anderen vertritt sie den Standpunkt, dass eine auf Beratschlagung fundierte Konzeption gleichermaßen auch zu einer Verbesserung des Entscheidungsprozesses beiträgt. Entsprechend greift Habermas die Vorstellung einer politischen Öffentlichkeit als Ort kommunikativer Meinungs- und Entscheidungsfindung des republikanischen Verständnisses auf, erweitert und modifiziert dieses jedoch entscheidend. Ausschlaggebend dafür ist dessen zu idealistische Konzeption, welche, wenngleich sie eine radikaldemokratische Grundidee beibehält, den „kulturellen und gesellschaftlichen Pluralismus", sowie die „Vielfalt der Kommunikationsformen" im Diskurs nicht ausreichend berücksichtigt (Habermas, 1996c: 44 ff.; Habermas, 1999a: 283 f.).

In der deliberativen Konzeption liegt der Fokus auf den „Kommunikationsbedingungen und Verfahren (...), die der institutionalisierten Meinungs- und Willensbildung ihre legitimierende Kraft verleihen" und damit eine Verschränkung dialogischer und instrumenteller Politik gestatten (Habermas, 1996c: 285). Zentral ist also die Idee, dass verbindliche Regelungen bzw. Verhalten durch einen offenen und fairen Prozess öffentlicher Vernunft bestimmt werden sollen, in deren Diskursen die beteiligten Akteure durch das bessere Argument zu überzeugen suchen. Diese Kommunikationsbedingungen geben der Willensbildung ihre legitimierende Kraft (vgl. Cohen, 1999b: 412 ff.). Der Verfahrensbegriff der deliberativen Politik ist Kernstück der deliberativen Demokratiekonzeption. Dieser ist eng an die diskurstheoretischen Überlegungen Habermas angelehnt (vgl. dazu Habermas, 1983; Habermas, 1991a). In ihrer idealen Prozedur für Beratung und Beschlussfassung zieht sich die praktische Vernunft aus materiellen, das heisst inhaltlich konkretisierten Normen (bspw. die Menschenrechte) in die Diskursregeln und Argumentationsformen zurück. (vgl. Habermas, 1992a: insb. 111 ff., 134 f. und 361 f.; Habermas, 1996c: 285 ff.; ähnlich auch Cohen, 1999a: 67 ff. in Hinblick auf eine „ideal deliberative procedure"; vgl. zur Erläuterung der Diskursethik ≤Kapitel 4.2.2.2).

Im deliberativen Politikverständnis und seiner diskurstheoretischen Fundierung werden Meinungs- und Willensbildungsprozesse in den Mittelpunkt gerückt. Dies macht die rechtsstaatliche Verfassung nicht sekundär, sondern benötigt anstelle einer kollektiv handlungsfähigen Bürgerschaft die Institutionalisierung der entsprechenden Verfahren (vgl. Habermas, 1996c: 287 ff.). Dies geht einher mit der Forderung nach einem angemessenen Verhältnis der Koordinationsmechanismen Geld, Macht und Solidarität als Grundlage für Integration und Steuerung (vgl. Habermas, 1992a: 363; Habermas, 1996c: 289). Die diskursive Demokratie propagiert damit eine dezentralisierte Gesellschaft, in der die administrative Macht als ein Handlungssystem unter anderen mit der demokratischen Willens- und Meinungsbildung zur Kontrolle und Programmierung rückgekoppelt ist. In diesem Sinne schlägt Habermas eine zweigleisige Konzeption vor, welche zum einen auf den durch demokratische Verfahren regulierte, entscheidungsorientierten Beratungen und zum anderen auf den informellen

Meinungsbildungsprozessen basiert (vgl. Habermas, 1992a: 372 f.). Letztere eruieren potentiell regulierungswürdige Themen und liefern so einen steten Fluss informeller Meinungen an die demokratisch strukturierte bzw. parlamentarisch ausgestaltete Meinungs- und Willensbildung, ohne die diese ihrer Funktion der Rechtsfassung nicht nachkommen könnte. Der Weg von Themen aus den informellen Deliberationen auf die öffentliche Agenda ist dabei durch einen laufenden „Kampf um Anerkennung" (Habermas, 1992a: 382), in dem „Netzwerk von Diskursen und Verhandlungen, das die rationale Lösung pragmatischer, moralischer und ethischer Fragen ermöglichen soll", also dem „Herzstück der deliberativen Politik", geprägt (Habermas, 1992a: 388 f.).

Die deliberative Demokratie ist als eine radikaldemokratische Konzeption zu verstehen, die den liberalen Kompromiss und das republikanisch-normative Pflichtenheft überwindet. Es verortet den Gebrauch der öffentlichen Vernunft in den Kommunikationsformen. Es wird also die Bedeutung des Diskurses, die Pluralität von Ansichten und Rationalitätsstandards ebenso wie die qualitative Verbesserung der Entscheidungsprozesse hervorgehoben. Dem deliberativen Prozess, der seine legitimitätsstiftende Kraft prozedual entfaltet, liegt die diskursethische Vorstellung einer verständigungsorientierten Beratschlagung der betroffenen Akteure[60] zugrunde:

> „(...) [it] refers to a certain attitude toward social cooperation, namely, that of openness to persuasion by reason referring to the claims of others as well as one's own. The deliberative medium is a good faith exchange of views – including participant's reports of their own understanding of their respective vital interests – ... in which a vote, if any vote is taken, represents a pooling of judgements." (Michelman, 1989: 293; zitiert nach Habermas, 1996c: 282 f.).

In dieser Hinwendung zu einer kommunikativen Rationalität ist der normative Geltungsanspruch der Konzeption verbrieft. In Hinblick auf die Bemühungen der Arbeit um die Wiederherstellung der ethischen Handlungsfähigkeit des Individuums, gilt es, diesen Anspruch zu prüfen.

---

[60]   Zur Diskussion hinsichtlich der Natur der Akteure und der Möglichkeit von Interessensgruppen vgl. Young, 1999.

4.2.2 Zur Möglichkeit einer universalisierbaren Moralbegründung

Die Idee einer allgemeinen kommunikativen Vernunft steht in der Tradition universaler Moralbegründungen. Ihr liegt die Vorstellung zugrunde, dass sich Moral (letzt-)begründen ließe und auf Basis einer solchen, normativ vorzugs-würdige Handlungsorientierungen zu gewinnen wären. Dies hat unmittelbare Konsequenzen für die aufgezeigten Herausforderungen der Führung, da eine solche Ethik die Führungslehre in Hinblick auf ihre Wertkonflikte informieren könnte. In der Einleitung ist bereits darauf hingewiesen worden, dass diese Vorstellung einer begründbaren Ethikkonzeption nicht unproblematisch ist und nach unserem Dafürhalten nur durch einem 'methodischen Trick' erhalten werden kann. Vor dem Hintergrund der wichtigen Stellung der Ethikkonzeption in dieser Arbeit sollen hier die im Rahmen der republikanischen Unternehmensethik und der Theorie der multinationalen Unternehmung entwickelten Begründungsüberlegungen rekapituliert werden. Der Fokus liegt dabei auf einer kritischen Aufarbeitung der Argumentation in Hinblick auf die Entwicklung des Verständnisses verantwortungsvoller Führung. Dies soll in drei Schritten erfolgen: Zunächst wird die bereits angesprochene philosophische Postmoderne und ihre Kritik an dem modernen Vernunftbegriff skizziert. Dieser Kritik ist in der Philosophie mit jüngeren Versuchen einer Rettung des absoluten Vernunftbegriffes entgegengetreten worden. Hier nimmt die Diskursethik eine (nicht nur für diese Arbeit) zentrale Position ein. Dies darzustellen ist Inhalt des zweiten Schrittes. Letztlich wird in einem dritten Schritt das eigene auf dem Kulturalismus beruhende Begründungsprogramm konkretisiert. Letzteres ist Ausgangspunkt der anschließenden Überlegungen zum Führungsbegriff.

4.2.2.1 Wider das 'funktionale Ganze': Die Vernunftkritik der Postmoderne

Der Begriff der Postmoderne dient der historischen Einordnung der Gegenwart und beinhaltet die explizite Abgrenzung gegenüber der Moderne (vgl. Gräfrath, 2004). Wesentlich hierfür ist nach Lyotard, der mit seinem Bericht über „das postmoderne Wissen" den begrifflichen Grundstein für das Selbstverständnis ihrer Vertreter gelegt hat, die den (philosophischen)[61] Metanarrativen der Moderne innewohnende Delegitimierung des eigenen Wissensverständnis (vgl. Lyotard,

1979; Lyotard, 1992). Die großen Erzählungen, er nennt hier zum einen die spekulative Erzählung des deutschen Idealismus, zum anderen die Erzählung der Emanzipation in der Tradition Kants, waren um ein Vereinheitlichung der Erkenntnis bemüht. Erstere verfolgte dies im Rekurs auf die Idee der Bildung und des Geistes in der die Erkenntnissuche auf ein einheitliches Ideal hinstrebt. Dieses stellt dann Hintergrundfolie der guten Ziele des politischen und moralischen Lebens dar (vgl. Lyotard, 1979: 96-112, insb. 100 f.). Letztere hat das autonome Subjekt des Humanismus und sein Streben nach Freiheit zum Kern (vgl. Lyotard, 1979: 106 ff.). Beide Erzählungen scheitern im Verständnis der Postmoderne: Die spekulative Erzählung aufgrund der in ihr angelegten Skepsis gegenüber der wissenschaftlichen Aussagekraft, die Erzählung der Emanzipation aufgrund ihrer Unfähigkeit von den denotativen Aussagen zum Wesen der theoretischen Vernunft zu präskriptiven Aussagen der praktischen Vernunft zu wechseln (vgl. Lyotard, 1979: 112 ff.).

Im Ergebnis konstruieren die beiden wissenschaftlichen Narrative spezifische Sprachspiele, die andere Sprachspiele nicht legitimieren können. „Die Wissenschaft spielt ihr eigenes Spiel." (vgl. Lyotard, 1979: 119). 'Wahrheit' kann in diesem Sinne nur innerhalb einzelner Sprachspiele existieren. Sie entwickelt aber keine übergreifende Gültigkeit. So folgt aus der Kritik einer vereinheitlichenden Vernunft die Vorstellung einer Vielfalt gleichberechtigter Perspektiven und Sprachspiele, die eine erhöhte Toleranz und Sensibilität gegenüber der daraus folgenden Pluralität notwendig macht (vgl. auch Calas/Smircich, 1999; Gräfrath, 2004; Scherer, 2003; Steinmann/Scherer, 1998b; Weik, 1996; Welsch, 2008).

Die Postmoderne stellt keinen billigen Relativismus dar, sondern betont die Vielfalt auf Basis ihrer Zurückweisung universaler und damit gegebenenfalls dogmatischer Ansprüche. In diesem Sinne entfaltet sie ein wesentliches, kritisches Potential, stößt jedoch auch auf Grenzen und Kritik (vgl. Habermas, 1988; Habermas, 1990a; Weik, 1996). Zentraler Aufhänger ist das von der Postmoderne vorgebrachte 'Beliebigkeitspostulat' in Hinblick auf Fragen der gesellschaftlichen Entwicklung:

---

61 Hinzu kommt die eher politisch zu verstehende Meta-Erzählung des Historizismus.

„Im *Postmodernismus* wie im *Liberalismus* scheint der Blick für das vernünftige Ganze verloren zu gehen, weil beide Perspektiven nur partikuläre
Rationalitäten bzw. individuelle Präferenzen kennen und die Formulierung
einheitlicher Zwecke der Gemeinschaft als ungerechtfertigte Unterdrückung
der individuellen Freiheit ansehen. Bei beiden Perspektiven, so scheint es,
wird damit die Möglichkeit politischer Steuerung, des bewussten Einwirkens
der Gesellschaft auf sich selbst, aufgegeben bzw. abgelehnt." (Scherer, 2003:
289; bereits in der „unheiligen Allianz" mit dem Ökonomismus).

Eine prinzipielle Ablehnung bzw. Aufgabe der Vernunft setzt sich damit dem
Vorwurf der Irrationalität und Beliebigkeit aus und kann den Überlegungen dieser Arbeit und ihrer Suche nach einem bestandsfähigen Ethikkonzept nicht dien-
lich sein. Es bedarf also einer für diese Herausforderungen sensibilisierten modernen Philosophie. Der Verfasser sieht diese im Einklang mit der eigenen Forschungstradition in den Überlegungen der Diskursethik enthalten (vgl. ähnlich
Scherer, 2003; Scherer/Patzer, 2010a).

4.2.2.2 Die Diskursethik als normativer Kern der deliberativen Demokratie

Diese Arbeit hat die diskursive Rechtstheorie und ihr deliberatives Demokratieverständnis als normative Sozialtheorie vorgeschlagen, anhand derer die Verantwortung der Führung unter den Bedingungen der Globalisierung zum einen
begründet und zum anderen inhaltlich konkretisiert werden kann. Nun kann allerdings eine kritische Sozialtheorie diese Begründung selbst nicht leisten, sondern ist stets auf den Rückgriff auf eine normative Ethik angewiesen, welche
ihr die moralischen Prinzipien zur Verfügung stellt (Tugendhat, 1993c: 18; vgl.
auch Habermas, 1981a: 7). In dem vorliegenden Fall der deliberativen Demokratietheorie ist dies die Diskursethik. Dass die Bereitstellung normativer Orientierungen nicht unproblematisch ist, haben die Einwände der postmodernen
Theorie deutlich gemacht. Es gilt nun zu prüfen, inwiefern dennoch eine (letzt-)
begründete Ethik angenommen werden kann.

Die Diskurs- bzw. kommunikative Ethik wird von vielen, wohl nicht ganz un-
berechtigt, als der wichtigste deutsche Ethikbeitrag der jüngeren Vergangenheit
verstanden (zum Einstieg vgl. Finlayson, 2005; Gottschalk-Mazouz, 2000; Hors-

ter, 1999; oder auch Scherer, 2003; Scherer, 2009; van Aaken, 2007; sowie kritisch Tugendhat, 1993a). Sie stellt eine Ethik des Konsenses dar, in der nur solche Normen und Handlungen als moralisch gut bzw. richtig erachtet werden, die im Rahmen eines idealen Diskurses die zwanglose Zustimmung aller Betroffenen erhalten können. In Hinblick auf ihre Entstehung, Ausgestaltung und insbesondere auch ihre Begründung können Karl-Otto Apel, sowie Jürgen Habermas als die prominentesten Vertreter verstanden werden. Ihre Konzeptionen sind dabei aus einem Prozess wechselseitiger Einwirkung hervorgegangen. Beide sind um einen Versuch der universellen Moralbegründung bemüht. In Abgrenzung zu Kants methodischen Solipsismus, der die Moral in der Vernunftbegabung des autonomen Menschen, und damit der 'conditio humana', begründet (vgl. Kant, 1968; Tugendhat, 1993c), vollzieht sich die diskurstheoretische Begründung durch eine pragmatische Hinwendung zur Sprache. Die Sprachanalyse liefert dabei zweierlei: Zum einen dient sie der Vernunftbegründung an sich, zum anderen konkretisiert sie deren Implikationen für die Normbegründung. Dies gilt es im Folgenden knapp zu skizzieren. Dabei wird die Konzeption nach Habermas in Hinblick auf ihre Bedeutung für die vorliegende Arbeit vornehmlich betrachtet (für die Konzeption Apels vgl. Apel, 1976a; Apel, 1976b; Apel, 1988; Apel, 1992; Apel, 1996; sowie einleitend Apel/Kettner, 1992; Scherer, 2003: 293 ff.; Scherer/Patzer, 2010a; Steinmann/Scherer, 1998b; van Aaken, 2007: 78 ff.).

In dem Maße, in dem alles Handeln als sprachlich verfasst verstanden wird, avanciert die Sprachanalyse zu dem methodischen Zugang zum Normsystem der Gesellschaft. Grundeinheit der menschlichen Rede sind die Sprechakte, die sich in Kommunikativa, Konstativa, Regulativa und Expressiva einteilen lassen. Ihnen wird jeweils einer der Geltungsansprüche der Verständlichkeit, der Wahrheit, der Richtigkeit und der Wahrhaftigkeit zugeordnet (vgl. Habermas, 1981a).[62] Mit jeder (Sprech-)Handlung erhebt das Individuum also einen Geltungsanspruch der nicht thematisiert wird, solange die Verständigung gelingt.

---

[62] Der Anspruch auf Verständlichkeit wird dabei meist als Voraussetzung erfolgreicher Kommunikation verstanden (vgl. Horster, 1999: 52).

Ist dies nicht der Fall, so gilt es dieses Scheitern im Rahmen einer Nachbesserung zu überwinden. Während für den Fall der Unverständlichkeit eine weitere Explikation notwendig wird, so disqualifiziert sich der nicht wahrhaftige Sprecher als qualifizierter Teilnehmer des Diskurses. Zweifel hinsichtlich der Geltungsansprüche der Wahrheit und der Richtigkeit gilt es in theoretischen und praktischen Diskursen einzulösen. Um eine solche Einlösung durch einen kommunikativen Konsens im Zuge der Argumentation (in Anschluss an Toulmin, 1958) zu erreichen, bedarf es eines qualifizierten Konsenses. Dessen spezifische Bedingungen werden durch die „ideale Sprechsituation" zum Ausdruck gebracht (vgl. Habermas, 1984: 175 ff.). Sie zeichnet sich durch folgende Kriterien aus:

> „1. Alle potentiellen Teilnehmer eines Diskurses müssen die gleiche Chance haben, kommunikative Sprechakte zu verwenden, so daß sie jederzeit Diskurse eröffnen sowie durch Rede und Gegenrede, Frage und Antwort perpetuieren können.
>
> 2. Alle Diskursteilnehmer müssen die gleiche Chance haben, Deutungen, Behauptungen, Empfehlungen, Erklärungen und Rechtfertigungen aufzustellen und deren Geltungsanspruch zu problematisieren, zu begründen oder zu widerlegen, so daß keine Vormeinung auf Dauer der Thematisierung und der Kritik entzogen bleibt.
>
> (...)
>
> 3. Zum Diskurs sind nur Sprecher zugelassen, die als Handelnde gleiche Chancen haben, repräsentative Sprechakte zu verwenden, d.h. ihre Einstellungen, Gefühle und Wünsche zum Ausdruck zu bringen. Denn nur das reziproke Zusammenstimmen der Spielräume individueller Äußerungen und das komplementäre Einpendeln von Nähe und Distanz in Handlungszusammenhangen bieten die Garantie dafür, daß die Handelnden auch als Diskursteilnehmer sich selbst gegenüber wahrhaftig sind und ihre innere Nature transparent machen.
>
> 4. Zum Diskurs sind nur Sprecher zugelassen, die als Handelnde die gleiche Chance haben, regulative Sprechakte zu verwenden, d.h. zu befehlen und sich zu widersetzen, zu erlauben und zu verbieten, Versprechen zu geben und abzunehmen, Rechenschaft abzulegen und zu verlangen usf. Denn nur die vollständige Reziprozität der Verhaltenserwartungen, die Privilegierungen im Sinne einseitig verpflichtender Handlungs- und Bewertungsnormen aus-

schließen, bieten die Gewähr dafür, daß die formale Gleichverteilung der Chancen, eine Rede zu eröffnen und fortzusetzen, auch faktisch dazu genutzt werden kann, Realitätszwänge zu suspendieren und in den erfahrungsfreien und handlungsentlasteten Kommunikationsbereich des Diskurses überzutreten." (Habermas, 1984: 177 f.; sowie Habermas, 1971: 136 ff.; Habermas, 1996b: 62).

Die Einhaltung dieser idealen Sprechsituation, die hier sowohl einen regulativen als auch einen konstitutiven Charakter aufweist, ist folglich Voraussetzung der Erreichung eines wahren oder richtigen Konsenses (vgl. Habermas, 1971: 136). Wie aber sind nun diese Sprechsituation und ihre Bedingungen begründet. Die „ideale Sprechsituation", welche die Vernunft, die theoretische ebenso wie die praktische, in eine kommunikative, prozeduale bzw. formalistische (vgl. Habermas, 1991a: 11 ff.) überführt, wird durch den Rückgriff auf die sprachlichen Bedingungen begründet.

Hierzu dient die Argumentationsfigur des performativen Widerspruchs. Diese bezieht sich auf Sätze, die ihre eigenen Behauptungen zurückziehen. Tugendhat führt die Aussage „Es regnet, aber ich glaube es nicht" als ein Beispiel desselben an (Tugendhat, 1993c: 166). Die Bedingungen der idealen Sprechsituation weisen nun in dem Verständnis nach Apel und Habermas gerade diese Qualität auf, so dass eine Widerlegung derselben zu einem performativen Widerspruch führen würde. Bei dem Versuch einer argumentativen Widerlegungen derselben würden die idealen Diskursbedingungen bereits seitens des Argumentierenden vorausgesetzt (vgl. Apel, 1976a: 62; Habermas, 1983: 100 f.; Habermas, 1991a: 134 f.; sowie Scherer, 2003: 295). Die Begründung verweist also auf die Rekonstruktion der kommunikativen Bedingungen der handelnden Akteure. Hier liegt auch der Hauptunterschied der Begründungsversuche nach Apel und Habermas. Wahrend beide auf die Bedingungen der Sprache rekurrieren, um die universelle Vernunftbegründung zu sichern, meint Apel hieraus im Rahmen seiner Transzendentalpragmatik eine Letztbegründung zu erlangen. Für ihn sind die sprachlichen Propositionen, die Argumentation und die ideale Kommunikationsgemeinschaft ein Apriori. Habermas hingegen schwächt diesen Anspruch im Rahmen seiner Universalpragmatik ab. Darin ist die Sprache rückgebunden an die faktischen, geschichtlich-kontingenten Hintergrundressourcen der Lebenswelt (vgl. Habermas, 1991: 192 ff.., insb. 195; Habermas, 1999b; Scherer, 2003: 304).

Ist damit eine plausible[63], universelle Vernunftbegründung geleistet, so entfaltet sich die Diskurstheorie der Moral als Diskursethik um zwei Prinzipien: Das Diskursprinzip „D" besagt, dass „nur die Normen (...) Gültigkeit beanspruchen [dürfen], die in praktischen Diskursen die [verständigungsorientierte] Zustimmung aller Betroffenen finden könnten" (Habermas, 1996b: 59; vgl. auch Habermas, 1983: 103; Habermas, 1991a: 32). Das Diskursprinzip „D" wird durch das als Moralprinzip verstandene Universalisierungsprinzip „U" als Argumentationsregel konkretisiert (Habermas, 1991a: 12, 31 f.). Es besagt, dass

> „eine Norm genau dann gültig ist, wenn die voraussichtlichen Folgen und Nebenwirkungen, die sich aus ihrer allgemeinen Befolgung für die Interessenlagen und Wertorientierungen *eines jeden* voraussichtlich ergeben, *von allen* Betroffenen gemeinsam zwanglos akzeptiert werden könnten." (Habermas, 1996b: 59).

Das Diskursprinzip „D" bringt also die Grundvorstellung einer Moraltheorie zum Ausdruck, während „U" die Frage nach der Verallgemeinbarkeit von Normen adressiert (vgl. Habermas, 1983: 103 f.; Habermas, 1996d: 59 ff.; erläuternd auch Gottschalk-Mazouz, 2000: 33, 70; Scherer, 2003: 301 f.; van Aaken, 2007: 95 ff.).[64] Habermas liefert damit (zumindest seinem Verständnis nach), unter Rückgriff auf die sprachliche Verfasstheit der Lebenswelt, eine universelle Begründung der kommunikativen Rationalität, sowie deren prozedualer Fassung in Form des idealen Diskurses und der daraus ausfließenden Beschaffenheit der praktisch-moralischen Diskurse zur Gültigkeitsprüfung von Normen und Handlungen. In diesem Sinne werden also postmoderne Zweifel zurückgewiesen und der normative Kern der diskursiven Rechtstheorie gefestigt. Ohne auf die viel-

---

[63]   Vgl. hierzu Tugendhat, 1993c: 79 ff., welcher Abstand von Letztbegründungen nimmt und eine Beschäftigung hiermit als unproduktiv versteht. Ziel kann es in seinem Verständnis nur sein, eine plausible bzw. *bestbegründete* Moralkonzeption anzustreben.

[64]   Das Verhältnis von D und U ist nicht unproblematisch. Sie werden je nach Verfasser und Zeit unterschiedlich konzeptionalisiert und nehmen dazu verschiedenen Relationen zueinander ein (vgl. einführend hierzu Düwell/Hübenthal/Werner, 2006; Gottschalk-Mazouz, 2000: 140-151).

fältige Kritik an diesem Begründungsprogramm und Ethikkonzept eingehen zu können (vgl. hierzu Tugendhat, 1993c), soll im Folgenden knapp auf die Modifikationen im Zuge eines 'fundamentalpragmatischen Weges' eingegangen werden, die im Rahmen der kulturalistischen Spielart der Diskursethik aufgeworfen worden sind und in das Begründungsprogramm der Theorie der multinationalen Unternehmung als spezifischer Hintergrund der eigenen Überlegungen eingegangen sind.

Damit wird bei der Konzeptionalisierung eines neuen Führungsverständnisses den kulturellen Implikationen der Globalisierung Rechnung getragen. Im Rahmen des Kapitels 2 wurde argumentiert, dass die Auseinandersetzung mit verschiedenen Regelungs- und Kulturräumen ein wesentliches Merkmal der Führung unter den Bedingungen einer postnationalen Konstellation darstellt (vgl. insb. Kapitel 2.2.2). Dies haben die Fallbeispiele der Einleitung unterstrichen. Der kulturelle Pluralismus in den globalen Handlungsfeldern der Führung manifestiert sich in den Führungsdimensionen unter anderem hinsichtlich der gestiegenen Koordinationsanforderungen im Lichte divergenter Zielsetzungen (Führungsdimension 'Aufgabe'), der Frage nach der Legitimierung des Führungshandelns (Führungsdimension 'Interaktion') und der Fragmentierung des lebensweltlichen Sozialisationshorizontes (Führungsdimension 'Person'). In dem Maße, indem also kulturelle Differenzen das Führungshandeln prägen, müssen diese bei der Frage nach der Begründung eines (normativen) Konzeptes verantwortungsvoller Führung mit berücksichtigt werden. Dies ist Gegenstand der folgenden Überlegungen.

4.2.2.3 Der Kulturalismus als Begründungsprogramm der TdMNU

In Abgrenzung zu den formalpragmatischen Leseformen der Diskursethik nach Habermas oder auch Apel, verfolgt der Kulturalismus und seine Adaption in der Nürnberger Unternehmensethik sowie der TdMNU (vgl. exemplarisch Scherer, 1995; Scherer, 1999; Scherer, 2003; Scherer/Dowling, 1995) aufbauend auf den Arbeiten zur konstruktiven Wissenschaftstheorie (vgl. Kamlah/Lorenzen, 1996; Lorenzen, 1974; Lorenzen, 1987) eine unverkürzte, fundamentalpragmatische

Vorgehensweise, welche sich durch höheres Maß an Sensibilität gegenüber kulturellen Differenzen auszeichnet (vgl. Janich, 1996a; Kambartel, 1998a; Wohlrapp, 1995; Wohlrapp, 1998). In seinem Zentrum steht die Frage nach der Möglichkeit und den Bedingungen des interkulturellen Austausches und der darin wirksamen Moralkonzeptionen. Dies ist von der Zielverfolgung der Universalebenso wie der Tranzendentalpragmatik zu unterscheiden (vgl. Steinmann/Scherer, 1998b: 66 f.). Diese beabsichtigen, weniger die Klärung der Frage einer Vermittlung zwischen kulturell divergenten Wertvorstellungen, sondern vielmehr die Rekonstruktion einer begründeten, universell gültigen Vernunft. Dass dieses Unterfangen, in der Leseart eines auf dem Erlanger Konstruktivismus aufbauenden Kulturalismus, aufgrund einer mangelnden Sensibilität gegenüber kulturellen Divergenzen zu scheitern droht, kann anhand zweier Einwände illustriert werden: die Praxisgebundenheit des Argumentationsbegriffes (1) und die partialpragmatische Verkürzung (2).[65]

(1) Sowohl die Transzendentalpragmatik nach Apel als auch die Universalpragmatik nach Habermas stützen sich auf den Argumentationsbegriff als 'Fundament' der Universalisierbarkeit der Vernunft, im Falle Apels mit einer kulturinvarianten Reichweite, im Falle Habermas lebensweltlich gebunden. Sie suchen die konstitutiven, formalen Regeln der Argumentation aufzuzeigen, vernachlässigen dabei allerdings den Prozess der Genese solcher Regeln. Der Bedeutungsinhalt des Argumentationsbegriffes ist ebenso wie der Vernunftbegriff Teil des Sozialisationsprozesses. Seine Inhalte beziehen sich stets auf eine auf ihn gerichtete Handlungspraxis, der er gegenüber nicht vorgängig sein kann. Ein bloßes syntaktisch-semantisches Verständnis vernachlässigt folglich diese Bedingung des Zeichengebrauches (vgl. Steinmann/Scherer, 1998b: 51 f.; in Bezug auf Böhler, 1991).

(2) Damit einher geht die Kritik, dass die Konzeptionen nach Habermas und Apel die sprachpragmatische Wende nicht vollends vollzogen haben, sondern in einer Partialpragmatik verhaftet geblieben sind. Die Partialpragmatik schaut dabei

---

[65]   Vgl. ausführlich auch Scherer, 2003: 305 ff.

„(...) aus der Perspektive entwickelter Theorien über (abstrakte) Gegenstände, also gleichsam von oben nach unten, auf ihren Untersuchungsgegenstand.
(...) [Sie zwingt] dem Handeln Formen [auf] (...), anstatt sie reflexiv aus dem
konkreten Handeln zu gewinnen." (Steinmann/Scherer, 1998b: 53).

Die Fundamentalpragmatik hingegen steht für eine Vorgehensweise, die

„(...) von unproblematischen Fähigkeiten und konkreten Handlungszusammenhängen ausgehend und den adäquaten Bezug zu dieser konkreten Ebene
ständig im Auge behaltend, schrittweise theoretische Gegenstände Beschrei-
bungen und Erklärungen zu praktischen Problemlösungszwecken herausbil-
det, wobei dann abstraktiv die jeweils relevanten oder interessanten Aspekte hervorgehoben werden können." (Lueken, 1992: 223; vgl. auch Stein-
mann/Scherer, 1998b: 52 ff.)

In der Konsequenz bedeutet dies, dass, während fundamentalpragmatische Ansätze Theorien reflexiv 'von unten' aus der konkreten Praxis gewinnen, die partialpragmatischen Ansätze und damit auch die Habermas'sche und Apel'sche
Diskursethik dagegen dem Handeln auf Basis bestehender Theorien 'von oben'
ihre Formen aufzwingen. Dies steht allerdings im Widerspruch zur ihrer universellen Geltung (vgl. Steinmann/Scherer, 1998b: 53; sowie Lueken, 1992:
223 ff.; Scherer, 2003: 309 f.).

Was bedeutet dies nun für die hier relevante Frage nach den Möglichkeiten einer Konfliktbewältigung (durch die Führung) im Kontext (kulturell) konkur-
rierender Moralkonzeptionen? Der Einwand, dass der 'von oben'-Duktus einer
Partialpragmatik deren Anspruch auf Universalität verletzt, ist eingängig und
die Hinwendung zu einer fundamentalpragmatischen Vorgehensweise daher
notwendig. Eine solche koppelt die Geltungsreichweite der Diskursethiken nach
Apel und Habermas an die geteilte lebensweltliche Praxis. In Anbetracht der
Zweifel, die man gegenüber der empirischen Faktizität einer globalen Sprachgemeinschaft haben kann (vgl. Scherer, 2003: 305 ff.; Steinmann/Scherer,
1998b: 53 ff.; sowie einsichtig Habermas, 1991a: 202), verlieren die traditionellen Diskursethiken im Kontakt mit anderen Kulturen die lebensweltliche
Praxis als Bezugspunkt der Begründung ihres Argumentations- und damit die
Gültigkeit ihres Vernunftbegriffes.

Wie ist dies nun zu heilen? Apel, wenngleich zögerlich, schlägt dazu eine Überbrückung der kulturellen Kluft durch einen emanzipatorischen Vorgriff vor,
welcher die Bedingungen der idealen Kommunikationsgemeinschaft auch gegenüber faktischen Verhältnissen zur Geltung bringen soll (vgl. Apel, 1976b:
431 ff.; sowie Apel, 1988: 247 ff.). Die kommunikative Moralkonzeption müss-
te also in einem Modus der 'Verkündung' auf ein „strategisches Vorgehen" zurückgreifen und untergräbt dabei ihr eigenes Fundament (vgl. Steinmann/Sche-
rer, 1998a: 407; Steinmann/Scherer, 1998b: 49).

Anstelle dessen schlägt der Kulturalismus einen Modus wechselseitigen Lernens vor. Wohlrapp entwirft hierzu einen dreistufigen Prozess vom „Erlebnis
des Fremden" (1), über die Reflexion der Fremderfahrungen (2) hin zur Herstellung einer Verträglichkeit (3) um des Friedens willen (vgl. Wohlrapp, 1995:
159 ff.; sowie Scherer, 2003: 335 ff.; Steinmann/Scherer, 1998b: 62 ff.; alternativ auch Lueken, 1992: 288 ff.).

(1) Das „Erlebnis des Fremden", als erster Schritt einer „kommunikativen Kul-
turintegration" (Scherer, 2003: 336) bezieht sich auf das Erleben des Fremdar-
tigen an sich. Dieses erfahren die jeweiligen Akteure durch den Austausch mit
anderen Kulturen und deren Angehörigen, ebenso wie mit anderen, kultureige-
nen differenten Inhalten. Die Beschreibung des Erlebten erfolgt primär de-
skriptiv (vgl. Wohlrapp, 1995: 159 f.).

(2) Der zweite Schritt des Verstehens beschreibt die reflexive Auseinandersetzung mit dem Erlebten. Es geht darum in dem fremden Verhalten Entsprechungen des eigenen Handelns zu identifizieren. Durch diesen Abgleich des
Fremden mit den eigenen Sinngehalten wird Differenz erst artikulierbar. Indem
also die Entsprechungen im eigenen Handeln als Identifikationsfolie herangezogen werden, lassen sich die Verschiedenheiten vergegenwärtigen (vgl. Wohlrapp, 1995: 160; oder auch Scherer, 2003: 337).

(3) In einem dritten Schritt gilt es nun über das bloße Erleben und Verstehen
hinaus Verträglichkeit herzustellen. Dies muss in der eigentlichen Interaktion
erfolgen, in der die eigentlichen Konflikte auftreten. Im Umgang mit diesen bedarf es einer Distanzierung der beteiligten Akteure von ihren jeweiligen kulturellen Deutungsmustern. Es gilt, „die eingelebten Eigenarten, soweit sie Un-

verträglichkeiten generieren, in der Argumentation zur Disposition zu stellen, also sich um des Friedens willen in Distanz dazu zu bringen." (Wohlrapp, 1995: 161). Im Sinne Lorenzens bedarf es hier der Tranzendierung der eigenen Position zu Gunsten einer friedvollen Konfliktbeilegungen (vgl. Lorenzen, 1987; sowie Scherer, 2003: 337).

Rekapitulierend soll dieser Prozess also zunächst einmal die lebensweltliche Praxis als Voraussetzung interkultureller Verständigung herstellen. Die tatsächliche Verfolgung eine solchen Lernprozesses stellt dabei die Grenzziehung eines kulturalistischen gegenüber einem relativistischen Verständnis dar (vgl. Steinmann/Scherer, 1998b: 69).

4.2.3 Deliberation, Diskurs und Lernprozess – Was bleibt?

Ziel des Teilkapitels 4.2.2 ist es den 'moralischen Fixpunkt' eines erweiterten Führungsverständnisses aufzuzeigen. Dass dies nicht in der Form einer Letztbegründung geschehen kann, war im Vorhinein offensichtlich und sollte durch den Argumentationsgang hinreichend belegt worden sein. Welche Ergebnisse lassen sich nun aber festhalten?

Ausgangspunkt war der Vorschlag, das deliberative Demokratieverständnis Habermas'scher Prägung als normative Sozialtheorie zur Einbettung eines normativen Führungskonzeptes heranzuziehen. Dies geschah zum einen in Hinblick auf dessen Eignung und hohen Entwicklungsgrad bei der Einbeziehung der Bedingungen, die als das Ende der Moderne dargestellt wurden, sowie zum anderen in Analogie zu der Argumentation der TdMNU als spezifischer Forschungskontext der Arbeit. Wenngleich in den bisherigen Arbeiten von Scherer et. al. kein expliziter Bezug zum normativen Kern des deliberativen Demokratiekonzeptes hergestellt wurde, so konnte dieser hier als ein diskurstheoretischer rekonstruiert werden. Die Auseinandersetzung mit der Möglichkeit einer Vernunftbegründung aus der postmodernen, diskurstheoretischen und kulturalistischen Perspektive hat die Probleme, die mit einem solchen Unterfangen verbunden sind deutlich gemacht. Abbildung 4-01 illustriert das dieser Arbeit zugrundeliegende Vernunftverständnis, welches durch die partialpragmatischen Diskursethiken, ebenso wie durch die Überlegungen des Kulturalismus inspiriert ist.

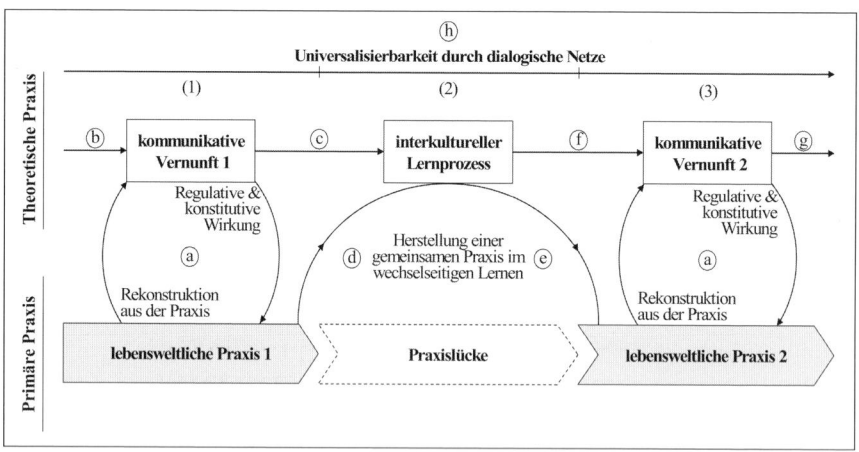

Abb. 4-01: Die universalisierbare Vernunft in ihrem sozio-kulturellen Kontext[66]

Zunächst wird in Anlehnung an den methodischen Konstruktivismus der Erlanger Schule zwischen einer primären und einer theoretischen Praxis unterschieden. Die primäre bzw. vortheoretische Praxis stellt dabei den lebensweltlichen Handlungszusammenhang dar, welcher Akteure, kulturelle Deutungsmuster, ebenso wie institutionelle Ordnungen umfasst, in der die Menschen ihr
Leben zu bewältigen suchen. Die theoretische Praxis hingegen kann als eine
(episodenhafte) Distanzierung zur primären Praxis verstanden werden, welche
ihren Anlass in den Handlungsmisserfolgen des Alltages besitzt (vgl. Scherer,
1999: 24 ff.; sowie ausführlich Scherer, 1995; Scherer/Dowling, 1995). Das
Verständnis einer begründeten und universalisierbaren Vernunft kann dabei anhand dreier Schritte illustriert werden: Der begründeten Gültigkeit der kommunikativen Vernunft im westlichen Kulturkreis (1), der Überbrückung kultureller Differenz (2) und letztlich die neuerliche Etablierung einer begründeten
Vernunftkonzeption in einer erweiterten Handlungspraxis (3).

---

[66]   Quelle: Eigene Darstellung.

(1) Im ersten Schritt illustriert 'die lebensweltliche Praxis 1', *den* westlich-de-
mokratisch Handlungszusammenhang.[67] Mit der darin vorherrschenden geteilten Sprachgemeinschaft fallen Partial- und Fundamentalpragmatik also zusammen! Die im Sinne Kambartels rekonstruierten Charakteristika der praktischen Vernunft (vgl. Kambartel, 1998b: 120 ff. insb. 122) entsprechen der
(Sprech-)Praxis des Vernunftgebrauchs aus der Habermas und Apel die Argu-
mentationsregeln herleiten. Die Ausgestaltung der praktischen Vernunft als eine Kommunikative kann als Ergebnis eines historisch-kontingenten Entwick-
lungsprozesses verstanden werden (b). Die kommunikative Vernunft nimmt
hierbei die Rolle des besten uns bekannten und zur Verfügung stehenden Konzeptes ein. Sie ist allerdings prinzipiell offen gegenüber Verbesserungsvor-
schlägen (vgl. ähnliche Argumentation zu den Menschenrechen bei Stein-
mann/Scherer, 1998b: 68 ff.). In diesem Prozess kommt der Idee der kommunikativen Vernunft eine wohl begründete, absolute, regulative und konstitutive
Geltung zu. Dies schließt natürlich nicht ihre Modifikation im Laufe der Zeit
oder in der Auseinandersetzung mit anderen Kulturkreisen aus. Sie bleibt also
an die Situation der ihr zugrundeliegenden spezifischen, lebensweltlichen Praxis gebunden.

(2) Den Fall einer Praxislücke bzw. -kluft stellt Schritt zwei dar. Hier kommt
es zu einem Scheitern des Handelns in Hinblick auf die Ermangelung einer gemeinschaftlichen Praxis im Lichte inkommensurabler Moralkonzeptionen. An
dieser Stelle kommt dem bereits erläuterten interkulturellen Lernprozess eine
zentrale Rolle zu (d/e). Er prozedualisiert die Idee der kommunikativen Vernunft
und beugt somit der strategischen Verkürzung eines emanzipatorischen Vor-
griffs seitens einer kommunikativen Ethik, die sich selbst im interkulturellen
Kontext nicht ernst nimmt, vor. Damit nimmt die vorliegende Arbeit eine kritische bzw. konkretisierende Haltung gegenüber den kulturalistischen Adaptio-
nen in der TdMNU ein. Während hier der Lernprozess selbst wieder an die le-

---

[67] Das eine solche Sprachgemeinschaft im westlichen (europäischen) Kulturkreis existiert erscheint dabei trotz unterschiedlicher Historien nicht unplausibel. Prinzipiell liesse sich aber auch dieser Zustand, der hier als konzeptioneller 'Ausgangspunkt' herangezogen wird, durch die sukzessive Eingrenzung der Gemeinschaft faktisch herstellen.

bensweltliche Praxis zurückgekoppelt wird (d), so muss in den Arbeiten der Nürnberger Unternehmensethik offen bleiben, inwiefern mit dem interkulturellen Lernprozess oder auch dem Friedensprinzip nicht 'unter der Hand' normative Präsuppositionen wieder eingeführt werden.[68] Es stellt sich die Frage, wie der Vorschlag eines Lernprozesses, seine dialogischen Ausgestaltung und seine notfalls auch einseitigen Verfolgung unabhängig von einer lebensweltlichen Praxis, die eine kommunikativer Vernunft verinnerlicht hat (c) begründet werden kann. Dieses Problem gilt im Übrigen auch für die Begründung der Gleichwertigkeit verschiedener Sprachspiele und der dialogischen Verfasstheit des Austausches aus einer postmodernen Perspektive. Das heißt, die Idee des Lernprozesses und seiner Orientierung an einer friedlichen, dialogischen Vermittlung, entspringen unserer lebenspraktischen Erfahrung. Dies setzt die Argumentation allerdings nicht dem Vorwurf eines Kulturimperialismus aus. Dies garantiert die prinzipielle Offenheit des Lernprozesses, der den Teilnehmern und damit auch denjenigen, die ihn vorschlagen, eine gegebenenfalls grundlegende Modifikation ihrer eigenen Handlungspraxis aufnötigt (e).

(3) Dies deutet der Schritt drei und die neue, erweiterte bzw. theoriegeleitete 'lebensweltliche Praxis 2' an. Aus ihr lässt sich nun wiederum eine gemeinsame Vorstellung der praktischen Vernunft als Regelungsinstanz von Wertkonflikten rekonstruieren (a). Diese wird, so ist anzunehmen durch die Idee des Lernprozesses beeinflusst sein (f). Sollte dabei keine bessere Vorstellung erarbeitet werden, wird auch sie wieder einen kommunikativen Charakter annehmen.

Der 'moralische Referenz- bzw. Fixpunkt' geht damit in einem historisch-kontingenten Entwicklungsprozess auf. Moralkonzepte, die nur in ihrer geschichts- und praxis-spezifischen Sprachgemeinschaft Gültigkeit beanspruchen können, unterliegen im Zuge interkultureller Lernprozesse einer steten Modifikation und Evolution. Der Eindruck einer inhaltlichen Beliebigkeit ist dabei allerdings ein Missverständnis einer rein theoretischen Vorgehensweise am 'Arbeitstische des Philosophen'. Seine inhaltliche Konkretisierung, in unserem Fall, die einer

---

[68] Zur, zum Teil verkürzenten Kritik der Arbeiten vgl. Gronke, 1998, in Erwiderung dazu siehe Steinmann/Scherer, 1998a.

kommunikativen Vernunft, erhält dieser Prozess durch die lebensweltliche Ein-
gebundenheit aller Akteure. Vor diesem Hintergrund bleiben die erarbeiteten
Verständnisses und Konsense über die „dialogischen Netze", die sich in dem
Prozess spannen, weiterhin universalisierbar (h) (vgl. zu Universalisierung und
Universalisierbarkeit , Scherer, 2003: 339 ff, insbesondere auch 347 f.; sowie
mit Blick auf die dialogischen Netze Kambartel, 1991).

Im Rahmen einer deliberativen Demokratietheorie als Diskurstheorie des Rechtes kann nun diese 'bestbegründete' Vorstellung einer kommunikativen Vernunft samt der damit verbundenen Diskursbedingungen ihre normative, legitimierende Kraft entfalten. Sie tut dies in dem bereits angesprochenen „Herzstück
deliberativer Politik": einem Netzwerk unterschiedlicher Diskurse und Verhandlungen (Habermas, 1992a: 388 f.). Abbildung 4-02 illustriert diesen Zusammenhang.

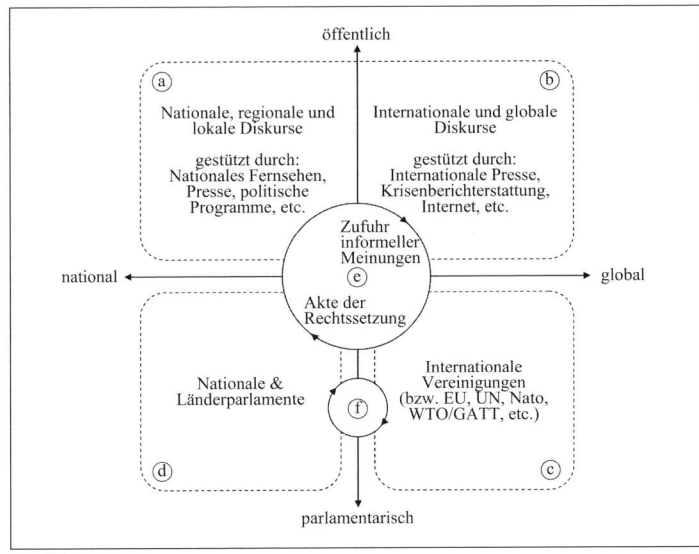

Abb. 4-02: Die Kopplung öffentlicher und parlamentarischer Diskurse[69]

....

[69]   Quelle: Eigene Darstellung.

Anhand der beiden Kontinua 'national-global' und 'öffentlich-parlamentarisch' lassen sich in Anlehnung an Habermas' Konzept einer zweigleisigen deliberativen Politik (vgl. Habermas, 1992a: 369 ff.) vier Typen von Diskursen unterscheiden: Zunächst sind die öffentlichen Diskurse auf einer nationalen, regionalen oder auch lokalen Ebene anzuführen, welche sich bei ihrer Informationsbeschaffung und Meinungsbildung auf nationale Medien stützen (a). Diese sind eng verwoben mit den sich vermehrt etablierenden internationalen und globalen Meinungs- und Willensbildungsprozessen, die insbesondere im Rahmen von Krisenberichterstattungen (die indonesisch-asiatische Tsunami-Katastrophe von 2004 kann hier erneut als Beispiel dienen) ihren politisch-elitären Charakter zu Gunsten einer breiten Partizipation verlieren (b). Hier haben zweifelsohne die neuen Medien, namentlich die Telekommunikation, sowie das Internet einen maßgeblichen Vorschub geleistet und sind das Rückrad des globalen Kommunikationsprozesses. Abzugrenzen ist diese Diskursmenge von den demokratisch verfassten, parlamentarischen Prozessen der Meinungs- und Willensbildung. Diese finden sich vornehmlich auf nationalstaatlicher Ebene, sowie deren föderalen Entsprechungen (d) aber auch im Rahmen tentativer globaler 'Governance'-Strukturen auf einer supranationalen Ebene (c). Diese sind durch Bedingungen der Partizipation und Ratifizierung miteinander verknüpft (f). Letztere ist dabei in der Gegenwart stets an die demokratisch legitimierten, nationalstaatlichen Organe gebunden.

Von zentraler Bedeutung im Rahmen dieser Darstellung und der deliberativen Demokratietheorie ist die Vorstellung der Kopplung der informellen und parlamentarischen Diskurse (e). Diese bringt die Notwendigkeit der Ergänzung der kommunikativen Vernunft, welche allein die Integration von Gemeinschaften nicht hinreichend sichern kann, durch das Recht als funktionales Äquivalent der Moral. Dieser Aspekt wird erst in den jüngsten Arbeiten der TdMNU stärker betont (vgl. Palazzo/Scherer, 2006; Scherer/Palazzo, 2007; Scherer/Palazzo/Baumann, 2006; kritisch hierzu siehe Trautnitz/Engelhard, 2008). Ohne den Rechtsbegriff, ist die pragmatischere Form einer kommunikativen Rationalität allerdings nicht zu haben. Für Habermas ist diese Kopplung konstitutiv. Zum einen kann nur im Rahmen einer Rechtsgemeinschaft der Komplexität moderner Gesellschaften Rechnung getragen und die „methodische Fiktion" einer rein kommunikativen Vergesellschaftlichung überwunden werden (Habermas, 1992a: 396 f.). Das Recht entlastet die Handlungspraxis von der Notwendigkeit ständiger diskursiver Überprüfung. Zum anderen ist der parlamentarische Willensbildungsprozess auf die Rückkopplung mit den öffentlichen Diskurses angewiesen, bezieht er von ihnen doch die stete Zufuhr inoffizieller Meinungen und Rechtfertigungen als informationale Grundlage der Rechtssetzungsbemühungen.

Trautnitz und Engelhard weisen in ihrer Kritik an Scherer und Palazzo darauf hin, dass mit dem Rechtsbegriff zwangsweise ein Rückbezug auf die Strukturen des Nationalstaates einhergehe. Die Ergebnisse ihrer Analyse, die Ermanglung universell gültiger Moralkonzepte und globaler Rahmenstrukturen, führen sie zu der Ansicht, dass die wissenschaftliche Begründung einer Unternehmensverantwortung grundsätzlich nicht möglich ist (vgl. Trautnitz/Engelhard, 2008). Die Gültigkeit von Moralkonzeptionen ist im Rahmen der Arbeit bereits besprochen worden. Der Frage nach der Notwendigkeit der Kopplung des Rechtsbegriffes an den Staat soll ähnlich begegnet werden.

Im Verständnis dieser Arbeit scheint die latent dichotome Trennung Habermas' zwischen öffentlichen und parlamentarisch-regulierten Diskursen der Komplexität der Vorstellung diskursiver Netzwerke und der daraus hervorgehenden Verhandlungsergebnisse nicht gerecht zu werden. Während der traditionelle Rechtsbegriff an normierende Verfahren seitens speziell von der Gesellschaft ermächtigter Organe gekoppelt ist und die darin autorisierten Normen mit Zwang durchgesetzt werden können, existiert neben den Grenzfällen informell-öffentlicher und reguliert-parlamentarischer Diskurse aus der Abbildung 4-02 eine Vielzahl anderer mehr oder minder institutionalisierter Diskurse (vgl. Ausführungen in Kap. 2.2). Auch diese können gegenüber ihren Teilnehmern Gültigkeit verlangen und gegebenenfalls auch durchgesetzt werden. Zu denken ist hierbei wiederum an organisationsinterne Normkodizes oder Netzwerke, die für ihre Mitglieder Regeln erlassen. Neben klassischen Unternehmenskodizes, die die Bedingungen einer kommunikativen Vernunft nur bedingt erfüllen, oder der losen Verbindlichkeit eine 'Global Compact' liefern Verbindungen wie das

'Forest Stewardship Council' (FSC) eine Vorstellung über regulierte Diskurse, die breite Partizipation zulassen und regelmäßige Überwachungs- und Kontrollmaßnahmen vorsehen (FSC Arbeitsgruppe Deutschland e.V., 2001; oder auch Scherer/Palazzo/Baumann, 2006: 520 f.). Neben der 'bloßen' Meinung und dem parlamentarischen 'hard law' existieren also grundsätzlich auch 'soft law' Regelsysteme, die das traditionelle Recht ergänzen (vgl. bspw. Abbott et. al., 2000; sowie Scherer/Palazzo, 2009; Scherer/Palazzo/Butz, 2010: 16 ff.) oder, im Falle seiner Abwesenheit im internationalen Raum, ersetzen. Ein so erweiterter Rechtsbegriff kennt daher unterschiedliche Formen der Entstehungsbedingungen, Reichweite und Durchsetzungsmechanismen. Der Begriff des Rechts und die Vorstellung seiner Genese kann also als ein koevolutionärer Prozess zu dem Prozess der Vernunftentwicklung verstanden werden.

Diese Vorstellung von einem koevolutionären Prozesses einer kommunikativen Vernunft, die im Rahmen ihrer eigenen lebensweltlichen Praxis Geltung beansprucht und sich im interkulturellen Kontext 'tastend' weiterentwickelt und einem Recht, welches die Praxis von der Notwendigkeit laufend diskursiver Prüfung von Werturteilen durch die Autorisierung von Normen entlastet und für diesen Zweck in unterschiedlichen Formen existiert, bildet die Hintergrundfolie zur Bestimmung der Rolle verantwortungsvoller Führung in der Gegenwart. Sie bildet das Fundament der Wiederherstellung der ethischen Handlungsfähigkeit, was anhand eines neuen Verantwortungsbegriffes im Folgenden inhaltlich konkretisiert wird.

4.3 Verantwortungsbewusste Führung in der deliberativen Demokratie

Die bisherigen Ausführungen dieses Kapitels waren notwendige Vorbemer-
kungen, um die in Kapitel 2 aufgezeigten Herausforderungen der Führung in
ihren Dimensionen zu adressieren. Der Fragmentierung des lebensweltlichen
Hintergrundes und der daraus resultierenden (ethischen) Handlungsunfähigkeit
wurde die Idee einer universalisierbaren, kommunikativen Vernunft als evolutionärer Prozess gegenübergesetzt. Dabei zeichnet sich die hier verfolgte Ar-
gumentationsstrategie zur Wiederherstellung der Handlungsfähigkeit im Rahmen eines Verantwortungsbegriffes des neuen Führungsverständnisses bereits
ab. Allerdings leiden die bisherigen Darstellungen noch unter dem Makel der
„Überkomplexität" moderner Moralkonzeptionen (vgl. auch Tugendhat, 1993c:
230). Diesen gilt es durch eine nähere Konkretisierung im Folgenden zu beheben. Dazu soll zunächst (endlich) geklärt werden, wie die derart fundierte 'Verantwortung' von Führung beschaffen ist, um dann einen neuerlichen Blick auf
die Führungsdimensionen als Bausteine einer verantwortungsvollen Führungskonzeption zu werfen.

4.3.1 Entwicklung eines Verantwortungsbegriffes der Führung

Der im Rahmen dieser Arbeit vorgeschlagene Verantwortungsbegriff soll nicht
nur Verantwortung begründen, sondern darüber hinaus auch Handlungsorientierungen liefern, die im Rahmen der Führung zur Anwendung kommen können. Der hier entwickelte Begriff nimmt dabei eine zweigliedrige Form an, be-
stehend aus einem allgemeinen ethischen Prinzip zum einen (1) und den Implikationen desselben für die spezifische Position der Führung im historischen
Kontext zum anderen (2):

(1) Die Idee einer kommunikativen Vernunft und ihrer Bedingungen an den
normstiftenden und -prüfenden Diskurs können als handlungsleitendes Prinzip
formuliert werden. Die Urform eines solchen repräsentiert die 'Goldene Regel'
mit ihrer volkstümlichen Formulierung:

„Was du nicht willst, das man dir tu, das füge keinem anderen zu!"

In der Moralkonzeption nach Kant avancierte sie zum Ausdruck eines allgemeinen Sittengesetzes in der Form des kategorischen Imperativs:

> „(...) handle nur nach derjenigen Maxime, durch die du zugleich wollen kannst, daß sie ein allgemeines Gesetz werde." (Kant, 1968: 51 (BA 52))

bzw. in seiner praktischen 'Zweckformel':

> „(...) Handle so, dass du die Menschheit, sowohl in deiner Person, als in der Person eines jeden anderen, jederzeit zugleich als Zweck, niemals bloß als Mittel brauchst." (Kant, 1968: 61 (BA 67)).

Eine kommunikativ ergänzte Formulierung, die die 'Solipzismusgefahr des einsamen Philosophen' vermeidet, findet sich in einem führungsethischen Kontext bei Lozano:

> „Act in such a way as to direct your action, as far as possible towards a basis for an ideal communicative action." (vgl. Cortina, 1993: 172; übersetzt durch Lozano, 2002: 103;

Ähnlich fasst dies auch Lorenzen mit der Definition kommunikativer Vernunft als „Transsubjektivität", die „die Orientierung des Argumentierens am allgemeinen, freien Konsens" zum Ausdruck bringt (Lorenzen, 1987: 251).

Dass eine solche prozeduale Moralkonzeption begründet Anspruch auf Geltung erheben kann und das friedliche Gelingen der Handlungspraxis fördert ist in Kapitel 4.2 dargelegt worden. Aus der Einsicht ihre Bedingungen erfolgt die 'Verpflichtung'[70] des Willens durch die selbstgesetzgebenden Vernunft entsprechend zu handeln. Diese Einsicht bedarf keiner tugendethischen Unterfütterung, wie Maak und Pless dies angestrebt haben (vgl. Kap. 3.2.5). So geartete 'Sein-Sollen-Beschreibungen' würden die Autonomie des hier adressierten Individuums einschränken (vgl. hierzu auch Tugendhat, 1993b). Daher erscheint in Hinblick auf die Bestimmung und Begründung der Führungsverantwortung eine Regel-

---

[70] Kant spricht an dieser Stelle von der „Nötigung" des Willens durch die im kategorischen Imperativ gefasste Gesetzgebung der Vernunft (vgl. Kant, 1968: 41 ff. (BA 37 ff.)).

ethik, wie sie für diese Arbeit zugrunde gelegt wird erforderlich.[71] Im Rahmen einer solchen bleibt die Handlungsfreiheit des Individuums erhalten. Es kann allerdings nur für ein solches Handeln Legitimität beanspruchen, welches sich an den Vorstellungen einer kommunikativen Ethik orientiert und damit seine Verantwortung wahrnimmt.

Ein Verantwortungsbegriff, der den Einzelnen in die Pflicht nimmt sein Handeln an einem kommunikativen Ideal zu orientieren, adressiert jedoch unspezifisch alle Menschen[72] ohne dabei eine führungsspezifische Konnotation zu besitzen. In anderen Konzeptionen kommt es an dieser Stelle zu einem Reflexionsstopp. Das unspezifische Moralprinzip wird als universelles (nicht universalisierbares) Moralprinzip verstanden und liefert so die Grundlage für die (kulturimperialistische) Forderung einer Weltbürgerverantwortung in einem kosmopolitischen Sinne, die die idealisierte Vorstellung der Führungsverantwortung sowie den eigenen Charakter eines normativen Appells nicht überwinden kann (vgl. Kap. 2.2.2; Kap. 3.2.5; sowie Maak/Pless, 2008).

Nichtsdestotrotz liefert die kategoriale Fassung der Vorstellung einer kommunikativen Vernunft eine grundsätzliche 'Faustregel', die für die Führungspraxis bereits von reellem Nutzen sein kann. Hierauf wurde in Anlehnung an Trevino et. al. bereits hingewiesen (vgl. Kap. 3.2; bzw. Trevino/Brown/Hartman, 2003; Trevino/Hartman/Brown, 2000). Es gilt nun die Führungsverantwortung durch ihre Einbettung in die spezifische handlungspraktische Situation weiter zu konkretisieren.

(2) Die Orientierung an einer Verpflichtung zur Berücksichtigung der Voraussetzungen des idealen Diskurses im eigenen Handeln kann nur die notwendige Bedingung eines Verantwortungsbegriffes darstellen. Hinreichend wird ein solcher erst durch den Einbezug der spezifischen, historisch-kontingenten Handlungsbedingungen der Führung. Dies bedeutet nicht, dass für die Führung an-

---

[71] Damit sollen Tugenden jedoch nicht grundsätzlich verdammt werden, sie leisten zweifelsohne einen sinnvollen Beitrag zur gesellschaftlichen Koordination.

[72] Hierunter sind natürlich nur diejenigen zu verstehen, die diejenige Lebenswelt teilen, die diese Vorstellung von Vernunft hervorgebracht hat.

dere Moralprinzipien Gültigkeit besäßen. Dies war in Anlehnung an Ciulla bereits festgestellt worden (exemplarisch Ciulla, 2006: 24 f.). In Analogie zu der Rekonstruktion der allgemeinen Vernunft muss allerdings auch bei der Konkretisierung des Verantwortungsbegriffs der Führung auf die zugrundeliegende (Führungs-)Praxis zurückgegriffen werden. Diese war schließlich der Ausgangspunkt der Führungskritik.

Ähnlich argumentiert auch Young (vgl. Young, 2006; Young, 2008). Ausgangspunkt ihrer Überlegungen ist die Frage nach einer sinnvollen Neufassung des Verständnisses verantwortungsvollen bzw. gerechten Handelns in einer globalen Gemeinschaft. Wesentlich ist es dabei, dass die Verpflichtung zu einem gerechten Handeln weder auf die nationale Gesellschaft (bspw. Rawls, 1979), noch auf das 'Menschsein' (bspw. Singer, 1993) zurückgeführt, sondern durch die Struktur menschlicher Interaktion begründet wird (vgl. Young, 2008: 138 ff.). Die Gemeinschaft geht der Gesellschaft voraus, welche die wechselseitigen Erwartungen an einen gerechten sozialen Austausch erst nachträglich in eine rechtliche Form überträgt. Damit ist nach Young die Begründung für ein global verantwortliches Handeln geliefert, welches sich auf grenzüberschreitende Interaktionen stützt bzw. sich in der globalen Gemeinschaft abspielt. Die Verpflichtung zum gerechten Handeln und die Verantwortlichkeit diesbezüglich erwächst aus den zugrunde liegenden sozialen Beziehungen (vgl. Young, 2008: 139 ff.; unter Bezug auf Beitz, 1999; und O'Neill, 1996). Dies ist weitestgehend analog mit der in dieser Arbeit entwickelten Argumentation, welche einen gültigen Vernunftbegriff an eine gemeinsame Handlungspraxis knüpft. Inwiefern die von Young skizzierte globale Gemeinschaft und eine entsprechende Praxis faktisch existiert, mag bezweifelt werden. Hier greift wiederum die oben entwickelte Vorstellung eines interkulturellen Lernprozesses.

Von Interesse sind die Konsequenzen für den Verantwortungsbegriff durch Young. Sie argumentiert, dass der traditionelle, enge, rechtlich geprägte Verantwortungsbegriff der 'Liability' in einem globalen Kontext nicht mehr greift. Die Intuition hierbei ist, dass viele globale Probleme und Konflikte auf strukturelle Ungerechtigkeiten ('structural injustice') zurückzuführen sind. Sie charakterisiert diese folgendermaßen:

„'Structural injustice' exists when social processes put large categories of persons under a systematic threat of domination of deprivation of the means to develop and exercise their capacities, at the same time as they enable others to dominate or have a wide range of opportunities for developing and exercising capacities. Structural injustice is a kind of moral wrong distinct from the wrongful action of an individual agent or the wilfully repressive policies of a state. Structural injustice occurs as a consequence of many individuals and institutions acting in pursuit of their particular goals and interests, within given institutional rules and accepted norms." (Young, 2008: 147 f.).

Die Ungerechtigkeiten, bspw. in Form von schlechten Arbeitsbedingungen in sogenannten 'sweatshops', sind das Ergebnis einer individuellen Zielverfolgung. Die Verantwortung hierfür ist eine geteilte, die diejenigen Akteure einschließt, die durch ihre Partizipation zur Reproduktion der strukturellen Ungerechtigkeiten beitragen. Diese Akteure sind damit verpflichtet ihren Beitrag zu Bewältigung dieser Problemlagen zu leisten. Young schlägt daher einen erweiterten Verantwortungsbegriff vor, der die sozialen Beziehungen der gemeinsamen Handlungspraxis zum Zentrum hat, das 'Social Connection Model'. Dieses zeichnet sich in Abgrenzung zum 'Liability Model' durch fünf Merkmale aus:

(1) Erstens verfolgt es eine ganzheitliche anstelle einer isolierenden Sichtweise. Es geht hierbei ja nicht mehr um die Herausstellung einzelner Schuldiger. Die Konflikte entstehen durch die Partizipation einer Vielzahl von Akteuren.

(2) Zweitens trennt sich der erweiterte Verantwortungsbegriff von der Analyse der Hintergrundbedingungen, die im Falle des 'liability model' als Abweichung von einen 'guten' Normalzustand konzipiert werden. Strukturelle Ungerechtigkeiten reproduzieren sich allerdings unter bereits akzeptierten Handlungsnormen. Diese gilt es zu kritisieren.

(3) Drittens ist das 'Social Connection Model' stärker auf die Zukunft ausgerichtet. Es geht hierbei weniger um die Betrachtung eines abgeschlossenen Falles, als vielmehr um einen laufenden Prozess, den es zu ändern gilt.

(4) Viertens handelt es sich wie bereits gesagt um eine geteilte Verantwortung, in Abgrenzung zu einer Gemeinsamen. Derart wird eine diffuse kollektive Verantwortung auf den Beitrag jedes Einzelnen heruntergebrochen.

(5) Fünftens wird ein besonderes Augenmerk auf kollektive Handlungen gelegt, da die auftretenden Probleme nur durch eine breite Partizipation zu bewältigen sind (vgl. Young, 2008: 152 ff.).

Youngs Ausführungen sind durch die Vorstellung einer globalen Gerechtigkeit geleitet. Sie unterstreichen abermals die Komplexität der Probleme, die auch in der Führungspraxis relevant werden. In diesem Lichte legen sie es nahe, die Vorstellung einer Führungsverantwortung nicht mit zu hohen Erwartungen zu überborden. In Einklang mit dem ethischen Handlungsprinzip muss diese als eine geteilte Verantwortung gedacht werden, die einen partizipativen und gegenüber bestehenden Institutionen kritischen Charakter annimmt.

Dieser Exkurs skizziert nochmals die Beschaffenheit globaler Probleme und bestärkt den Bezug des Verantwortungsbegriffes zu der darunterliegenden faktischen Handlungspraxis. Diese ist durch einen Pluralismus an Interessen geprägt, deren jeweilige Vertreter unter Bedingungen aufeinandertreffen, die sich durch große Machtgefälle auszeichnen, also Zustände, die die Diskurstheorie des Rechts und ihrem deliberativen Politikverständnis in ihrer pragmatischen Abwendung von einer philosophischen Diskurstheorie zu berücksichtigen sucht. Reale Diskurse können scheitern, werden verzerrt oder unterbrochen und liefern im besten Falle nur momentane 'Lösungen' (vgl. dazu auch Scherer/Palazzo, 2007; sowie Scherer, 2008b).

In einer so beschaffenen Handlungspraxis kommt der Führung eine exponierte Stellung zu. Im Rahmen ihrer wirtschaftlichen Tätigkeit, welche durch eine technisch-ökonomische Rationalität geprägt ist, steht die Führungskraft in einer Vielzahl von Interaktionen mit unterschiedlichen Akteuren und kulturellen Kontexten. Dabei zeichnet sie sich im Vergleich zu anderen Teilnehmern durch ein höheres Maß an Freiheitsgraden aus.[73] Diese bestehen in wirtschaftlicher und politischer Freiheit, ebenso wie dem besseren Zugang zur Bildung. Weiterhin kontrolliert sie zentrale Ressourcen und Handlungsoptionen, über die sie stark in die Handlungsräume andere Akteure eingreift bzw. die für den Erfolg

---

[73]   An dieser Stelle sei wiederum auf die Denkfigur des gemäßigten Voluntarimus verwiesen.

eines Austausches essentiell sind. Dies wird dann besonders offensichtlich wenn man sich die Austauschbedingungen zwischen Führungskräften multinationaler Unternehmen mit schlecht organisierten Interaktionspartnern aus der dritten Welt (bspw. Zulieferer) vergleicht. Die Selbsterfahrung der Führungskraft stützt sich also auf eine Führungspraxis, die durch ein relativ höheres Maß an Handlungs- und Einflussoptionen gekennzeichnet ist.

Diese Aspekte der faktischen Situation der Führung stehen der Vorstellung gleichberechtigter, kommunikativer Verständigung zunächst entgegen. Hierin konkretisieren sich die Bedingungen eines Führungshandelns, welches für sich (moralische) Legitimität beanspruchen kann. In dem Maße nämlich, in dem Führungskräfte in Handlungszusammenhängen agieren, die den (regulativen) Vorstellungen einer kommunikativen Vernunft nicht entsprechen, jedoch von Seiten der Führung maßgeblich geprägt werden (können), gilt es den Bedingungen des idealen Diskurses Geltung zu verschaffen. Hierin liegt die konkretisierte Verantwortung einer Führung unter den Bedingungen der Globalisierung. Es kann also nicht genügen, dass sich die Führung 'bereithält', um sich in aufkommende Diskurse einzubringen. Sie hat im Lichte faktischer Machtdifferenzen die Verpflichtung die Kommunikationsbedingungen und damit die Handlungspraxis in Richtung eines diskursiven Ausgleiches hin proaktiv zu verändern bzw. den illustrierten Lernprozess interkultureller Verständigung zu initiieren.

Diese Anforderung bringt die Bedingungen der postnationalen Konstellation im Verantwortungsbegriff der Führung zur Geltung: In Ermanglung bestehender Regelsysteme obliegt es den in der Handlungspraxis Beteiligten neue Handlungsorientierungen zu schaffen. Die mächtigen Akteure, in vorliegenden Fall die global agierenden Führungskräfte, tragen hierbei die Verantwortung die Legitimitätsbedingungen dieses Prozesses zu sichern. Auf diese Weise werden auf glokaler Ebene neue 'Governance'-Strukturen geschaffen. Für die Führung gilt es darüber hinaus die Einhaltung der Diskursergebnisse und des Rechtes zu garantieren. Hierin manifestiert sich das deliberative Moment, welches über den idealen Diskurs hinaus komplexitätsreduzierende Handlungsnormen mit einbezieht. Führungsverantwortung besteht also in der Einsicht in eine kommuni-

kative Vernunft und deren proaktive Förderung in dem Diskursnetzwerk der Praxis. In dem Maße, in dem ihre Wahrnehmung seitens der Führung dabei Bezug
auf die Rahmenbedingungen der gesellschaftlichen Praxis nimmt, wird sie zu
einer *politischen Verantwortung.*

Im Folgenden wird dieses Verständnis einer politischen Führungsverantwortung
anhand der drei Führungsdimensionen als Bausteine einer neuen Führungskonzeption konkretisiert.

4.3.2 Ein erweitertes Handlungsmodell und die Rollen
der Führung (Baustein 1)

In Kapitel 2 wurde zur Illustration des Entscheidungsverhaltens ein einfaches
Handlungsmodell eingeführt. Dieses lässt sich vor dem Hintergrund des erarbeiteten Verantwortungsverständnisses nun ergänzen. Hierzu wird der Vorschlag
Kirschs aufgegriffen, das in der Literatur prävalente einfache, 'zweigliedrige'
Handlungsmodell durch ein 'dreigliedriges' zu ersetzen (vgl. Kirsch, 2001: 322
ff.; Kirsch/Brunner/Eckert, 1999: 41-76; Kirsch/Seidl, 2004). Abgrenzend zum
ersten, in dem der Akteur der Situation gegenübersteht, werden im letzteren „die
grundlegenden Orientierungen des Akteurs gegenüber der Situation [einge-
führt], zwischen denen er hin und herwechseln kann." (Kirsch, 2001: 322 f.).
Damit soll die allgemeine Vorstellung der 'Einstellung', die der Akteur einer
spezifischen Situation gegenüber äußert, anhand verschiedener Typen grundle-
gender Orientierungen ausdifferenziert werden (vgl. Kirsch, 2001: 323 f.).
Kirsch greift zur Erläuterung exemplarisch auf die handlungstheoretischen
Überlegungen Habermas' zurück und unterscheidet so zwischen einer 'Erfolgsorientierung' und einer 'Verständigungsorientierung' in der Einstellung
des Handelns. Prinzipiell sind aber auch andere oder ergänzende Handlungsorientierungen denkbar. Abbildung 4-03 illustriert diese Überlegungen:

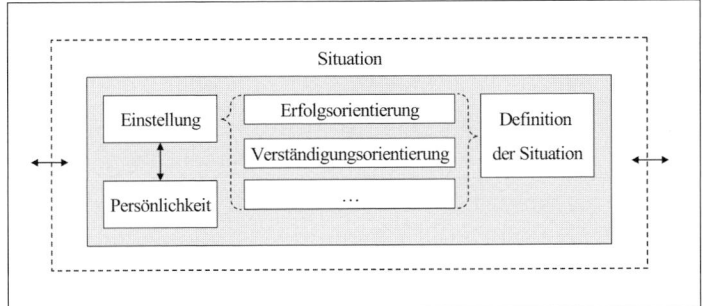

Abb. 4-03: Ein erweitertes Handlungsmodell[74]

Die 'Erfolgsorientierung' liegt der Vorstellung eines 'strategischen Handelns' zugrunde, welches unabhängig von der Realisierung fremder Handlungspläne ausschließlich auf den eigenen Erfolg abzielt. Dazu kann es auch auf die bereits erläuterten entsprachlichten Medien des Geldes oder der Macht zurückgreifen. Dies entspricht weitestgehend der klassischen Vorstellung des Führungshandelns, welches sich ganz der Aufgabenerfüllung verschrieben hat. Abgrenzend hiervon steht die 'Verständigungsorientierung' für ein kommunikatives Handeln, welches seine Handlungspläne in einem Diskurs zu realisieren sucht. Während diese Unterscheidung bei Habermas und Kirsch aus einer induktiven Perspektive zur Systematisierung der empirischen Handelungsformen entstammt (vgl. Habermas, 1981a: 114-151; Kirsch/Brunner/Eckert, 1999: 50 ff.), erfolgt sie hier aus einer deduktiven Perspektive, die die Vorstellung verantwortungsvoller Führung konkretisieren soll. Darin nötigt die Idee der kommunikativen Vernunft, mit ihrer 'Konsenspflicht' für den Diskurs der Führungskraft eine prinzipielle Verständigungsorientierung auf. Führungsentscheidungen stehen damit grundsätzlich unter dem Vorbehalt, spätere Geltungsansprüche noch mit zu berücksichtigen. Der handelnde Akteur kann nun zwischen den jeweiligen Handlungsorientierungen „switchen", damit kommt der abrupte Orientierungswechsel zum Ausdruck (Kirsch, 2001: 323). Die beiden Ori-

---

[74] Quelle: Eigene Darstellung.

entierungen schließen sich allerdings nicht gegenseitig aus, im Rahmen dieser
Arbeit stehen sie in einem ergänzenden Verhältnis. Das verständigungsorientierte Handeln geht dabei dem erfolgsorientierten Handeln voraus, insbesondere in Kontexten, die noch nicht über stabilisierende Handlungsnormen verfügen.

Man kann dies nun noch weiter ausführen, indem man die Vorstellung der Handlungsorientierung mit dem in der Führungstheorie häufig anzutreffenden Rollenkonzept verknüpft. Dieses war bereits im Rahmen der Darstellung des Konzeptes 'Responsible Leadership' in Kapitel 3.2.5 kritisch beleuchtet worden. Kritisch deshalb, weil die Einführung von Führungs- bzw. Managerrollen stets ein
Balanceakt zwischen der praktischen Anschaulichkeit und der wissenschaftlichen Strenge ('rigour') darstellt. „At best, role is a fuzzy concept" (Mintzberg,
1973: 266). Dies hat seiner Popularität in den Managementwissenschaften allerdings nicht geschadet (vgl. allgemein Mintzberg, 1980; Staehle, 1991; sowie
konkret zur Führungsverantwortung Carroll, 1987; Löhr/Bischof, 1993;
Maak/Pless, 2006b; Steinmann/Löhr, 1991; Trevino/Hartman/Brown, 2000).
Mintzberg weist im Rahmen der Herleitung seiner zehn Managerrollen darauf
hin, dass ein solches Vorgehen in erster Linie ein pragmatisches ist, dessen
Qualität sich nur anhand des Nutzens einer solchen Differenzierung für den Wissenschaftler bemessen lässt (vgl. Mintzberg, 1980: 55). Vor diesem Hintergrund
soll im Rahmen der vorliegenden Arbeit die Konkretisierung des Verständnisses einer verantwortungsvollen Führung weiterhin anhand der erarbeiteten Führungsdimensionen erfolgen. Im Lichte bereits bestehender rollentheoretischer
Überlegungen in der eigenen Forschungstradition, sollen diese hier allerdings
knapp besprochen werden.[75]

In Anlehnung an Nielsens „Institution Citizen" (vgl. Nielsen, 1989) entwerfen
Steinmann et. al. vor dem Hintergrund ihrer unternehmensethischen Arbeiten

---

[75] Das Rollenkonzept wird an dieser Stelle mit dem Bezug zur Handlungsorientierung besprochen, prinzipiell weist es, insbesondere in Tradition nach Mead, durch den Prozess des wechselseitigen 'role-
taking' und 'role-making' eine starke interaktionelle Prägung aus (vgl. Etzrodt, 2003: 208-250). Dieser Aspekt könnte also auch im Rahmen der Führungsinteraktion als Baustein 2 thematisiert werden.

die Führungsrolle des „verantwortungsvollen Bürgers". Diese „politische Rolle" konstituiert zusammen mit einer „technischen Rolle" die Doppelrolle des Managers (vgl. Steinmann/Löhr, 1991). Beide Rollen werden in Bezug auf die Erlanger Dialogethik begründet. Dem zugrunde liegt die Vorstellung des Friedens als oberstes Ziel allen menschlichen Handelns. Dies ist bereits erläutert worden. Aus diesem obersten Prinzip ergibt sich nun die politische Verantwortung des Managers, der sein Handeln im Rahmen der vernünftigen Argumentation eines Dialoges zu rechtfertigen hat. Gleichzeitig aber steht auch seine wirtschaftliche Betätigung im Dienste des Friedens, in dem die effiziente Ressourcenverwendung etwaige friedensstörende Mangelsituationen beseitigt (vgl. Steinmann/Löhr, 1991: 514). In späteren Überlegungen wird dabei diese technisch-ökonomische Rolle weiter ausdifferenziert. In Anlehnung an einen praktischen Orientierungsrahmen, das 'BMW-Führungsdreieck', werden die Rollen des Fachmanns, des Integrators und des Spielmachers eingeführt (Löhr/Bischof, 1993; vgl. Abbildung 4-04).

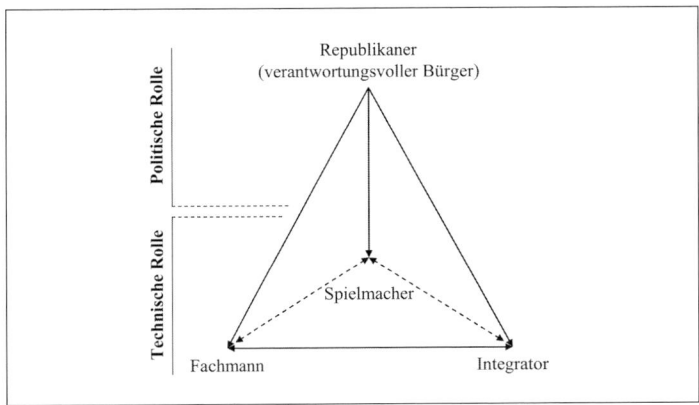

Abb. 4-04: Führungsrollen in der Nürnberger Unternehmensethik[76]

---

[76]   Quelle: Löhr/Bischof, 1993: 25, ergänzt durch den Verfasser.

Die Rolle des Fachmanns steht dabei für die Leitungs- bzw. Führungsfunktion der Lokomotion. Sie beschreibt den Beitrag der Führungskraft bei der Anleitung und Lenkung seiner Untergebenen bei der sachzielorientierten Aufgabenerfüllung. Dies wird durch die Rolle des Integrators ergänzt. Diese steht für die Führungsfunktion der Kohäsion, die die Bemühungen der Führungskräfte um den Ausgleich heterogener Zielvorstellungen von Unternehmen und Mitarbeitern, sowie den Zusammenhalt der Arbeitsgruppe umfasst. Beide Rollenvorstellungen sind aus bestehenden Abgrenzungen in der Personalführungslehre abgeleitet (vgl. Löhr/Bischof, 1993: 6; FN 16). Die Rolle des Spielmachers ergänzt die beiden anderen technischen Rollen durch die Funktion einer kritischen Reflexion und Revision der unternehmerischen Planungsbemühungen. Sie soll neben der Effizienz auch die Effektivität unternehmerischen Handelns sicherstellen. Hierin schlagen sich die Arbeiten zu einem neuen Verständnis der strategischen Planung nieder (vgl. Schreyögg/Steinmann, 1987; Steinmann/Kustermann, 1996; Steinmann/Walter, 1990; sowie auch Steinmann/Olbrich, 1994). Über diesen Rollen der technisch-ökonomischen Rationalität schwebt die Rolle des Republikaners, als Ausdruck einer politischen Verantwortung im Sinne einer Bürgerverantwortung:

> „In dieser Bezeichnung soll zum Ausdruck kommen, daß bei Führungsentscheidungen jenseits bloß individueller Interessen immer auch das „Ganze" berücksichtigt werden soll, also die wohlbegründeten Anliegen des Unternehmens und der Öffentlichkeit." (Löhr/Bischof, 1993: 24).

In diesem Sinne finden hier also die unternehmensethischen Überlegungen Eingang in die Führungsaktivitäten. Zu ihrem Verhältnis sagen die Autoren Folgendes:

> „Die Führungskraft hat auf einer Klaviatur von vier (...) Rollen zu Spielen, wobei der Rolle des verantwortungsvollen Bürgers – des Republikaners – das Primat zukommt. Dieses Primat ist so zu verstehen, daß einerseits die Rollendefinition von Fachmann, Integrator und Spielmacher durch ethische Überlegungen des Republikaners allererst gerechtfertigt und freigestellt werden muß." (Löhr/Bischof, 1993: 25).

Der ethischen Rolle kommt hierin also ein Primat zu, welches korrigierend gegenüber den anderen Orientierungen in Aktion tritt. Die konkrete Entscheidung

und Vermittlung von Zielkonflikten bleibt zwangsweise dem jeweils Handelnden überlassen.

Anzumerken ist, dass die Fragen zur Verantwortung der (Personal-)Führung im
Rahmen der Nürnberger Unternehmensethik und der TdMNU (bisher) nur sehr
wenig Aufmerksamkeit erhalten haben. Vor diesem Hintergrund und der Tatsache, dass die Arbeiten bereits etwas 'älteren Datums' sind, ist ihr Beitrag für
die vorliegende Arbeit kritisch zu beurteilen. Dies gilt neben der kritischen
Grundhaltung gegenüber dem Rollenkonzept auch für fünf weitere Punkte.

(1) Erstens wird in diesen Arbeiten die post-nationale Wende, wie sie vor allem
durch Scherer vollzogen wurde (ebd., 2003), nicht in diesem Maße berücksichtigt.

(2) Damit geht zweitens noch ein geringeres Maß an Sensibilität gegenüber den
interkulturellen Herausforderungen der Ethikkonzeptionen einher.

(3) Gleichzeitig bleibt drittens die zugrunde gelegte Politiktheorie eine republikanische, deren Schwächen einer zu idealistischen Vorstellung der Bürger-
pflichten erst im deliberativen Demokratiebegriff abgeschwächt werden.

(4) Viertens ist die Diskussion der verantwortungsvollen Führung stark durch
die Überlegungen einer verantwortungsvollen Unternehmensführung geprägt.
Die vorliegende Arbeit versucht hingegen dezidiert das Interaktionsmoment der
Führung im engeren Sinne zu berücksichtigen.

(5) Fünftens berücksichtigen diese rollentheoretischen Skizzen auch nicht die
hier vorgeschlagene post-traditionelle Wende in der Führungstheorie, die neben
den Mitarbeitern auch andere Interaktionsgruppen im Rahmen der Führung mit
einbezieht.

Unabhängig hiervon führen diese Arbeiten die Vorstellung einer diskursethisch
fundierten Führung weiter aus und unterstützen damit die eigenen Konkreti-
sierungsbemühungen. Gleichzeitig stärkt die Unterscheidung einer politischen
und technischen Rolle die hier eingeführten notwendigen und hinreichenden Bedingungen eines Verantwortungsbegriffes. Eine Führung, die unter den Bedingungen der Globalisierung agiert und für ihr Handeln Legitimität beansprucht,
muss sich einer deliberativen Prüfung ihrer Geltungsansprüche unterziehen.

Der Führungskraft kommt zum einen als Mensch die Verantwortung zu im Rahmen einer kommunikativen Vernunft zu agieren. Als mächtiger Akteur in der Handlungspraxis muss sie zum anderen den Bedingungen derselben Geltung verschaffen. Dies entspricht der Erwartung der Gesellschaft gegenüber ihren mächtigen Akteuren, die Bedingungen der friedlichen gesellschaftlichen Koordination nicht zu untergraben.

Im Folgenden gilt es nun, die Implikationen des entworfenen Verantwortungsbegriffes auch für die Führungsdimensionen der 'Interaktion' und 'Aufgabe' im Rahmen der Bausteine 2 und 3 auszubuchstabieren.

4.3.3 Führung als deliberative Interaktionsgestaltung (Baustein 2)

Die Vorstellung einer deliberativ verfassten, politischen Führungsverantwortung trägt die Notwendigkeit der proaktiven Interaktionsgestaltung an die Führungskraft heran. Hier liefert das Bild eines 'Netzwerkes der Einbeziehung wie es von Maak und Pless vorgeschlagen wurde (vgl. Kap. 3.2.5; Maak/Pless, 2006b) einen ersten Anhaltspunkt. Abbildung 4-05 illustriert die darin möglichen Typen der Stakeholderbeziehungen der Führungskraft:

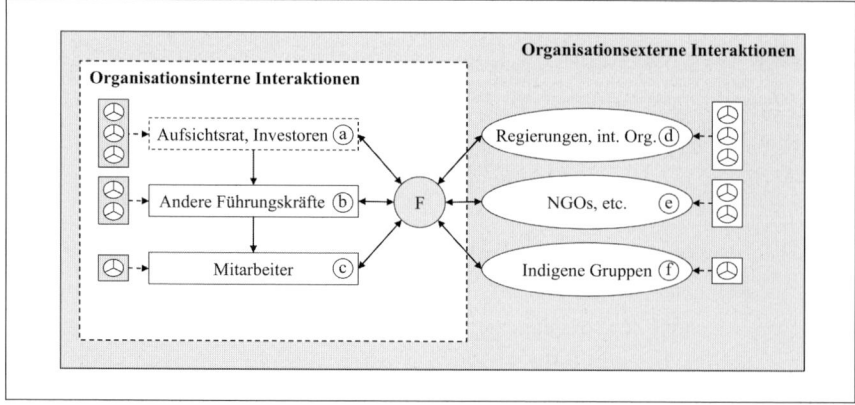

Abb. 4-05: Das Netzwerk verantwortungsvoller Führung[77]

Darin wird grob zwischen organisationsinternen und den organisationsexternen Interaktionen unterschieden. Weiterhin zeichnen sich die jeweiligen Interaktionspartner durch unterschiedliche Einflusspotentiale gegenüber der Führungskraft aus und nehmen eine übergeordnete (a/d), laterale (b/e) oder untergeordnete (c/f) Position zu ihr ein. Mit Blick auf die eingeführten Handlungsorientierungen (vgl. Kapitel 4.3.2); ergeben sich für die verantwortungsvolle Führung zwei Typen der Interaktionsgestaltung: Eine 'Kritisch-Reflexive' (1) und eine 'Kritisch-Innovative' (2).

(1) Die *kritisch-reflexive Interaktionsgestaltung* zielt auf bereits etablierte Handlungspraxen ab. Diese zeichnen sich durch ein höheres Maß an etablierten Routinen aus. In ihnen existieren Sets (normativer) Handlungsprämissen, die keiner laufenden Hinterfragung unterliegen (müssen). Letztere sind im Zuge des vorangegangenen Austausches in die kontextuellen Bedingungen der Interaktion und des laufenden Unternehmensgeschehens eingegangen (vgl. Kapitel 2.1.2; insb. 2.1.2.3). Hierunter fallen viele der organisationsinternen Interaktionen, die sich beispielsweise auf die Unternehmensverfassung und die bestehenden vertraglichen Vereinbarungen der Akteure berufen können. Interaktionen erfolgen hierin primär in einem erfolgsorientierten Modus. Das grundsätzliche Vorhandensein solcher Rahmenbedingungen, mit deren Sicherstellung auch die klassische Führung beauftragt ist, entbinden diese allerdings nicht von der Notwendigkeit der kritischen Reflexion der normativen Bedingungen des Handelns. Oder anders: Das traditionelle Vorhandensein von 'sweat shops' in der eigenen Unternehmung oder der von ihr geprägten Wertschöpfungskette begründet natürlich nicht deren zukünftige Reproduktion. Der Führungskraft obliegt es die Bedingungen der etablierten Handlungspraxis kritisch zu überprüfen. Dazu dient ihr die Vorstellung der kommunikativen Vernunft als regulative Idee. Die verantwortungsvolle Führungskraft muss also die faktischen Handlungs- und Interaktionsbedingungen stets kritisch reflektieren, um sie gegebenenfalls im Rahmen einer pragmatischen Deliberation der Betroffenen zu thematisieren.

[77] Quelle: Eigene Darstellung. Diese Überlegungen sind anschlussfähig an die Argumentation und Darstellungen in der „Stakeholder"-Literatur (vgl. exemplarisch Agle et. al., 2008; Freeman, 1984; Phillips, 2003; Post/Preston/Sachs, 2002).

(2) Dies ist Gegenstand einer *kritisch-innovativen Interaktionsgestaltung*, welche im Rahmen sich neu etablierender Handlungspraxen zur Geltung kommt.[78] Dies betrifft beispielsweise neue Projekte in organisationsexternen Interaktionen, die sich das Unternehmen im Rahmen seines Wirtschaftens erschließt. Hier gilt es die legitimen Handlungsprämissen zunächst zu definieren. Um dies zu gewährleisten genügt der erfolgsorientierte Handlungsmodus nicht. Es bedarf der Initiierung einer verständigungsorientierten Deliberation. Dies wurde bereits in Kapitel 4.2 ausgeführt. Allerdings ist in der Praxis davon auszugehen, dass die jeweiligen Interaktionspartner über sehr differente Machtpotentiale verfügen, so dass ein solcher legitimierender Prozess nicht 'automatisch' in Gang käme. Auf dessen Einrichtung hinzuwirken ist daher konstitutiv für eine verantwortungsvolle Führung. Modelliert man ein solches Zustandekommen einer neuen Interaktion als Planungs- und Entscheidungsprozess (vgl. exemplarisch Bronner, 2004; sowie Palazzo/Scherer, 2006: 81), so ergeben sich für die Führung hieraus drei Aufgaben: Die Einrichtung deliberativer Strukturen (2a), die Aufrechterhaltung eines angemessenen Deliberationsprozesses (2b), die Hinwirkung auf eine Entscheidungsfindung und -durchsetzung (2c).

(2a) Eine verantwortungsbewusste Führung muss darauf bedacht sein auf die Einrichtung deliberativer Strukturen im Rahmen ihrer Zielverfolgung hinzuwirken. Dies impliziert also dass ihr die ökonomisch motivierten, vertraglichen Vereinbarungen mit anderen mächtigen Akteuren nicht genügen kann, sondern, dass alle durch ihr Handeln Betroffenen mit einbezogen werden müssen. Anschauliche Praxisbeispiele liefern Großprojekte, die zwischen Regierungen und multinationalen Unternehmen vereinbart werden und Einfluss auf eine Vielzahl von Akteuren besitzen. Ein 'berüchtigtes' Projekt dieser Art ist der Bau der OCP-Pipeline im Norden Ecuadors, welches durch sein sozial und ökologisch schadhaftes Vorgehen zum Inbegriff verantwortungsloser Geschäftspraktiken

---

[78] An dieser Stelle erscheint es sinnvoll, vornehmlich solche Interaktionen zu berücksichtigen, die auch zu Handlungspraxen führen. Einmalige Kontakte unterliegen auch den Bedingungen der hier entwickelten Vorstellung einer verantwortungsvollen Führung, sind allerdings nur sehr bedingt Gegenstand gestalterischer Bemühungen. Weiterhin ist anzumerken, dass solche neuen Handlungspraxen nicht unterschiedlichen kulturellen Handlungspraxen entstammen müssen.

geworden ist (vgl. Amazonwatch, 2009; Goodland, 2002). Finanziert unter der Federführung der westdeutschen Landesbank (WestLB) wird es durch ein Konsortium internationaler Ölkonzerne getragen. Die Geschlossenheit der Projektplanungsprozesse solcher Zirkel, muss nun durch eine verantwortungsvolle Führung durchbrochen werden, um auch anderen Betroffenen Zugang zu gewähren. Dabei liefern die zunehmende Zahl an gescheiterten Projekten, die Gefahr zunehmender Kosten und Reputationsverluste auch erfolgsstrategische Argumente gegenüber 'uneinsichtigen' Akteuren deliberative Strukturen zu etablieren. Auch scheint die Identifikation von Betroffenen, immerhin werden hier 'Öltürme in fremden Vorgärten gebaut', in der Praxis einfacher als in der Theorie.

(2b) Finden deliberative Strukturen Eingang in derartige Projekte ist zu hoffen, dass der Zwang zur laufenden Rechtfertigung und Transparenz gegenüber einer solchen Öffentlichkeit friedensstiftende Resultate hervorbringt. Dazu muss die Führung allerdings sicherstellen, das die Zugangsbedingungen zu den Diskursen nicht im Laufe der Zeit verzerrt werden. Es gilt also sicherzustellen, dass die mächtigen Akteure sich nicht sukzessive dieser 'lästigen' Kontrolle entziehen.

(2c) In dem Maße, in dem dem praktischen Handeln zeitliche Restriktionen auferlegt sind, gilt für die Führung auch auf die Entscheidungsfindung hinzuwirken. Dies kann sie im Rahmen einer Vermittlerrolle zwischen den beteiligten Akteuren ebenso unterstützen wie durch innovative Problemlösungen. Am vielversprechensten erscheint allerdings die Berücksichtigung solcher Situationen im Rahmen der Institutionalisierung deliberativer Strukturen. Hier liefert das Drei-Kammer System im Rahmen des ‚Forest Stewardship Council' ein Beispiel. Darin existieren eine ökonomische, eine soziale und eine ökologischen Kammer, die mit den jeweiligen Interessensvertretern besetzt sind und sich im Rahmen von Abstimmungs- und Vetorechten um konsensuale Entscheidungen bemühen (vgl. www.fsc.org). Während der ideale Diskurs scheitern kann, besteht im Rahmen der Deliberation die Möglichkeit anhand solcher Arrangements Arbeitskompromisse zu finden. Letztlich gilt es für eine verantwortungsbewusste Führung auch die Einhaltung der Entscheidungsergebnisse zu unterstützen. Hier kann sie sich auf ihre Kontroll- und Informationssysteme, anhand welcher sie das Projektengagement überwacht, nutzen.

Im laufenden Geschehen wechselt die Führungskraft dabei ständig zwischen den beiden Formen der Interaktionsgestaltung. Die kritisch-innovative sichert die Legitimität der Verfahren und Normen in sich neuen etablierenden Handlungspraxen, die kritisch-reflexive unterzieht dieselben laufend einer kritischen Kontrolle. Die sich hierin manifestierende Einflussnahme erfährt ihre Legitimation durch ihre Verfasstheit als ergebnisoffener, diskursiver Lernprozess. Beide Aspekte der Interaktionsgestaltung bringen das proaktive Element einer verantwortungsbewussten Führung zur Geltung, die um die Legitimierung des eigenen und des Unternehmenshandelns bemüht ist. Letzteres ist Gegenstand des Bausteins 3.

4.3.4 Führung und die Legitimität von Unternehmen (Baustein 3)

Der Baustein 3 greift die Überlegungen zur Führungsdimension 'Aufgabe' wieder auf. Darin wurde die Rolle der Führung im Rahmen der Genese und Verfolgung der Ziele der Unternehmung herausgestellt. Diese Prozesse sind, das hat der Seitenblick zur CSR-Diskussion unterstrichen, durch das Bestreben der Organisationen um eine Legitimitätssicherung und Komplexitätsbewältigung und der den Bedingungen einer post-nationalen Konstellation geprägt (vgl. Kap. 2.2; sowie Palazzo/Scherer, 2006; Scherer/Palazzo/Seidl, 2008).

Unter Legitimität kann dabei in einem ersten Zugriff eine Rechtfertigung von Ordnungen und Handlungen die „mit dem Prestige der Vorbildlichkeit und Verbindlichkeit" ausgestattet sind, oder anders, die sich auf die geltenden Normen und Werte berufen, verstanden werden (Weber, 1956: 23). Legitimität kann in diesem soziologischen Verständnis als eine konstruktive Zuschreibung einer Übereinstimmung von Handlungen und Institutionen mit den geltenden sozialen Normen, Werten und Erwartungen charakterisiert werden:

> „Legitimacy is a generalized perception or assumption that the actions of an entity are desirable, proper, or appropriate within some socially constructed systems of norms, values, beliefs, and definitions." (Suchman, 1995: 574; vgl. auch Oliver, 1996; Scherer/Patzer, 2006).

Die Legitimitätsattribution ist von zentraler Relevanz für das organisationale Handeln:

> „Legitimität ist (...) für die Stabilisierung und den dauerhaften Erhalt von Organisationen unverzichtbar, denn sie ist eine notwendige Voraussetzung für den Zufluss von Ressourcen und für die nachhaltige Unterstützung durch die wichtigsten Bezugsgruppen der Organisation." (Scherer/Patzer, 2006: 42).

Legitimität stellt also eine Grundvoraussetzung für den Fortbestand und die Stabilisierung von Organisationen dar (vgl. dazu auch Palazzo/Scherer, 2006; Suchman, 1995).

In Anlehnung an Suchman kann der Begriff der Organisationslegitimität weiter ausdifferenziert werden. Er unterscheidet zwischen einer pragmatischen (1), einer kognitiven und einer moralischer Legitimität (3).

(1) Unter den Begriff der pragmatischen Legitimität subsumiert Suchman die Legitimitätsattributionen, die auf den Kalkulationen am Eigeninteresse orientierter Individuen beruhen:

> „Pragmatic legitimacy rests on the self-interested calculations of an organization's most immediate audiences. Often, this immediacy involves direct exchanges between organization and audience; however, it also can involve broader political, economic, or social interdependencies, in which organizational action nonetheless visibly affects the audience's well being." (Suchman, 1995: 578).

Es ist also nachrangig, inwieweit die Akteure direkt über die Erträge oder indirekt über das makroökonomische System von den Handlungen der Organisation profitieren. Sie werden dieser „solange Legitimität zuschreiben, wie sie aus deren Existenz und Verhalten einen Vorteil ziehen" (Scherer/Patzer, 2006: 43). Ein hierauf ausgerichtetes Management versucht diese Berechnungen der Akteure beispielsweise im Rahmen der Öffentlichkeitsarbeit zu beeinflussen (vgl. Scherer/Palazzo/Seidl, 2008).

(2) In Abgrenzung dazu beschreibt die kognitive Legitimität eine eher passive Form der Unterstützung. Diese von Suchman als subtilste und mächtigste charakterisierte Form der Legitimität stützt sich wesentlich auf unbewusste Attributionsprozesse, in denen Output und Verhalten von Organisationen bzw. Un-

ternehmen als quasi 'natürliche' Form des Gütertransformationsprozesses verstanden werden. Diese „taken-for-grantedness" kann dabei derart umfassende Ausmaße annehmen, so dass gilt „for things to be otherwise is literally unthinkable" (Suchman, 1995: 583). Daraus wird ersichtlich, dass sich diese Form der Organisationslegitimität weitestgehend Manipulationsversuchen entzieht. Solche Versuche können sogar zu bewussten, negativen Bewertung seitens der Öffentlichkeit führen. Unternehmen streben daher eine Angleichung an die sozialen Erwartungen in Hinblick auf die mächtigsten Stakeholder an (vgl. Palazzo/Scherer, 2006: 72 f.).

(3) Moralische Legitimität schlussendlich ist Ausfluss einer bewussten, ethischen Beurteilung des Verhaltens von Unternehmen. Verhalten und Output werden in den Kontext sozialer Wohlfahrt eingeordnet. Wenngleich diese Form der Organisationslegitimität nicht zwingend frei von Individualinteressen ist, so ist sie prinzipiell „pro-sozial" konzipiert (Suchman, 1995: 579). Entscheidend ist, dass diese Konzeption auf einem argumentativen Prozess aufbaut, der dadurch minder anfällig für Manipulationsversuche ist und somit die beiden vorangegangenen Formen transzendiert (vgl. Kap. 4.2; sowie Palazzo/Scherer, 2006).

Festzuhalten ist, dass während sich kognitive Legitimität auf unbewusste Prozesse stützt, basieren sowohl die pragmatische, als auch die moralische Legitimität auf der bewussten Interaktion mit den relevanten Stakeholdern. Gleichfalls ist ersichtlich, dass das Management von Organisationslegitimität von der pragmatischen Form bis zur moralischen an Komplexität zunimmt. Sie gewinnt damit aber auch an Stabilität. Suchman verweist auf die Wechselwirkungen zwischen den einzelnen Formen, die sich in der Tendenz gegenseitig verstärken, jedoch auch im problematischen Verhältnis zueinander stehen können (vgl. Suchman, 1995: 585).

Im Rahmen der CSR-Theorien haben Scherer und Palazzo die Notwendigkeit eines neuen Legitimationsmanagements betont, welches dem Legitimationsdefizit mit einer zunehmenden Politisierung der Unternehmen begegnen soll (vgl. Palazzo/Scherer, 2006; Scherer/Patzer, 2006). Die bisherigen Arbeiten hierzu haben die innerorganisatorischen Bedingungen einer solchen Legitimitätssicherung allerdings kaum berücksichtigt und beginnen erst langsam sich mit diesem Thema auseinanderzusetzen (vgl. Scherer/Palazzo/Seidl, 2008). Es ist das Verständnis dieser Arbeit, dass der Vorstellung einer verantwortungsvollen Führung hier eine zentrale Funktion zukommt. Die Führung stellt dabei die Verbindung zwischen dem organisationalen Zielsystems (1) und dem Handeln 'vor Ort' (2) dar. In Anschluss an die bereits angesprochene Kritik gegenüber der Vorstellung von Zielbildungs- und Planungsprozessen als synoptische Totalplanung durch das Top-Management stellt die Führung nun das Medium der dezentralen Öffnung der Zielgenese dar (vgl. Kap. 2.1.2.4; sowie Steinmann/Kustermann, 1996; Steinmann/Olbrich, 1998). Zielsystem und Handeln stehen in einem reziproken Verhältnis:

(1) Zum einen liefern die organisationalen Rahmenordnungen, man denke hier an die Ertragsziele, ebenso wie an bestehende 'Codes of Conduct' eine grundsätzliche Orientierung für das Handeln vor Ort. Gleichzeitig können in der Organisationsstruktur bereits Lösungsmuster für auftretende Wertkonflikte angelegt sein. Einen solchen Vorschlag liefern Scherer, Palazzo und Seidl in Einklang mit den drei vorgestellten Legitimitätsforderungen. Sie unterscheiden drei grundsätzliche Vorgehensweisen zur Wiederherstellung der Organisationslegitimität: Erstens den Versuch einer strategischen Manipulation, der durch die Veränderung der gesellschaftlichen Erwartungen pragmatische Legitimität wiederherstellen soll, zweitens die isomorphe Adaption, also die organisatorische Anpassung an bestehende und stabile Erwartungen zur Sicherung kognitiver Legitimität und drittens den Versuch einer wechselseitigen Anpassung im Rahmen einer moralischen Argumentation zur Gewinnung moralischer Legitimität. Dem Verständnis der vorliegenden Arbeit nach ist es die Führungskraft, die hier situativ über die Möglichkeit und Zweckmäßigkeit der jeweiligen Vorgehensweise entscheiden kann.

In Hinblick auf ihre internen Stakeholder trägt sie Sorge für die Einhaltung bestehender Regelsysteme im Sinne eines auf 'Compliance' ausgelegten Ethikprogramms. Gleichzeitig ist sie im Rahmen ihres regelkonformen und verständigungsorientierten Handelns Vorbild im Sinne einer 'Integrity'-Orientierung.

(2) Zum anderen liefern die Interaktionsprozesse mit ihrer wechselseitigen Abtastung unterschiedlicher Ziel- und Wertvorstellungen seitens (externer) Inter-

aktionspartner eine essentielle Rückkopplung der Handlungspraxis an das Zielsystem. Dies kommt insbesondere im Rahmen der Einbeziehung externer Akteure in den organisationalen Entscheidungsprozess zum Ausdruck. Es ist dabei gleichgültig, ob diese Einbeziehung die Form einer laufenden Projektparti-
zipation oder die einer Episode moralischen Argumentierens annimmt. In beiden Fällen stehen zentrale Annahmen und Handlungsoptionen zur Disposition.
Hier bejaht die Führungskraft die faktische Komplexität des Handelns, ist allerdings, wie bereits im Rahmen der Interaktionsgestaltung dargelegt, um die
Sicherung tragfähiger Kompromisse bemüht. Diese müssen dabei geeignet sein
auch für zukünftige Interaktionen das Handeln zu entlasten und gleichzeitig
sollten sie anschlussfähig an die bestehenden organisationsinternen Orientierungsrahmen sein. Auf diese Art und Weise schafft eine Führung als Deliberation zweierlei: Zum einen ermöglicht sie die immer wieder geforderte 'demokratische Öffnung' der Organisation (vgl. Fung, 2003; Fung, 2005) und die notwendige Transparenz und Verständigungsorientierung zur Abstimmung von Un-
ternehmens- und Gesellschaftszielen. Zum anderen bietet sie das Unternehmen
nicht der Notwendigkeit laufender praktischer Diskurse feil, sondern macht
sich die handlungsentlastende Wirkung so erarbeiteter legitimer und autori-
sierter Handlungsorientierungen zu Nutze.

In diesem Sinne ermöglicht sie den unter den Bedingungen der postnationalen
Konstellation erforderlichen Wechsel in den Koordinationsmodi innerhalb und
außerhalb der Organisation. Einem solchen Führungsverständnis gelingt es dabei die Vorstellung einer rein systemischen Steuerung über Geld und Amts-
macht zu transzendieren und durch eine Verständigungsorientierung zu ergänzen. Auf diese Weise wird sie den beschriebenen Herausforderungen im Zuge
der Krise des Nationalstaates gerecht und transformiert das vermeintlich antagonistische Verhältnis von Profit und Moral in ein sich wechselseitig bedin-
gendes.

4.3.5 Was also ist 'verantwortungsbewusste Führung'?

Die hier ausgeführten Überlegungen zielten darauf ab die Bedingungen der postnationalen Konstellation in einem neuen, erweiterten Verständnis von Führung zur Geltung zu bringen. Dazu wurden im Rahmen der vorliegenden Arbeit unterschiedliche, potente Konzepte in einem Deutungsfeld zusammengeführt, um zum einen die Inhalte des traditionellen Führungsbegriffs erfassen zu können und zum anderen diese im Lichte der sich im Zuge der Globalisierung stellenden, neuen Führungsherausforderungen gerecht zu werden. Dabei stellte sich die Frage nach der Rolle der Führung bei der Bewältigung normativ konnotierter Konflikte (vgl. Kapitel 1; sowie Kapitel 2.2.2). Der im Rahmen dieser Arbeit hierzu entwickelte Verantwortungsbegriff stellt die Führung in den Kontext deliberativer Netzwerke aus denen legitime Zielvermittlungen hervorgehen sollen. Das so entwickelte Verständnis zeichnet sich durch vier zentrale Merkmale aus: Den zweigliedrigen Verantwortungsbegriff (1), die Betonung einer verständigungsorientierten Handlungsorientierung (2), die Vorstellung einer proaktiven Interaktionsgestaltung (3) und die Kopplungsfunktion zwischen Unternehmen und Gesellschaft (4).

(1) Die hier erarbeitete verantwortungsbewusste Führungskonzeption ruht auf einem zweigliedrigen Verantwortungsbegriff. Dieser leitet sich aus den aus der Praxis rekonstruierten Bedingungen eines friedlichen Zusammenlebens ab. Waren diese zunächst kulturgebunden, so ließ sich zeigen, dass sie im Rahmen interkultureller Lernprozesse über dialogische Netze als universalisierbar angenommen werden können (vgl. Kapitel 4.2.3). Vor dem Hintergrund eines solchen Ethikverständnisses unterliegt die Führungskraft als vernunftbegabter Mensch der Verpflichtung das eigene Handeln an der Vorstellung einer idealen Kommunikation zu orientieren. Diese notwendige Bedingung einer Führungsverantwortung erfährt ihre hinreichende Ergänzung durch den Einbezug der Charakteristika der Führungspraxis. Diese ist durch die exponierte Stellung der Führungskraft und ihre einfluss- und kontrollrelevanten Handlungsoptionen geprägt. In dem Wechselspiel verschiedener Handlungsorientierungen und -interessen trägt sie die Verantwortung die Austauschbedingungen der interagierenden Akteure derart zu korrigieren, dass die Ergebnisse (moralische) Legitimität für sich beanspruchen können.

In diesem Sinne operiert die Arbeit mit einem moralischen Verantwortungsbegriff und umgeht damit die Verkürzungen eines legalistischen Verständnisses. In einer Handlungspraxis, in der 'Governance'-Stukturen fragwürdig oder schlichtweg nicht vorhanden sind, kann Verantwortung nicht als rückwärtsgewandtes Rechtfertigungsmanagement ausgelegt werden. Die Führungsverantwortung als Voraussetzung legitimen Handelns muss als proaktives Engagement zugunsten einer kommunikativen Abstimmung von Lebensplänen und Handlungen verstanden werden, die gleichzeitig moralisch- und rechtlich-verfasste Konsense in der fortlaufenden Praxis sichert. Mit ihrem Bezug auf die Handlungsstrukturen der jeweiligen Praxen wird sie zu einer politischen Verantwortung (vgl. Kapitel 4.3.1).

(2) Der Verantwortungsbegriff der Führung heilt die ethische Orientierungslosigkeit der Führungskraft, indem er die Erwartungen einer (best-)begründeten Ethik für die Akteure konkretisiert. Die Entsprechung auf der Ebene des individuellen Handelns stellt die Verständigungsorientierung dar. Diese spiegelt die Einsicht in die Bedingungen eines normlegitimierenden und friedlichen Austausches wieder. Das verständigungsorientierte Handeln soll und kann das erfolgsorientierte Handeln nicht ersetzen. Letzteres erleichtert die Koordination größerer sozialer Systeme maßgeblich und bewältigt durch die effiziente Allokation von Ressourcen etwaige Mangelsituationen. Die Verständigungsorientierung unterstützt die Integration von internen und externen Stakeholdern und läuft der Erfolgsorientierung 'legitimitätssichernd' voraus. Gleichzeitig ist hier, in Anlehnung an die republikanische Führungsrolle, das kritische Reflexionspotential der Führungskraft angelegt (vgl. Kapitel 4.3.2).

(3) Im Rahmen der Führungsdimension 'Interaktion' schlägt sich dies in der Vorstellung einer proaktiven Interaktionsgestaltung nieder. Die Führungskraft bildet einen Nexus des Austausches mit internen und externen Anspruchsgruppen, die in sehr unterschiedlichen Machtrelationen zueinander stehen. Dieses Feld ist durch das Aufeinanderprallen heterogener Interessen, Anliegen und Nöte gekennzeichnet. Dabei sind die mächtigen Akteure oftmals in der Lage über Handlungen zu entscheiden, die weitreichende Konsequenzen für die minder mächtigen Akteure besitzen. Will die Führungskraft hier ihrer Verantwortung

gerecht werden, so genügt es nicht die Forderungen Betroffener per 'Almosen' abzuhandeln, sondern es bedarf der 'Einbeziehung der Anderen' in die Entscheidungsprozesse (vgl. Kapitel 4.3.3). Die Führung muss also im Sinne einer kritischen Interaktionsgestaltung die Voraussetzungen für einen deliberativen Austausch der Betroffenen schaffen. Sowohl die Gestaltung solcher Rahmenbedingungen der Interaktion, als auch die Ergebnisse der Diskurse unterliegen dabei einem stetigen Evolutionsprozess, in dem die Führungskraft ökonomische Ziele durch legitime Mittel verfolgt. In diesem Prozess sichert sie Kompromisse und Konsense als wichtige Arbeitshypothesen und wird zum Garanten einer produktiven, glokalen Entscheidungsfindung und Legitimitätssicherung.

(4) Im Sinne dieser Legitimitätssicherung fungiert die Führung als Kopplung zwischen den unternehmensinternen Zielbildungsprozessen und den gesellschaftlichen Erwartungen. Die organisationale Planung bedarf eines dezentralen Momentes zur Verarbeitung und Bewältigung der heterogenen Interessen. In dem Maße, in dem die Führung in die zentralistischen Zielbildungsprozesse und das Handeln vor Ort eingebettet ist, erfährt die Unternehmung eine demokratische Öffnung. Ihr Zielsystem, ebenso wie die autorisierten Handlungsnormen der 'Codes of Conduct' werden so selbst Gegenstand deliberativer Prozesse und ihrer legitimitätsstiftenden Wirkung. In Anbetracht der Tatsache, dass der moralische Diskurs nicht immer notwendig ist, fungiert die Führung gleichzeitig auch als Entscheidungsstelle der angemessenen organisationalen Reaktion auf neue Forderungen seitens der Unternehmensumwelt. Die Führungskraft, die durch ihre Einbindung in das Handeln vor Ort über Sachkompetenz verfügt, ist dadurch besser in der Lage, die Wahl zwischen strategischem Eingriff, isomorpher Adaption oder moralischem Diskurs zu treffen, als dies durch sachferne Planer erfolgen könnte. In solchen Prozessen übernimmt die Führung die notwendige Komplexitätsbejahung, um somit tragfähige Konsense zu erarbeiten (vgl. Kapitel 4.3.4).

Damit konkretisiert sich die Vorstellung eines neuen, erweiterten Führungsbegriffes anhand der erarbeiteten Dimensionen aus Kapitel 2. Verantwortungsvolle Führung im Sinne einer deliberativen Führung manifestiert sich also in ihrer spezifischen Handhabung der Herausforderungen einer postnationalen Konstellation: Das Einsatzgebiet von Führungskräften ist prinzipiell ein globales. Konkret interagieren sie dadurch mit Akteuren aus (kulturell) heterogenen Kontexten. Die sich etablierenden Handlungspraxen verfügen nur bedingt über legitimierte Handlungsorientierungen zur Beilegung von Konflikten. Der Führung kommt hier die Verantwortung zu den Prozess der Genese solcher institutioneller Ordnungen so mitzugestalten, dass seine Ergebnisse über eine hinreichende moralische Legitimation verfügen. Die dabei vorgenommene Einflussnahme ist selbst wiederum Gegenstand einer deliberativen Prüfung. Eine solche Führung koppelt damit das globale erfolgsorientierte Handeln der Unternehmung mit den lokalen Kommunikationsprozessen. Diese Kopplung bindet das kapitalistische Gewinnstreben wieder an die gemeinschaftliche Selbstbestimmung, auch wenn letztere nicht nationalstaatlich verfasst ist. Will man nun den Versuch unternehmen, diese Überlegungen im Rahmen einer begriffsdefinitorischen Annäherung 'formelartig' zusammenführen, so lässt sich verantwortungsbewusste Führung im Sinne einer deliberativen Führung folgendermaßen fassen: *Verantwortungsbewusste Führung kann als das, auf einer prozedualen Ethik und kommunikativen Vernunft ruhende, proaktive Engagement im Prozess der gemeinschaftlichen Selbstbestimmung unter aktiver Einbeziehung und Mobilisierung anderer (betroffener) Akteure verstanden werden. Sie verfolgt dabei das Ziel, organisationale (ökonomische) und gemeinschaftliche (sozio-politische) Zwecke in einer legitimitätstiftenden Weise zu vermitteln.*

4.4 Rückblick auf die Fallstudien und die ethischen Führungstheorien

Das so erarbeitete Verständnis soll nun herangezogen werden, um einen 'Blick zurück' auf die Fallstudien und die Theorienkritik des Kapitel 3 zu werfen: Wie ist das Führungshandeln in den Fällen 'Siemens' und 'Interface' vor dem Hintergrund des entwickelten Verantwortungsbegriffs der Führung zu beurteilen (1) und können die eigenen Überlegungen die Defizite anderer Konzeptionen beheben bzw. deren Schwachstellen vermeiden (2)?

(1) Die beiden Fallbeispiele dienten im Rahmen dieser Arbeit in erster Linie als Rückkopplung der konzeptionellen Überlegungen an die Führungspraxis. Sie bilden eine Hintergrundfolie, die die Relevanz und die Konsequenzen 'guter' und 'schlechter' Führung unter den Bedingungen der postnationalen Konstellation betonen. Interessant erscheint es nun einen neuerlichen Blick auf Heinrich von Pierer (1a) und Ray Anderson (1b) zu werfen.

(1a) Der Fall von Pierer hat die negativen Auswirkungen eines Führungshandelns offenbart, welches nicht in Einklang mit den gesellschaftlichen Erwartungen steht. Dabei ist dies in vielen Aspekten ein idealtypisches Beispiel dafür wie wirtschaftliche Akteure die schleichende Legitimitätserosion bestimmter Wirtschaftspraktiken, in diesem Falle Bestechungen, nicht angemessen berücksichtigen. An Schärfe gewinnt dieses Beispiel dadurch, dass dieser ethische Wandelprozess auch rechtlich verbrieft worden ist. Aus dem Handeln in einem traditionell, neoliberalen Selbstverständnis des Verhältnisses von Markt und Gesellschaft wurde zunächst illegitimes und dann illegales Handeln.

Schwerwiegend bei der Beurteilung der ehemaligen Siemens Führungsriege ist, dass es sich hier nicht um einen Fall mangelnder Kenntnis zu handeln scheint, sondern dass der operative Kern bewusst durch eine Zahl an Führungskräften mit einer Fassade der Adaption von normativen Kontrollmechanismen von der Öffentlichkeit abgeschirmt wurde. Das Führungsbeispiel 'von Pierer' steht damit für ein Führungsverständnis, welches den Austausch zwischen Unternehmung und Gesellschaft in erster Linie als instrumentell verkürzt. Ein rein erfolgsorientiertes Handeln als unbedingtes Leitmotiv kann eine genuine Abstimmung mit der Gesellschaft nicht leisten. Dies galt bereits unter der 'noch intakten' nationalstaatlichen Rahmenordnung, hat jedoch schon dort unternehmensethische Reflexion notwendig gemacht (vgl. Steinmann/Löhr 1994; sowie Kapitel 3.1.2). Unter den Bedingungen der postnationalen Konstellation, so wurde in der vorliegenden Arbeit argumentiert, bedarf es einer proaktiven und genuinen Involvierung von Führungskräften und ihren Unternehmen in den politischen Selbstbestimmungsprozesse der jeweiligen lokalen, nationalen und globalen Gemeinschaften. Der Fall Siemens führt die Risiken vor Augen, die mit einer nur oberflächlichen Berücksichtigung der Anforderungen an ein verantwortungsvolles (Führungs-)Handelns unter den Bedingungen der Globalisierung einhergehen. Die in diesem Beispiel zutage tretenden Konflikte bestehen in den verschiedenen gesetzlichen Rahmenordnungen, ebenso wie den kulturell geprägten faktischen Bedingungen in der jeweiligen Handlungspraxis. Zusammen mit der internen Abwälzung der Komplexität einer Verbindung von ökonomischer Rationalität und kommunikativer Vernunft auf Mitarbeiter, die über weniger Handlungsspielräume verfügen, kann ein antagonistisches Verhältnis zwischen ökonomischer und moralischer Zielssetzungen nicht transzendiert werden. Die entstandene Lücke zwischen den nach außen kommunizierten Werten und der innen gelebten Praxis bedeutet für Siemens und seine Mitarbeiter, ebenso wie für den ehemaligen Vorstandsvorsitzenden von Pierer, schwere finanzielle Schäden und einen kaum bezifferbaren Reputationsverlust. Heinrich von Pierer ist damit nicht als 'schlechter Mensch' gebrandmarkt. Offensichtlich wird aber, dass sein Führungshandeln sowohl nach innen als auch nach außen den Vorstellungen einer verantwortungsbewussten Führung unter den Bedingungen einer postnationalen Konstellation nicht entsprechen kann.

(1b) Ray Andersons Entscheidung Interface auf einen ökologisch nachhaltigen Kurs zu bringen wird der Gegenwart von vielen Interessensgruppen als 'Heldentat im Kampf gegen die Übel des Kapitalismus' betrachtet. Neben einer solchen politisch aufgeladenen Stilisierungen liefert Fall 'Anderson' ein gutes Anschauungsbeispiel für das hier entwickelte Führungsverständnis. Das Beispiel zeichnet sich dadurch aus, dass hier explizit Bezug zu einem 'traditionell' gesellschaftlichen Ziel, dem Umweltschutz genommen wird. Ray Anderson hat

sich damit einem für seine Branche brisanten gesellschaftlichen Thema angenommen und auf dessen Berücksichtigung im unternehmerischen Handeln hin-
gewirkt. Dazu war es notwendig viele der eingeübten Prozesse neu zu überdenken. Anderson wirkte in diesem Prozess als Rollenvorbild und Bezugsperson für
seine Mitarbeiter. Gleichzeitig haben sich die Entscheidungsprozesse von Interface unter seiner Führung durch den Einbezug anderer Interessensgruppen und
Experten einer kritischen und sachkundigen Öffentlichkeit gegenüber geöffnet.

Es darf allerdings nicht der Eindruck entstehen, dass verantwortungsvolle Füh-
rung an einen 'Hau-Ruck'- bzw. 'Alles-oder-Nichts'-Modus zu geknüpft ist.
Vielmehr geht es um die übergreifende Öffnung der Organisation gegenüber der
Umwelt und der allgemeinen Einspeisung von Kompromissen zur Zielverfolgung der Unternehmung. Natürlich erscheint es im Lichte organisationaler Träg-
heit sinnvoll alte Zielvorstellungen und Strukturen mit Hilfe sehr exponierter
Personen aufzubrechen. Wichtig ist es allerdings neue, externe Ziele nicht 'per
Dekret von Oben' einzuführen, sondern den kommunikativen Abgleich mit bestehenden, internen Zielen anzustreben. Es gilt die Mitarbeiter und Anteilseigner für die veränderten Zielvorstellungen zu gewinnen. In dem Maße, in dem
dies im Falle Interface geglückt scheint, wird der große Einfluss von Führungskräften in Hinblick auf die Bewältigung gesellschaftlicher Problemstellungen deutlich.

(2) Beim Rückblick auf die thematisierten Führungskonzeptionen sind hier die
Kritikpunkte am Forschungsprogramm nach Maak und Pless von größter Bedeutung. Die anderen Konzeptionen sind aufgrund ihrer konzeptionellen Aus-
gangsbasis in ihrer Aussagekraft stark beschränkt. Darauf ist bereits eingegangen worden.

Es wurde in dieser Arbeit argumentiert, dass Überlegungen von Maak und Pless
unter einer unzureichenden theoretischen Verankerung (2a), einer heterogenen
Ethikbasis (2b) sowie der Gefahr der Überlastung der Führungskraft (2c) leiden (vgl. Kap. 3.2.5).

(2a) Die Arbeiten zur verantwortungsvollen Führung im Sinne eines 'Responsible Leadership' operieren an der Schnittstelle sehr unterschiedlicher, poten-

ter Forschungstraditionen. Management- und 'Leadership'-Theorien, Ethik und
Politikwissenschaft liefen unabhängig voneinander legitime Zugänge zu dem
Untersuchungsphänomen. Um der Gefahr einer zu oberflächlichen Betrachtung
zu begegnen, stand im Rahmen der vorliegenden Arbeit der Zugang über die
Führungstheorien im Zentrum der Untersuchung. Die rekonstruierten Füh-
rungsdimensionen dienten als Untersuchungsraster zur Einbeziehung anderer
theoretischer Konzepte. Der unternehmensethische Hintergrund des eigenen
Forschungsprogramms ermöglichte weiterhin die Entwicklung eines Verständnisses verantwortungsvoller Führung, welches anschlussfähig zur aktuellen
CSR-Diskussion bleibt.

(2b) Die heterogene Ethikbasis der Überlegungen von Maak und Pless wurde
als einer der Hauptkritikpunkte an diesem Ansatz herausgestellt. Im Rahmen
der eigenen Überlegungen wurde der Frage nach einer, (best-)begründeten Moralkonzeption viel Platz eingeräumt. Anhand einer kulturalistisch erweiterten
Diskursethik und ihrem deliberativen Politikbegriff wurde der Verantwortungsbegriff der Führung grundlegend rekonstruiert. Die Positionsbestimmung
der Führungskraft in einer globalen Gemeinschaft unter den Bedingungen einer postnationalen Konstellation war wesentlich für die Wiederherstellung der
ethischen Handlungsfähigkeit.

(2c) Eng damit verbunden ist die Gefahr der Überforderung der Führungskraft
durch Tugendlisten, Rollenkonzepten und einer kosmopolitischen Ethik. Die Betonung *einer* kommunikativen Vernunft in dieser Arbeit sollte dem vorbeugen.
Auch wurde hier versucht, die Überkomplexität moderner Moralkonzeptionen
anhand der Führungsdimensionen zu reduzieren. So konnte die Vorstellung einer proaktiven, politischen und globalen Verantwortung konkretisiert werden. Die
Führungskraft muss nicht mehr 'Held im Strudel globaler Übel' sein, sondern
sein eigenes Handeln kommunikativ erweitern. Dazu liefert die Arbeit die kategoriale Faustregel als Ausgangspunkt eines neuen Verantwortungsbegriffes. Diese wurde in Hinblick auf die individuelle Handlung, die Interaktionsgestaltung
und die organsationale Einbettung in den Führungsalltag zurückgeführt. Damit
verliert sich der idealistische Charakter einer verantwortungsvollen Führung.

4.5 Zwischenresümee

Ziel des Kapitels war es ein eigenes Verständnis verantwortungsvoller Führung zu entwickeln. Dabei galt es die im Rahmen der Fallbeispiele und des Kapitels 2 aufgezeigten Herausforderungen für die Führung unter den Bedingungen der Globalisierung angemessen zu berücksichtigen. Die in Kapitel 3 thematisierten Führungs(ethik)theorien haben diese Überlegungen informiert und für bestehende Problembereiche sensibilisiert.

Besonderes Augenmerk wurde dabei auf die Entwicklung einer Moralkonzeption in Kapitel 4.2 gelegt, welche den modernen Begründungsanforderungen im Lichte interkultureller Konflikte genügt. Die bestehenden Überlegungen des eigenen Forschungsprogrammes konnten hierzu aufgegriffen und kritisch ergänzt werden. Bedeutsam war dabei die explizite Verknüpfung des deliberativen Politikbegriffs mit seinem diskursethischen Kern. Letzterer wurde im Lichte der postmodernen und kulturalistischen Kritik fundamentalpragmatisch erweitert. Die Vorstellung eines koevolutionären Prozesses zwischen Vernunftbegriff und lebensweltlicher Praxis bildet den 'moralischen Fixpunkt' dieser Arbeit. Die Überlegungen zum deliberativen Demokratiekonzept ergänzen diese Vorstellung um den Rechtsbegriff und vermitteln die (präskriptive) Vorstellung einer friedvollen, gemeinschaftlichen Selbstgesetzgebung unter den Bedingungen der postnationalen Konstellation. Dies lieferte die Hintergrundfolie der Positionsbestimmung der Führung von und in multinationalen Unternehmen in einer globalen Gemeinschaft.

Zentral war hierzu die Entwicklung des zweigliedrigen Verantwortungsbegriffes der Führung. Dieser setzt sich aus einem universalisierbaren kategorialen Prinzip und seiner Rückkopplung an die Führungspraxis zusammen. Dieser letzte Schritt stellt dabei eine maßgebliche Konkretisierung gegenüber vorangegangenen Überlegungen dar. Die Führung als mächtiger Akteur erkennt die prozeduralen Ethik nicht nur als begründet an, sondern trägt eine Verantwortung dafür ihr in der Handlungspraxis Geltung zu verschaffen. Sie tut dies nicht in einem Modus der 'Verkündung', sondern ist um einen wechselseitigen Lernprozess bemüht. Der so gewonnene Verantwortungsbegriff wurde weiterhin mit

dem Wesensgehalt der Führung verknüpft. Dies gelang anhand der Implikationen eines solchen, politischen Veranwortungsverständnis für die Dimensionen
der Führung. Die Führungskraft muss demnach eine rein erfolgsorientierte
Handlungsorientierung tranzendieren und die durch sie maßgeblich beeinflussten Interaktionen proaktiv verständigungsorientiert gestalten. Die Legitimation eines solchen Eingriffes erfolgt durch den Modus des ergebnisoffenen
Lernens. Wichtig ist es, nochmals zu betonen, dass eine solche Führungskonzeption das Gewinnprinzip nicht ausschließt. Wirtschaftliche Akteure werden
nicht kategorisch 'moralisiert'. Das Gegenteil ist der Fall: Eine verantwortungsvolle Führung bildet die notwendige Kopplung der globalen unternehmerischen Ertragsorientierung mit den lokalen, kommunikativ verfassten Handlungspraxen. In der Ermangelung normativer Handlungsorientierungen und Regelsysteme stellt deliberative Führung auf die Erarbeitung derselben ab. Das erfolgsstrategische Handeln wird damit kommunikativ eingebettet. Verantwortungsvolle Führung kann somit die Legitimität des eigenen und des Unternehmenshandelns sichern.

Die Konzeption eines 'Leadership as Deliberation' versteht die Führungskraft
als Nexus in dem Prozess der Konfliktbewältigung zwischen unternehmensinternen und externen Akteuren. Will sie für ihr Handeln moralische Legitimität
beanspruchen, so muss sie ihrer politischen Verantwortung in einer friedensstiftenden Art und Weise gereicht werden.

Abbildung 4-06 fasst diese Ergebnisse in Hinblick auf die Analysedimensionen
der Führung und den sich aus den Bedingungen der postnationalen Konstellation ergebenen Implikationen für ein neues Führungskonzept nochmals zusammen.

	Aufgabe Organisationsziele Zielverfolgung Erfolg	Interaktion Machtgrundlagen Einflussprozess	Person Persönlichkeitsmerkmale Sozialisation Entscheidungsprozess
Annahmen eines "klassischen" Verständnis von Führung (meist implizit)	* Dominanz eines Instrumental- bzw. Überlebensmodells mit finanzgeprägten Teilzielen und Anreizsystemen * Führer und Geführter operieren unter diesem Zielsystem und prägen es maßgeblich mit	* Primärer Fokus liegt auf einer Vorgesetzten-Mitarbeiter-Beziehung * Die Interaktion ist durch formale Machtgrundlagen und Weisungsrechte geprägt	* Individuierung im Rahmen "homogener" kultureller und gesellschaftlicher Räume * Die "vollständige" nationalstaatliche Rahmenordnung und religiöse Ethiken liefern unproblematische, moralische Orientierung
Implikationen der postnationalen Konstellation für das Führungs-verständnis	* Verschärfung der "ökonomischen Imperative" im globalen Wettbewerb * Aufkommen neuer, sozialer Ziele, die eine angemessene Adressierung notwendig machen	* Intensivierter Kontakt mit unternehmensexternen Anspruchsgruppen * Konfrontation mit Legitimitätsforderungen jenseits der Unternehmens-verfassung	* Fragmentierung des lebens-weltlichen Hintergrundes und der Grundlagen moralischer Urteile * Erhöhte Relevanz einer moralischen Entwicklung der Führungskraft und ihrer Bereitschaft zur Komplexitäts-bejahung
Leitfragen an ein neues Führungs-konzept	* Wie können ökonomische und soziale Zielsetzungen vermittelt werden? * Wie verändert sich die organisationale Steuerungslogik?	* Wie können Einflussnahmen legitimiert werden? * Welche Form nehmen solche Einflussprozesse an?	* Wie können Führungskräfte auf öffentliche Kritik reagieren? * Wie können Führungskräfte den vorgebrachten Anforderungen gerecht werden? * Welche ethischen Referenzrahmen können als Entscheidungsgrundlage im kultur-pluralistischen Räumen herangezogen werden?
⇒	**Notwendigkeit eines Paradigmenwechsels in der Theoriebildung der Führung im Lichte der Implikationen der postnationalen Konstellation**		
Beitrag einer positivistischen Führungsethik	* Betonung der Notwendigkeit proaktiver Kommunikation seitens der Führungskräfte hinsichtlich der ethischen Entscheidungsprämissen * Ethisches Verhalten wird unter einem Primat der ökonomischen Vorteilhaftigkeit betrachtet	* Im Fokus der Untersuchung steht die Frage nach der Relation von Effektivität und Ethik * Die Interaktion wird weiterhin als Vorgesetzten-Mitarbeiter-Relation gedacht * Legitimationsfragen werden nicht adressiert	* Die Frage nach ethischen Referenzrahmen, die Gültigkeit beanspruchen können wird nicht thematisiert * Die Leistungsfähigkeit des normativen Orientierungs-rahmens wird vorausgesetzt

Beitrag einer post-positivistischen Führungsethik	* Verantwortungsvolle Führung manifestiert sich in der Sicherung von Unternehmenslegitimität im Zusammenspiel von Governance- und Integritätssystemen * Ökonomisches Handeln unterliegt dem Primat der Ethik * Offen bleibt die Möglichkeit der Vermittlung von ökonomischen und sozialen Zielen	* Verantwortungsvolle Führung manifestiert sich in der Einbeziehung der Unternehmensstakeholder * Responsible Leadership wird als Management von Stakeholderbeziehungen konzipiert * Keine Aussage zu den Grundlagen der Führung und dem eigentlichen Einflussprozess	* Entwicklung eines Rollenmodells zur Konkretisierung der "Gestalt" verantwortungsvoller Führung * Ethische Fundierung durch eine kosmopolitische Ethik, basierend auf tugend- und diskursethischen Elementen * Ethischer Pluralismus und die moralische Orientierungslosigkeit der Führung unter den interkulturellen Bedingungen der Globalisierung bleibt bestehen
Beitrag der eigenen Konzeption von Führung als Deliberation	* Betonung lokaler Ziel- und Normbildungsprozesse zur Vermittlung ökonomischer und sozialer Ziele * Demokratische Öffnung des organisationalen Zielsystems und der Entscheidungsprozesse * Aktivierung unterschiedlicher Handlungsmodi zur organisationalen Legitimitätssicherung	* Kritisch-reflexive Interaktionsgestaltung zur kritischen Prüfung der Handlungsbedingungen * Kritisch-innovative Interaktionsgestaltung zu legitimen Entscheidungsfindung und Einbeziehung aller beteiligten Akteure * Legitimation des Einflusshandelns durch seine deliberative Rückkopplung	* Zweigliedriger Verantwortungsbegriff als ethischer Referenzrahmen * Betonung einer Verständigungsorientierung und des proaktiven Engagements in Prozessen gemeinschaftlicher Selbstbestimmung

Abb. 4-06: Charakteristika eines neuen Verständnisses verantwortungsvoller Führung[79]

[79] Quelle: Eigene Darstellung.

5 Schlussbetrachtung

5.1 Ergebnisse der Arbeit

Das Ziel dieser Arbeit war es, einen Beitrag zu einer konzeptionellen Neufassung des Verständnisses von Führung und ihrer Verantwortung unter den Bedingungen einer postnationalen Konstellation zu leisten. Der Aufhänger dazu war das zunehmende Interesse seitens Theorie und Praxis an der Frage nach der Verantwortung der Führung in einer globalen Gemeinschaft. Um sich dieser Fragestellung anzunehmen galt es zu klären, inwiefern eine solche Neukonzeption tatsächlich notwendig erscheint (1), was unter dem Konzept einer verantwortungsvollen Führung zu verstehen ist (2) und wie sich dies in der Führungspraxis niederschlägt (3).

(1) Die gegenwärtige, öffentliche Beurteilung der Leistungsfähigkeit der wirtschaftlichen Akteure ist durch die Schrecken einer globalen Finanzkrise geprägt. In der Kakophonie realer Betroffenheit und politischer Stimmungsmache, in der auch soziale Unruhen beschworen werden, galt es angemessen zu analysieren inwiefern ein neues Führungsverständnis tatsächlich notwendig erscheint. Es wurde gezeigt, dass die Bedingungen des globalen Wirtschaftsprozesses weitreichende Implikationen für das Verständnis des Phänomens Führung aufweisen. Die wirtschaftliche Globalisierung erfährt einen neuen Typus globaler Probleme sozialer und ökologischer Art. Gleichzeitig hat sie sich von ihrem nationalstaatlichen Rahmen gelöst und agiert in Räumen, die bestenfalls nur über schwache 'Governance'-Strukturen verfügen. In diesem Kontext sehen sich Führungskräfte (und ihre Unternehmen) mit einer Vielzahl an gesellschaftlichen Forderungen konfrontiert. Dies als optionalen Faktor im traditionellen Führungsverständnis zu behandelt erscheint den Entwicklungen aus zweierlei Gründen nicht angemessen zu sein: *Erstens* nehmen die gesellschaftlichen Forderungen vermehrt die Form unmittelbarer Eingriffe an. Reputationsverluste und Sanktionen sind die Folge. Ihnen kann und will sich die Führungskraft aufgrund der (physischen) Restriktionen ihrer Biographie nicht entziehen. Sie kann dies auch nicht im Rahmen ihres wirtschaftlichen Handelns, da sich

zweitens die Führungspraxis selbst geändert hat. Die Führung agiert in globalen Räumen, in denen die Sprache der kapitalistischen Gewinnorientierung auf unüberbrückbare Verständigungsprobleme stößt. In dem Maße, in dem der ökonomische Imperativ als alleiniges Leitmotiv fragwürdig wird, bedarf es eines erweiterten, rezeptiven Führungsverständnis, welches in der Lage ist die kulturelle Heterogenität der Handlungsfelder und Interaktionspartner mit den jeweiligen Handlungsmotiven auf legitime Weise zu vermitteln. Nur eine Führung, die dies mit einbezieht und ihre ethische Handlungsunfähigkeit überwindet, kann als global verantwortungsvolle Führung verstanden werden.

(2) Die vorliegende Arbeit entwickelt ein solches Konzept verantwortungsvoller Führung, welches nach Dafürhalten des Verfassers geeignet ist, diese Anforderungen zu erfüllen. Dieses Konzept ruht auf einem Zweischritt: Mit der diskursiven Rechtstheorie und ihrem deliberativen Politikbegriff wird zunächst eine normative Sozialtheorie als Hintergrundfolie für die gesellschaftliche Positionsbestimmung der Führung vorgeschlagen. Diese Sozialtheorie entwirft eine Vorstellung gesellschaftlicher Selbstbestimmung jenseits nationalstaatlicher Strukturen, indem sie die legitimitätsstiftenden, demokratisch-deliberativen Verfahren in ihr Zentrum rückt. Eine solche Idee radikaler Demokratie in Form deliberativer Netzwerke berücksichtigt die faktische Komplexität moderner Gemeinschaften ohne die kollektiv bindenden Verfahren außer Acht zu lassen. Die ihr zugrundeliegende diskursive Moralkonzeption in ihrer kulturalistischen Erweiterung liefert die notwendige ethische Orientierung für die Führungskraft. Daran anschließend ließ sich die Vorstellung einer Führungsverantwortung konkretisieren. Anhand des zweigliedrigen Verantwortungsbegriffes wurde diese über eine bloße Menschenverantwortung hinaus mit der Führungspraxis verknüpft. Ein im Lichte der postmodernen Konstellation erweiterter Führungsbegriff berücksichtigt demnach die politische Dimension glokalen Führungshandelns. Die Einsicht in die begründete Gültigkeit diskursiver Verfahren, die exponierte Stellung der Führung in ihrer Handlungspraxis und der Mangel an global gültigen Normen und Rahmenordnungen nehmen die Führung in die Pflicht deliberativen Strukturen Geltung zu verschaffen.

(3) Konkretisiert wurde dies durch den Rückbezug auf die Führungspraxis. Mit

dem Blick auf den Wesensgehalt der Führung schlägt sich dies in der Betonung eines verständigungsorientierten Handelns und der proaktiven Interaktionsgestaltung nieder. Eine verantwortungsbewusste Führung installiert und sichert prozeduale Verfahren und den Zugang zu denselben als Voraussetzung für eine friedvolle Vermittlung ökonomischer und sozialer Ziele. Das Handeln vor Ort und die Sachkenntnis der beteiligten Akteure sorgen dafür, dass solche Deliberationen nicht zu vergeblichen, idealistisch überfrachteten Anstrengungen verkommen. Eine solche Abstimmung der heterogenen Vorstellungen über eine gelungene Handlungspraxis, ohne diese inhaltlich bestimmen zu wollen, sichert die Legitimität des Führungs- und Unternehmenshandelns. Es wurde argumentiert, dass verantwortungsvolle Führung als politische Deliberation damit einen wesentlichen Beitrag in der Sicherstellung von Unternehmenslegitimität leistet. Als Nexus im Austausch der Unternehmung mit der Gesellschaft ermöglicht sie die Beurteilung und Korrektur des Unternehmenshandelns durch eine kritische Öffentlichkeit.

In diesem Sinne hat die vorliegende Arbeit die Frage nach der Verantwortung der Führung deutlich bejaht. Sie nimmt im Verständnis des Verfassers im Prozess der friedlichen Handlungskoordination globaler und lokaler Akteure eine zentrale Stellung ein. Ohne dabei ihre Kopplung an das ökonomische Kalkül gänzlich zu verwerfen, rückt die hier entwickelte Konzeption die Bedingungen eines begründet legitimen Führungshandelns in das Zentrum einer verantwortungsvollen Führung.

5.2 Forschungsbeitrag und Ausblick

Der anvisierte Forschungsbeitrag dieser Arbeit wurde in der Einleitung anhand der Ebenen Individuum und Struktur und ihrer Relevanz für die Theoriebildung (1) und Führungspraxis (2) illustriert.

(1) Das Hauptaugenmerk der Arbeit lag auf der Entwicklung des Forschungsbegriffes der 'verantwortungsvollen Führung'. Unter dieses Etikett fallen Überlegungen, die das Phänomen 'Leadership' mit Aspekten der Globalisierung (vgl.

Bartlett/Ghoshal, 2003; Danon-Leva, 2005; Mendenhall et. al., 2008), der politischen Theorie (vgl. Cradden, 2005) oder Ethik (vgl. Brown/Trevino, 2006;
Johnson, 2009; Sharma/Bhal, 2004) verknüpfen. Sie alle adressieren damit Facetten eines zugrundeliegenden konzeptionellen 'Drifts' im Verständnis der
Führung. Diesen Paradigmenwechsel als Ganzes in den Fokus der Betrachtung
zu rücken, haben bislang nur einige wenige Veröffentlichungen versucht (vgl.
Doh/Stumpf, 2005a; Maak/Pless, 2006a). Die Bedeutung dieses Themas kann
allerdings als unbestritten angenommen werden und findet zunehmend Anklang
in der wissenschaftlichen Gemeinde (vgl. Scherer/Palazzo/Weaver, 2009). Es
war das Anliegen der vorliegenden Arbeit an dieser Stelle einen systematischen
und integrierenden Beitrag zum Verständnis der Führung unter den Bedingungen der Globalisierung zu leisten. In dem Deutungsfeld 'verantwortungsvoller
Führung' wurde dazu das Phänomen der Führung im Kontext der politischen
und unternehmensethischen Theoriebildung analysiert. Das daraus entwickelte
Verständnis einer verantwortungsvollen Führung als politische Deliberation
führt die vielfältigen Facetten des Paradigmenwechsels in einem ganzheitli-
chen Verständnis zusammen. Diese Vorstellung einer politischen Verantwortungsübernahme, die durch das proaktive Engagement in globalen, nationalen
und lokalen Netzwerken deliberativer Verständigung wahrgenommen wird, ist
der zentrale Beitrag der vorliegenden Arbeit.

(2) Wenngleich die vorliegende Arbeit in erster Linie auf den wissenschaftli-
chen Diskurs zur verantwortungsvollen Führung zugeschnitten ist, so war der
Verfasser darum bemüht, die Führungspraxis nicht aus dem Blick zu verlieren.
Dazu haben die hierin erläuterten Fallbeispiele beigetragen. In den Fällen von
Pierer mit Siemens und Anderson mit Interface zeigen sich die Relevanz der
Fragestellung und die Notwendigkeit des hier vertretenden Paradigmenwechsel in dem Verständnis der Führung. Führungskräfte und ihre Unternehmen
werden im Rahmen ihrer globalen Tätigkeiten im Zuge der Globalisierung mit
Problemkonstellationen konfrontiert, die in ihrer gegenwärtigen Schärfe vor
wenigen Jahrzehnten nicht denkbar waren. Die Bedingungen unter denen sie
handeln sind durch heterogene und zum Teil widersprüchliche Rahmenordnungen, durch einen kulturellen Pluralismus und starke ökonomische Impera-

tive geprägt. In dieser Situation wird ihnen eine Koordniation der unterehme-
rischen Tätigkeiten abverlangt, die in den Wahrnehmung der Gemeinschaft als
'verantwortungsvoll' einzuschätzen ist. Gerade hierin liegt das führungsprakti-
sche Dilemma der Gegenwart. War es unter einer nationalstaatlichen Rahmenordnung noch angemessen die Führungsverantwortung als (monetäre) Erfolgs-
verantwortung gegenüber den Anteilseignern auszulegen, so verändert die postnationale Konstellation diesen Zusammenhang grundlegend. Es bedarf nun-
mehr der Aushandlung der Konditionen der Gewinnverfolgung in der jeweiligen Gemeinschaft. Erst diese Involvierung in den Prozess der Bestimmung des
Bewertungshintergrundes erfolgreichen Handelns sichert verantwortungsvolles und legitimes (Führungs-)Handeln unter den Bedingungen der Globalisierung. Damit war die Führungspraxis zentraler Ausgangspunkt der Problemstellung, ebenso wie bei der Entwicklung und Konkretisierung des erweiterten
Führungskonzeptes. Dieses Vorgehen hat die neue, politische Verantwortung der
Führung anhand ihrer konstitutiven Dimensionen erläutert. Sie liefert sowohl
ein kategoriales Handlungsprinzip als regulative Idee, als auch konstruktive
Anhaltspunkte für die Gestaltung des Führungsalltages. In diesem Sinne wurde
versucht auch für die Führungspraxis Orientierung bei den Fragen nach einem
legitimen Handeln der Führung und ihrer Unternehmung bereitzustellen.

Letztlich verbleibt der Blick auf den Beitrag zum eigenen Forschungshintergrund. Die Nürnberger Unternehmensethik im weiten und die Theorie der multinationalen Unternehmung im engeren Sinne haben für die hier entwickelten
Überlegungen wichtige Bausteine geliefert. Sie stellen eine Hintergrundfolie dar,
welche das Verhältnis von Ethik und Wirtschaft systematisiert und eine Einordnung des Konzeptes 'verantwortungsvoller Führung' gestattet. Während die
bisherigen Arbeiten des Forschungsprogramms in erster Linie die Makro- und
Mesoebene, also die Wirtschafts- und Unternehmensethik betrachtet haben, so
soll die vorliegende Arbeit diese Überlegungen auf der Mikroebene ergänzen.
Entsprechend diesem Vorhaben wurde hier Sorge für eine konzeptionelle An-
schlussfähigkeit der vorliegenden Gedanken getragen.

Wenngleich dies in den Augen des Verfassers als gelungen erscheint, so deuten
sich bereits 'Lücken' und potentielle 'Stoßrichtungen' als Gegenstand künfti-

ger Arbeiten an. An dieser Stelle seien nur die nach eigener Auffassung zwei wichtigsten genannt: Die inhaltliche Weiterentwicklung des hier vorgeschlagenen Führungskonzeptes und seine organisationale Verankerung (1) und die Weiterentwicklung des wissenschaftlichen Diskurses zur 'verantwortungsvollen Führung', insbesondere auch in Hinblick auf die ethischen Ausbildung zukünftiger Führungskräfte (2).

(1) Im Rahmen der Einleitung, ebenso wie an verschiedenen Stellen in der Arbeit, wurde auf das sich wechselseitig bedingende Verhältnis des Führungshandelns und seiner institutionell-strukturellen Einbettung eingegangen. In den vorliegenden Überlegungen lag der Fokus auf Ersterem. Dies ist auf zweierlei Weise begründet. Zum einen hat das Fallbeispiel von Pierer gezeigt, dass die Öffentlichkeit bei Skandalen in erster Linie ihren Blick auf die involvierten Führungskräfte und nicht so sehr auf die Unternehmensstrukturen richtet. Hier liegt der akute Problemdruck einer (Unternehmens-)Leitung die sich öffentlich rechtfertigen und die Reichweite ihrer Verantwortung neu überdenken muss. Zum anderen führt das Beispiel Anderson das positive Potential der Führung in Hinblick auf die Bearbeitung öffentlicher Probleme vor Augen. In der transitorischen Phase von einer nationalstaatlichen hin zu einer post-nationalen Konstellation können Führungskräfte durch ihr Handeln und als Rollenvorbilder wesentlich zum gesellschaftlichen und organisationalen Wandel beitragen. In ihnen finden sich die ersten Adressaten im Prozess des Umdenkens in dem Verhältnis von wirtschaftlichen Akteuren und Gesellschaft unter den Bedingungen der Globalisierung.

Nachdem dies adressiert ist rückt die Frage nach der institutionell-strukturellen Verankerung des neuen Verständnisses verantwortungsvollen Handelns in den Untersuchungsfokus. Es tut dies aus zwei Gründen:

Zum einen sedimentiert sich Führungshandeln im Zeitablauf in der Organisationsstruktur oder zumindest in ihren kulturell-institutionellen Entsprechungen. Dies ist mit der Vorstellung der kritisch-reflexiven Interaktionsgestaltung weiter oben bereits aufgegriffen worden. Die Etablierung bestimmter normativer Standards in entstehenden Handlungspraxen entlastet zukünftige Interaktionen und liefert ethisch-moralische Orientierung. Die konkrete Führung allein kann die Koordination ausdifferenzierter multinationaler Unternehmen nicht leisten. Sie ist dabei auf entsprechende strukturelle Arrangements angewiesen. Hier gilt es in Zukunft der Frage nachzugehen, wie bestehende Organisationsstrukturen, man denke hierbei insbesondere an monetär verfasste Anreizsysteme, ergänzt oder verändert werden können, um den Anforderungen einer politischen Verantwortungsübernahme zu entsprechen.

Zum anderen darf die Führungskraft bei der Verantwortungsübernahme nicht 'allein gelassen' werden. Tradierte erfolgsorientierte Verhaltensmuster und damit verbundene Karrierewege haben einen wesentlichen Einfluss auf das Verhalten der Organisationsmitglieder. Wenn diese den Bemühungen einzelner Führungskräfte dauerhaft unverändert entgegenlaufen, so kann dies bestenfalls zu einer Veränderung im sozialen Nahbereich des jeweiligen Akteurs, schlechtestenfalls zu einem Abwandern der genuin verantwortungsvollen Mitarbeiter führen. Um ethischen Strohfeuern entgegenzuwirken und deren Potential in ein nachhaltig verantwortungsvolles Unternehmenshandeln zu überführen muss also untersucht werden, wie der Idee einer deliberativen Abstimmung zwischen den wirtschaftlichen Akteuren und der Gesellschaft strukturell entsprochen werden kann.

Solche Überlegungen, zu der Ausweitung verantwortungsvollen Führungshandelns auf eine verantwortungsvolle Unternehmensführung und ein verantwortungsvolles Unternehmenshandeln würden die Lücke zwischen den Überlegungen zu einer politischen Unternehmensverantwortung nach Scherer et. al. (hierzu Scherer, 2003; Scherer/Palazzo, 2007) und der hier vorgeschlagenen politischen Führungsverantwortung schliessen. Die damit angestrebte Rückkopplung der Vorstellung einer verantwortungsbewussten Führung an die Organisation würde die Bemühungen zur Implementierung einer Unternehmensethik vielversprechend adressieren. Aussichtsreiche Überlegungen hierzu finden sich beispielsweise bei Maak et. al., die gerade diese Rückkopplung um den Begriff der Unternehmensintegrität versuchen (vgl. Maak, 2008a; Maak, 2008b; Maak/Ulrich, 2007). Eine Alternative ist die in der vorliegenden Arbeit verfolgte Anknüpfung an die Voraussetzungen zur Sicherung der Unternehmenslegitimität nach Scherer und Palazzo (vgl. Palazzo/Scherer, 2006; sowie insb. Scherer/Palazzo/Seidl, 2008). Eine solche Verbindung der individuellen Ebene mit einer strukturellen Steuerung könnte die Implikationen des politischen CSR-Konzeptes weiter ausbuchstabieren.

(2) Die wissenschaftliche Diskussion zur Fragen der Führung unter den Bedingungen der postnationalen Konstellation hat, wenngleich nicht immer so erkannt oder bezeichnet, in den letzten Jahren an Momentum gewonnen und ist auf dem Wege sich als eigenes Feld fest zu etablieren (vgl. bspw. Doh/Stumpf, 2005a; Maak/Pless, 2006a; Scherer/Palazzo/Weaver, 2009; Waldman/Siegel, 2008). Bereits jetzt lassen sich jedoch Bruchstellen zwischen den hierzu vorgebrachten Überlegungen ausmachen. Diese äußern sich wie bereits angedeutet zum einen in der selektiven Betrachtung der Ursachen des paradigmatischen Drifts in der Führungstheorie. Ökonomische Globalisierung, Ethik oder Gesellschafts- und Politiktheorie werden von verschiedenen Autoren als die jeweils massgeblichen Faktoren einer neuen bzw. erweiterten Führungskonzeption betrachtet (vgl. exemplarisch Ciulla, 2006; Cradden, 2005; Heifetz/Grashow/Linsky, 2009; Johnson, 2009; Mendenhall et. al., 2008). In Abgrenzung zu einer solchen Fragmentierung hat die vorliegende Arbeit ein ganzheitliches Konzept verantwortungsvoller Führung vorgeschlagen, um damit zu einer systematischen Weiterentwicklung des Forschungsfeldes beizutragen. Dazu wurde eine explizit normative Postition bezogen. Dies ergab sich aus der Beschaffenheit der Implikationen der Globalisierung für den Führungsbegriff. Dies stellt jedoch keine Eingrenzung der methodischen Herangehensweise an die Fragestellung dar, sondern will nur als Vorschlag einer konzeptionellen Hintergrundfolie verstanden werden. Hier scheinen die Bemühungen der Modellierung der erarbeiteten Überlegungen in Hinblick auf ihre empirische Überprüfung sinnvoll und vielversprechend. Dies könnte eine ganzheitliche Konzeption im 'Wettkampf der Etiketten' stärken und einer erneuten instrumentellen Verkürzung des Verständnisses vorbeugen. (vgl. für erste Anstrengungen in dieser Richtung Vögtlin/Patzer, 2009; sowie Vögtlin, 2008b; Vögtlin, 2008c).

Neben diesen inhaltlichen Differenzen ist zum anderen die in der Arbeit analysierte konzeptionelle Kluft zwischen positivistischen und post-positivistischen Ansätzen für die Entwicklung des Feldes gravierend (vgl. Kapitel 3.2).

Gegenwärtig entwickeln sich die beiden Literaturstränge voneinander unabhängig und vergeben damit, jenseits epistemologisch-methodologischen Streitfragen, die Möglichkeit sich weichselseitig über die zugrundeliegenden Problemcharakteristika zu informieren. Ganz im Sinne der konstruktivistischen Position dieser Arbeit erscheint es daher sinnvoll zu sondieren, ob, jenseits paradigmatischer Grenzen, ein Dialog über die zugrundeliegenden Problemkonstellationen der Führungspraxis dem Konstrukt 'verantwortungsvoller Führung' nicht eher angemessen erscheint (vgl. zur ähnlichen Diskussion in der Organisationstheorie Scherer, 1999; Scherer/Dowling, 1995).

Letzteres ist, unabhängig von den rein akademischen Diskussionen, für die Frage nach der ethischen Ausbildung von Führungskräften von unmittelbarer Bedeutung. Hier gilt es zu klären, auf welche Weise ethische Problemstellungen in das Curriculum wirtschaftswissenschaftlicher Ausbildung angemessen verankert werden können ohne dabei den Faktor 'Ethik' in der Lehre funktional zu verkürzen (vgl. Butz, 2008c; Scherer/Patzer, 2008). Dabei erscheint insbesondere die deutschsprachige Betriebswirtschaftslehre noch nachholbedarf zu besitzen (vgl. Matten/Palazzo, 2008; Scherer/Patzer, 2010b), um ihren Beitrag zur frühzeitigen Sensibilisierung bei der Erkennung und Vermeidung ökonomisch-sozialer Konflikte zu leisten.

Während viele dieser Gedanken in den hier referierten Überlegungen bereits angelegt sind, so ist ihre angemessene Berücksichtigung im Rahmen eines solchen Projektes nicht möglich. Sie liefern Anknüpfungspunkte für zukünftige Untersuchungen hinsichtlich des spannungsgeladenen Verhältnisses von Wirtschaft, Politik und Gesellschaft. Zu diesen Diskussionen über ein friedliches Miteinander einen fruchtbaren Beitrag zu leisten, war das Anliegen dieser Arbeit.

Literaturverzeichnis

Abbott, K. W./Keohane, R. O./Moravcik, A./Slaughter, A.-M./Snidal, D. (2000): The concept of legalization. In: International Organization, 54, 3, 17–35.

Agle, B. R./Donaldson, T./Freeman, R. E./Jensen, M. C./Mitchell, R. K./Wood, D. J. (2008): Dialogue: Toward Superior Stakeholder Theory. In: Business Ethics Quarterly, 18, 2, 153–190.

Albrow, M. (1998): Abschied vom Nationalstaat. Staat und Gesellschaft im Globalen Zeitalter, Frankfurt am Main.

Amazonwatch (2009): Ecuador: Amazon Oil Expansion and the OCP Pipeline. In: Amazonwatch Homepage: http://www.amazonwatch.org/amazon/EC/ocp// (besucht am: 21-3-2009).

Anderson, R. C. (1998): Mid-Course Correction. Toward a Sustainable Enterprise: The Interface Model, White River Junction, VT.

Antonakis, J./Cianciolo, A. T./Sternberg, R. J. (2004): Leadership: Past, Present, and Future. In: Antonakis, J./Cianciolo, A. T./Sternberg, R. J. (Hrsg.): The Nature of Leadership, London: 1–15.

Apel, K.-O. (1976a): Transformation der Philosophie. Band 1 Sprachanalytik, Semiotik, Hermeneutik, 6. Auflage, Frankfurt am Main.

Apel, K.-O. (1976b/1999): Transformation der Philosophie. Band 2 Das Apriori der Kommunikationsgemeinschaft, 6. Auflage, Frankfurt am Main. This book was released by Routledge, London in 1980 titled "Towards a Transformation of Philosophy".

Apel, K.-O. (1988): Diskurs und Verantwortung, Frankfurt am Main.

Apel, K.-O. (1992): Diskursethik vor der Problematik von Recht und Politik: Können die Rationalitätsdifferenzen zwischen Moralität, Recht und Politik selbst noch durch die Diskursethik normativ-rational gerechtfertigt werden? In: Apel, K.-O./Kettner, M. (Hrsg.): Zur Anwendung der Diskursethik in Politik, Recht und Wissenschaft, Frankfurt am Main: 29–61.

Apel, K.-O. (1996): Die Vernunftfunktion der kommunikativen Rationalität. Zum Verhältnis von konsensual-kommunikativer Rationalität und Systemrationalität. In: Apel, K.-O./Kettner, M. (Hrsg.): Die eine Vernunft und die vielen Rationalitäten, Frankfurt am Main: 17–41.

Apel, K.-O./Kettner, M. (Hrsg.) (1992): Zur Anwendung der Diskursethik in Politik, Recht und Wissenschaft, 2. Auflage, Frankfurt am Main.

Aristoteles (2002): Die Nikomachische Ethik, 5. Auflage, München.

Assheuer, T. (2008): Alltag in der Krise. Die Welt ist aus den Fugen, aber wir trinken Glühwein. Wie geht das zusammen? Eine Inspektion unseres Epochengefühls. In: Die Zeit, 52, 17.12.2008, 49–49.

Astley, W. G./Van de Ven, A. H. (1983): Critical perspectives and debates in organization theory. In: Administrative Science Quarterly, 28, 245–273.

Avolio, B. J./Gardner, W. L. (2005): Authentic Leadership development: Getting to the root of positive forms of leadership. In: Leadership Quarterly, 16, 315–338.

Balser, M. (2008): Siemens-Affäre. Ein teurer Skandal. In: Sueddeutsche.de: http://www.sueddeutsche.de/wirtschaft/123/325987/text/ (besucht am: 30-4-2009).

Balser, M./Ott, K. (2008): Siemens wird bestraft. Ein Bittgang der sich gelohnt hat. In: Sueddeutsche.de: http://www.sueddeutsche.de/wirtschaft/795/451507/text/ (besucht am: 30-4-2009).

Balser, M./Schäfer, U. (2007): Siemens-Affäre. Aufsichtsratschef von Pierer tritt zurück. In: Sueddeutsche.de: http://www.sueddeutsche.de/wirtschaft/artikel/802/110692/ (besucht am: 18-8-2008).

Bandura, A. (1977): Social learning theory, Englewood Cliffs, NJ.

Bartlett, C./Ghoshal, S. (2003): What is a global Manager? In: Harvard Business Review, 81, 6, 101–108.

Bartlett, D. (2003): Management and Business Ethics: A Critique and Integration of Ethical Decision-Making Models. In: British Journal of Management, 14, 223–235.

Bass, B. M. (1985): Leadership and Performance beyond Expectations, New York.

Bass, B. M. (Hrsg.) (1990): Bass & Stogdill's Handbook of Leadership. Theory, Research & Managerial Applications, 3. Auflage, New York.

Bass, B. M./Avolio, B. J. (1990): The implications of transactional and transformational leadership for individual, team and organizational development. In: Research in Organizational Change and Development, 4, 231–272.

Bass, B. M./Avolio, B. J. (1994): Improving Organizational Effectiveness Through Transformational Leadership, Thousand Oaks.

Bass, B. M./Steidelmeier, P. (1999): Ethics, character, and authentic transformational leadership behaviour. In: Leadership Quarterly, 10, 2, 181–217.

Bass, B. M./Steyrer, J. (1995): Transaktionale und transformationale Führung. In: Kieser, A./Reber, G./Wunderer, R. (Hrsg.): Handwörterbuch der Führung, Stuttgart: 2053–2062.

Batchelor, P./Bierich, M./Bon, M./Cornelis, F./Davignon, V. E./Farell, P. D./Franz, H./Haas, O./Janssen, B. D./Kaiser, W./Kleinert, M./Klinz, W. R./Krone, K./Pininfarina, S./Provera, M. T./Rieger, H. (1997): Business leaders call on OECD Ministers to "act against international corruption". In: Transparency International: http://www.transparency.org/news_room/latest_news/press_releases/1997/19 97_05_21_euopen#letter (besucht am: 19-8-2008).

Beck, U. (1986): Risikogesellschaft. Auf dem Weg in eine andere Moderne, Frankfurt am Main.

Beck, U. (1997): Was ist Globalisierung, Frankfurt am Main.

Beitz, C. R. (1999): Political Theory and International Relations, Princeton.

Bell, D. (1985/1996): Die nachindustrielle Gesellschaft., Frankfurt am Main/New York.

Bennis, W./Nanus, B. (1986): Führungskräfte. Die vier Schlüsselstrategien erfolgreichen Führens, Frankfurt am Main.

Bennis, W./Nanus, B. (1997): Leaders: strategies for taking charge, 2. Auflage, New York.

Bennis, W. (2007): The Challenges of Leadership in the Modern World. In: American Psychologist, 62, 1, 2–5.

Beschorner, T. (2002): Ökonomie als Handlungstheorie. Evolutorische Ökonomik, verstehende Soziologie und Überlegungen zu einer neuen Unternehmensethik, Marburg.

Bies, R. J./Bartunek, J. M./Fort, T. L./Zald, M. N. (2007): Corporations as social change agents: Individual, interpersonal, institutional, and environmental dynamics. In: Academy of Management Review, 32, 3, 788–793.

BLIHR (2008a): A Guide for Integration Human Rights into Business Management. In: BLIHR Homepage: http://www.blihr.org/Reports/GIHRBM.pdf (besucht am: 13-11-2008a).

BLIHR (2008b): BLIHR - Home. In: BLIHR Homepage: http://www.blihr.org/ (besucht am: 13-11-2008b).

BMZ (2009): Der UN Global Compact. Gesellschaftlich verantwortungsvolles unternehmerisches Handeln. Factsheet des Bundesministerium für wirtschaftliche Zusammenarbeit und Entwicklung (BMZ). In: Homepage des deutschen Global Compact Netzwerkes: http://globalcompact.de/fileadmin/PDFs/BMZ-Factsheet_UN_Global_Compact_2009.pdf (besucht am: 27-3-2009).

Böhler, D. (1991): Philosophische Meta-Normenbegründung durch Argumentationsreflexion. Über die Möglichkeit einer praktisch relevanten Vernunft in der technisch-wissenschaftlichen Zivilisation. In: Ollig, H.-L. (Hrsg.): Philosophie als Zeitdiagnose. Ansätze der deutschen Gegenwartsphilosophie, Darmstadt: 147–168.

Bohman, J./Rehg, W. (Hrsg.) (1999a): Deliberative Democracy, Essays on Reason and Politics, Cambridge/London.

Bohman, J./Rehg, W. (1999b): Introduction. In: Bohman, J./Rehg, W. (Hrsg.): Deliberative Democracy, Essays on Reason and Politics, Cambridge/London: ix-xxx.

Borchers, D. (2005): Tugenden im Management oder: Warum das Verfassen von Wunschzetteln der Managementethik nicht genügen kann. In: Brink, A./Tiberius, V. A. (Hrsg.): Ethisches Management. Grundlagen eines wert(e)orientierten Führungskräfte-Kodex, Bern/Stuttgart/Wien: 499–529.

Bouquet, C./Birkinshaw, J. (2008): Managing Power in the Multinational Corporation: How Low-Power Actors Gain Influence. In: Journal of Management, 34, 3, 477–508.

Braybrooke, D./Lindblom, C. E. (1963): A Strategy of Decision: Policy Evaluation as a Social Process, New York.

Brink, A. (2005): Ethisches Management – eine Einführung. In: Brink, A./Tiberius, V. A. (Hrsg.): Ethisches Management. Grundlagen eines wert(e)orientierten Führungskräfte-Kodex, Bern/Stuttgart/Wien: 53–83.

Brink, A./Tiberius, V. A. (2005a): Der wert(e)orientierte Führungskräfte-Kodex. Zur freiwilligen moralischen Selbstverpflichtung des Managements. In: Brink, A./Tiberius, V. A. (Hrsg.): Ethisches Management. Grundlagen eines wert(e)orientierten Führungskräfte-Kodex, Bern/Stuttgart/Wien: 11–42.

Brink, A./Tiberius, V. A. (Hrsg.) (2005b): Ethisches Management. Grundlagen eines wert(e)orientierten Führungskräfte-Kodex, Bern/Stuttgart/Wien.

Bronner, R. (2004): Entscheidungsprozesse in Organisationen. In: Schreyögg, G./von Werder, A. (Hrsg.): Handwörterbuch Unternehmensführung und Organisation, Stuttgart: 229–239.

Brown, M. E. (2007): Misconceptions of Ethical Leadership: How to Avoid Potential Pitfalls. In: Organizational Dynamics, 36, 2, 140–155.

Brown, M. E./Trevino, L. K. (2006): Ethical leadership: A Review and future directions. In: The Leadership Quarterly, 17, 595–616.

Brown, M. E./Trevino, L. K./Harrison, D. A. (2005): Ethical leadership: A social learning perspective for construct development and testing. In: Organizational Behaviour and Human Decision Processes, 97, 117–134.

Bryman, A. (1996): Leadership in Organizations. In: Clegg, S./Hardy, C./Nord, W. R. (Hrsg.): Handbook of Organization Studies, London: 276–292.

Burns, J. M. (1978): Leadership, New York.

Burns, J. M. (2003): Transforming Leadership, New York.

Burrell, G./Morgan, G. (1979/2005): Sociological Paradigms and Organisational Analysis, Hants.

Buschmeier, U. (1995): Macht und Einfluß in Organisationen, Göttingen.

Butz, A. F. (2008a): Economic view on CSR – Odd Couple or Happy Relationship. Konferenzbeitrag der Academy of Management 2008 Anaheim.

Butz, A. F. (2008b): Fighting Corruption – An Institutional Analysis. Konferenzbeitrag der EGOS 2008 Amsterdam.

Butz, A. F. (2008c): Providing Business Ethics Education – Within and Beyond Neoclassical Thinking. Arbeitstext.

Calas, M. B./Smircich, L. (1988): Reading Leadership as a Form of Cultural Analysis. In: Hunt, J. G./Baliga, B. R./Dachler, H. P./Schreisheim, C. A. (Hrsg.): Ermerging Leadership Vistas, Lexington, Toronto: 201–226.

Calas, M. B./Smircich, L. (1999): Past Postmodernism? Reflections and Tentative Directions. In: Academy of Management Review, 24, 4, 649–671.

Carpini, M. X. D./Cook, F. L./Jacobs, L. R. (2004): Public Deliberation, Discursive Participation, and Citizen Engagement. A Review of the Empirical Literature. In: Annual Review Political Science, 7, 315–344.

Carroll, A. B. (1987): In Search of the Moral Manager. In: Business Horizons, March-April 1987, 7–15.

Carroll, A. B. (1999): Corporate Social Responsibility – evolution of a definitional construct. In: Business & Society, 38, 3, 268–295.

Carson, R. (1962/1999): Silent Spring, London.

Chalmers, A. F. (2001): Wege der Wissenschaft. Einführung in die Wissenschaftstheorie, 5., völlig überarbeitete und erweiterte Auflage, Berlin/Heidelberg/New York.

Choi, D. Y./Gray, E. R. (2008): Socially responsible entrepreneurs: What do they do to create and build their companies? In: Business Horizons, 51, 4, 341–352.

Ciulla, J. B. (1995): Leadership Ethics: Mapping the Territory. In: Business Ethics Quarterly, 5, 1, 5–28.

Ciulla, J. B. (2004a): Ethics and Leadership Effectiveness. In: Antonakis, J./Cianciolo, A. T./Sternberg, R. J. (Hrsg.): The Nature of Leadership, London: 302–328.

Ciulla, J. B. (2004b): Ethics: the heart of Leadership, 2. Auflage, Westbury.

Ciulla, J. B. (2005a): Integrating leadership with ethics: is good leadership contrary to human nature. In: Doh, J. P./Stumpf, S. A. (Hrsg.): Handbook on Responsible Leadership and Governance in Global Business, Cheltenham: 159–179.

Ciulla, J. B. (2005b): The state of leadership ethics and the work that lies before us. In: Business Ethics: A European Review, 14, 4, 323–335.

Ciulla, J. B. (2006): Ethics. The heart of leadership. In: Maak, T./Pless, N. M. (Hrsg.): Responsible Leadership, Oxon: 17–32.

Cohen, J. (1999a): Deliberation and Democratic Legitimacy. In: Bohman, J./Rehg, W. (Hrsg.): Deliberative Democracy, Essays on Reason and Politics, Cambridge/London: 67–91.

Cohen, J. (1999b): Deliberation and Procedure and Substance in Deliberative Democracy. In: Bohman, J./Rehg, W. (Hrsg.): Deliberative Democracy, Essays on Reason and Politics, Cambridge/London: 407–437.

Cortina, A. (1993): Ética aplicada y democracia radical, Madrid.

Cottone, R. R./Claus, R. E. (2000): Ethical Decision-Making Models: A Review of the Literature. In: Journal of Counseling & Development, 78, 275–283.

Cradden, C. (2005): Repoliticizing Management. A Theory of Corporate Legitimacy, Hants/Burlington.

Crane, A./McWilliams, A./Matten, D./Moon, J./Siegel, D. S. (Hrsg.) (2008): The Oxford Handbook of Corporate Social Responsibility, Oxford.

Dahlkamp, J./Deckstein, D./Schmitt, J. (2008): Die Firma. In: Der Spiegel, 16, 76–90.

Danon-Leva, E. (2005): Global managers in the age of globalisation. In: Global Business and Economics Review, 7, 1, 16–24.

Dansereau, F./Graen, G./Haga, W. J. (1975): A Vertical Dyad Linkage Approach to Leadership within Formal Organizations. A Longitudinal Investigation of the Role Making Process. In: ORGANIZATIONAL BEHAVIOR AND HUMAN PERFORMANCE, 13, 1, 46–78.

Dean, C. (2007): Executive on a Mission: Saving the Planet. In: The New York Times: http://www.nytimes.com/2007/05/22/science/earth/22ander.html (besucht am: 25-8-2008).

Debevoise & Plimpton LLP (2008): Debevoise conducted Siemens internal investigation. In: Debevoise & Plimpton LLP Homepage: http://www.debevoise.com/newseventspubs/news/RepresentationDetail.aspx?exp_id=34c36f68-1fc1-439f-ba06-413436a3e417 (besucht am: 2-8-2009).

Deleuze, G. (1997): Differenz und Wiederholung, 2., korrigierte Auflage, München.

Delhees, K. H. (1995): Führungstheorien – Eigenschaftstheorie. In: Kieser, A./Reber, G./Wunderer, R. (Hrsg.): Handbuch der Führung, 897–906.

Der Tagesspiegel Online (2006): 24 Jahre Haft für Ex-Enron-Chef. In: Der Tagesspiegel Online: http://www.tagesspiegel.de/wirtschaft/nachrichten/enron-bilanzskandalus-wirtschaft/78149.asp# (besucht am: 1-11-2006).

Diermeier, D. (2006): Leading in a world of competing values: a strategic perspective on corporate social responsibility. In: Maak, T./Pless, N. M. (Hrsg.): Responsible Leadership, Oxon: 155–169.

Doh, J. P./Stumpf, S. A. (Hrsg.) (2005a): Handbook on Responsible Leadership and Governance in Global Business, Cheltenham/Northhampton.

Doh, J. P./Stumpf, S. A. (2005b): Towards a framework of responsible leadership and governance. In: Doh, J. P./Stumpf, S. A. (Hrsg.): Handbook on Responsible Leadership and Governance in Global Business, Cheltenham/Northhampton: 3–18.

Donaldson, L. (1996): For Positivist Organization Theory. Proving the Hard Core, London.

Donaldson, L. (2003): Organization Theory as a Positive Science. In: Tsoukas, H./Knudsen, C. (Hrsg.): The Oxford Handbook of Organization Theory, Oxford: 39–62.

Drath, W. H./McCauley, C. D./Palus, C. J./Van Velsor, E./O'Connor, P. M. G./McGuire, J. B. (2008): Direction, alignment, commitment: Toward a more integrative ontology of leadership. In: The Leadership Quarterly, 19, 6, 635–653.

Driver, C./Thompson, G. (2002): Corporate Governance and Democracy: The Stakeholder Debate Revisited. In: Journal of Management and Governance, 6, 111–130.

Drucker, P. F. (1969): The Age of Discontinuity – Guideline to Our Changing Society, New York.

Dryzek, J. S. (2007): Theory, evidence, and the tasks of deliberation. In: Rosenberg, S. W. (Hrsg.): Deliberation, Participation and Democracy: Can the People Govern?, Basingstoke, UK: 237–250.

Düwell, M./Hübenthal, C./Werner, M. H. (2006): Handbuch Ethik, Stuttgart, Weimar.

EFMD (2008a): EFMD – What is EFMD? In: EFMD Homepage: http://www.efmd.org/index.php/component/efmd/?cmsid=040928czte (besucht am: 12-11-2008a).

EFMD (2008b): Guide to EFMD. In: EFMD Homepage: http://www.efmd.org/attachments/tmpl_1_art_041011axsd_att_070313mkfo.pdf (besucht am: 12-11-2008b).

Elster, J. (Hrsg.) (1998): Deliberative Democracy, Cambridge.

Elster, J. (1999): The Market and the Forum: Three Varieties of Political Theory. In: Bohman, J./Rehg, W. (Hrsg.): Deliberative Democracy, Essays on Reason and Politics, Cambridge/London: 3–33.

Esteban, R./Collier, J. (2002): Building moral competence in organizations: the difficult transition from hierarchical control to participative leadership. In: von Weltzien Hoivik, H. (Hrsg.): Moral Leadership in Action. Building and Sustaining Moral Competence in European Organizations, Cheltenham: 159–173.

Etzrodt, C. (2003): Sozialwissenschaftliche Handlungstheorien, Konstanz.

European Commission (2008): Corporate Social Responsibility. In: Homepage der Europäischen Kommission: http://ec.europa.eu/enterprise/csr/index_en.htm (besucht am: 17-3-2008).

FAZ.NET (2008a): Heinrich von Pierer und die Staatsanwaltschaft. Höchstens eine Million und ein Klecks auf der Weste. In: FAZ.NET: http://www.faz.net/s/RubD16E1F55D21144C4AE3F9DDF52B6E1D9/Doc~E5AB5780275584440B84CAC72FB9EBA73~ATpl~Ecommon~Scontent.html (besucht am: 6-8-2008a).

FAZ.NET (2008b): Im Porträt: Heinrich von Pierer. Absturz eines Industriekapitäns. In: FAZ.NET: http://www.faz.net/s/RubD16E1F55D21144C4AE3F9DDF52B6E1D9/Doc~ED3809558CBD24829AF3DD8472F2F48D9~ATpl~Ecommon~Scontent.html (besucht am: 6-8-2008b).

FAZ.NET (2008c): Im Porträt: Klaus Kleinfeld. Vom Hoffnungsträger zum Prügelknaben. In: FAZ.NET: http://www.faz.net/s/RubEC1ACFE1EE274C81BCD3621EF555C83C/Doc~EB13B420B8F0A4E59A28966C2082F3D2F~ATpl~Ecommon~Scontent.html (besucht am: 19-8-2008c).

FAZ.NET (2008d): Pierer, Kleinfeld und weitere Topmanager. Siemens verlangt Schadenersatz von ehemaligen Vorständen. In: FAZ.NET: http://www.faz.net/s/RubD16E1F55D21144C4AE3F9DDF52B6E1D9/Doc~E9689A7BB2097489BA102EA4FB24C8036~ATpl~Ecommon~Sspezial.html (besucht am: 19-8-2008d).

FAZ.NET (2008e): Siemens-Affäre: Keine Strafverfahren. Staatsanwaltschaft wirft Pierer nur Ordnungswidrigkeit vor. In: FAZ.NET: http://www.faz.net/s/RubD16E1F55D21144C4AE3F9DDF52B6E1D9/Doc~E6361C5395B264F0EA7313C1DFE0022CA~ATpl~Ecommon~Scontent.html (besucht am: 6-8-2008e).

FAZ.NET (2008f): Urteil in ersten Schmiergeldprozess. Bewährungsstrafe für Siemens-Manager. In: FAZ.NET: http://www.faz.net/s/ RubD16E1F55D21144C4AE3F9DDF52B6E1D9/Doc~E88EF9234BBB94EB1BD8CD969CC448282~ATpl~Ecommon~Scontent.html?rss_wirtschaft (besucht am: 19-8-2008f).

Ferraro, F./Pfeffer, J./Sutton, R. I. (2005): Economics Language and Assumptions: How Theories can become Self-Fulfilling. In: Academy of Management Review, 30, 1, 8–24.

Finlayson, J. G. (2005): Habermas. A very short introduction, Oxford.

Freeman, R. E. (1984): Strategic Management: A stakeholder approach, Boston.

Freeman, R. E./Gilbert, D. R./Hartman, E. (1988): Values and the Foundations of Strategic Management. In: Journal of Business Ethics, 7, 11, 821–834.

French, J. R. P./Raven, B. (1968): The Bases of Social Power. In: Cartwright, D./Zander, A. (Hrsg.): Group Dynamics. Research and Theory, New York/Evanston/London: 259–269.

Friedman, M. (1970): The Social Responsibility of Business is to Increase its Profit. In: New York Times Magazine, 13 Sept, 122–126.

Friemel, K./von Pierer, H./Homann, K./Lübbe-Wolff, G. (2003): Für eine menschlich Wirtschafts: Ein Plädoyer für institutionelles Denken und Handeln. Abschlussdiskussion. In: von Pierer, H./Homann, K./Lübbe-Wolff, G. (Hrsg.): Zwischen Profit und Moral – Für eine menschliche Wirtschaft, Carl Hanser: 105–138.

Fry, L. W. (2003): Toward a theory of spiritual leadership. In: The Leadership Quarterly, 14, 693–727.

FSC Arbeitsgruppe Deutschland e.V. (2001): German FSC-Standard. In: Homepage des Forest Stewardship Council Deutschland: http://www.fsc-deutschland.de/infocenter/docs/standard/wald/stand_engl_confinal.pdf (besucht am: 9-4-2009).

Fung, A. (2003): Deliberative Democracy and International Labor Standards. In: Governance: An International Journal of Policy Administration and Institutions, 16, 51–71.

Fung, A. (2005): Deliberation Before the Revolution. In: Political Theory, 33, 397–419.

Galan, J. I. (2006): Corporate Social Responsibility and Strategic Management. In: Journal of Management Studies, 43, 7, 1629–1641.

Ganslandt, H. R. (2004a): Gesellschaft. In: Mittelstraß, J. (Hrsg.): Enzyklopädie. Philosophie und Wissenschaftstheorie. Band 1:A-G, Stuttgart/Weimar: 756–757.

Ganslandt, H. R. (2004b): Gesellschaft, bürgerliche. In: Mittelstraß, J. (Hrsg.): Enzyklopädie. Philosophie und Wissenschaftstheorie. Band 1:A-G, Stuttgart/Weimar: 757–759.

Garriga, E./Melé, D. (2004): Corporate Social Responsibility Theories: Mapping the Territory. In: Journal of Business Ethics, 53, 1/2, 51–71.

GBC (2008a): About Us. In: GBC Homepage: http://www.gbcimpact.org/live/feature/strategy.php (besucht am: 12-11-2008a).

GBC (2008b): The Maturing of Business Action. In: GBC Homepage: http://www.gbcimpact.org/live/media/publications/magazine/2008/gala/maturing-business-action.php (besucht am: 12-11-2008b).

Gehrmann, W. (2008): Siemens-Affäre. Geschmiert, gelocht, abgelegt. In: Zeit Online: http://www.zeit.de/2008/26/Siemens-Prozess (besucht am: 21-8-2008).

Gethmann, C. F. (2004): Realismus (ontologisch). In: Mittelstraß, J. (Hrsg.): Enzyklopädie. Philosophie und Wissenschaftstheorie. Band 3:P-So, Stuttgart/Weimar: 502–504.

Ghoshal, S. (2005): Bad Management Theories Are Destroying Good Management Practices. In: Academy of Management Learning and Education, 4, 1, 75–91.

Giddens, A. (1995): Die Konstitution der Gesellschaft, Frankfurt am Main/New York.

Gioia, D. A./Pitre, E. (1990): Multiparadigm Perspectives on Theory Building. In: Academy of Management Review, 15, 4, 584–602.

Global Compact (2009): Deutsches Global Compact Netzwerk. In: Homepage des deutschen Global Compact Netzwerkes: http://globalcompact.de (besucht am: 27-3-2009).

Göbel, E. (2006): Unternehmensethik, Stuttgart.

Goodland, R. (2002): Ecuador: Oleoducto de Crudos Pesados (OCP) (Heavy Crude Oil Pipeline). Independent Compliance Assessment of OCP with the World Bank's Environmental and Social Policies. In: Amazonwatch Homepage: http://www.amazonwatch.org/amazon/EC/ocp/reports/ocp_asses_report_0209.pdf (besucht am: 20-3-2009).

Gore, A. (2006): An Inconvenient Truth: The Planetary Emergency of Global Warming and What We Can Do About It, Taschenbuchausgabe, London.

Gottschalk-Mazouz, N. (2000): Diskursethik. Theorien – Entwicklungen – Perspektiven, Berlin.

Graen, G./Uhl-Bien, M. (1995a): Führungstheorien, von Dyaden zu Teams. In: Kieser, A./Reber, G./Wunderer, R. (Hrsg.): Handbuch der Führung, Stuttgart: 1045–1058.

Graen, G./Uhl-Bien, M. (1995b): Relationship-based approach to leadership: Development of leader-member exchange (LMX) theory of leadership over 25 years: Applying a multi-level multi-domain perspective. In: The Leadership Quarterly, 6, 2, 219-247.

Gräfrath, B. (2004): Postmoderne. In: Mittelstraß, J. (Hrsg.): Enzyklopädie. Philosophie und Wissenschaftstheorie. Band 3:P-So, Stuttgart, Weimar: 306.

Graham, J. W. (1991): Servant leadership in organizations: Inspirational and moral. In: Leadership Quarterly, 2, 2, 105–119.

Greenleaf, R. K. (1977): Servant leadership: a journey into the nature of legitimate power and greatness, New York.

Grist (2004): Ray Matter. Ray Anderson, sustainable biz pioneer, answers Grist's questions. In: Grist: Environmental News and Commentary: http://www.grist.org/comments/interactivist/2004/11/08/anderson/ (besucht am: 29-8-2008).

GRLI (2008a): GRLI – Beginnings. In: GRLI Homepage: http://www.grli.org/content/view/1/3/ (besucht am: 12-11-2008a).

GRLI (2008b): GRLI - Key themes. In: GRLI Homepage: http://www.grli.org/content/view/65/29/ (besucht am: 12-11-2008b).

Gronke, H. (1998): Kulturalismus: Relativismus wider Willen. Ein Versuch die Bedingungen für einen sinnvollen argumentativen Dialog zwischen Tranzendentalpragmatikern und Kulturalisten zu klären. In: Steinmann, H./Scherer, A. G. (Hrsg.): Zwischen Universalismus und Relativismus. Philosophische Grundlagenprobleme des interkulturellen Managements, Frankfurt am Main: 384–401.

Guggemos, W.-C. (2000): Strategische Führung. Ein Beitrag zu einer Neufassung vor dem Hintergrund einer evolutionären Organisationstheorie, München.

Günther, K./Randeria, S. (2001): Recht, Kultur und Gesellschaft im Prozeß der Globalisierung. In: Schriftenreihe der Werner Reimers Stiftung: Suchprozesse für innovative Fragestellungen in der Wissenschaft, 4.

Gutmann, A./Thompson, D. F. (2004): Why Deliberative Democracy? Princeton.

Habermas, J. (1968/2007): Erkenntnis und Interesse, Frankfurt am Main.

Habermas, J. (1971): Theorie der Gesellschaft oder Sozialtechnologie? Eine Auseinandersetzung mit Niklas Luhmann. In: Habermas, J./Luhmann, N. (Hrsg.): Theorie der Gesellschaft oder Sozialtechnologie, Frankfurt am Main.

Habermas, J. (1981a): Theorie des kommunikativen Handelns. Band 1. Handlungsrationalität und gesellschaftliche Rationalisierung, Frankfurt am Main.

Habermas, J. (1981b): Theorie des kommunikativen Handelns. Band 2. Zur Kritik der funktionalistischen Vernunft, Frankfurt am Main.

Habermas, J. (1982): Erläuterungen zum Begriff des kommunikativen Handelns. In: Habermas, J. (Hrsg.): Vorstudien und Ergänzungen zur Theorie des kommunikativen Handelns, Frankfurt am Main: 571–606.

Habermas, J. (1983): Moralbewußtsein und kommunikatives Handeln, Frankfurt am Main.

Habermas, J. (1984): Vorstudien und Ergänzungen zur Theorie des kommunikativen Handelns, Frankfurt am Main.

Habermas, J. (1988): Der philosophische Diskurs der Moderne. Zwölf Vorlesungen, Frankfurt am Main.

Habermas, J. (1990a): Die Moderne – ein unvollendetes Projekt (1980). In: Habermas, J. (Hrsg.): Die Moderne, ein unvollendetes Projekt. Philosophisch-politische Aufsätze 1977 – 1990, Leipzig: 32–54.

Habermas, J. (1990b): Strukturwandel der Öffentlichkeit, Frankfurt am Main.

Habermas, J. (1991): Erläuterungen zur Diskursethik. In: Habermas, J. (Hrsg.): Erläuterungen zur Diskursethik, Frankfurt am Main: 119–226.

Habermas, J. (Hrsg.) (1991a): Erläuterungen zur Diskursethik, Frankfurt am Main.

Habermas, J. (1991b): Gerechtigkeit und Solidarität. Zur Diskussion über "Stufe 6". In: Habermas, J. (Hrsg.): Erläuterungen zur Diskursethik, Frankfurt am Main: 49–76.

Habermas, J. (1991c): Lawerence Kohlberg und der Neoaristotelismus. In: Habermas, J. (Hrsg.): Erläuterungen zur Diskursethik, Frankfurt am Main: 77–99.

Habermas, J. (1992a): Faktizität und Geltung. Beiträge zur Diskurstheorie des Rechts und des demokratischen Rechtsstaates, Frankfurt am Main.

Habermas, J. (1992b): Nachmetaphysisches Denken. Philosophische Aufsätze, Frankfurt am Main.

Habermas, J. (1996a): Der europäische Nationalstaat – Zu Vergangenheit und Zukunft von Souveränität und Staatsbürgerschaft. In: Habermas, J. (Hrsg.): Die Einbeziehung des Anderen, Frankfurt am Main: 128–153.

Habermas, J. (1996b): Die Einbeziehung des Anderen. Studien zur politischen Theorie, Frankfurt am Main.

Habermas, J. (1996c): Drei normative Modelle der Demokratie. In: Habermas, J. (Hrsg.): Die Einbeziehung des Anderen, Frankfurt am Main: 277–292.

Habermas, J. (1996d): Eine genealogische Betrachtung zum kognitiven Gehalt der Moral. In: Habermas, J. (Hrsg.): Die Einbeziehung des Anderen. Studien zur politischen Theorie, Frankfurt am Main: 11–64.

Habermas, J. (1998a): Die postnationale Konstellation und die Zukunft der Demokratie. In: Habermas, J. (Hrsg.): Die postnationale Konstellation, Frankfurt am Main: 91–169.

Habermas, J. (1998b): Die postnationale Konstellation. Politische Essays, Frankfurt am Main.

Habermas, J. (1999a): Popular Sovereignty as Procedure. In: Bohman, J./Rehg, W. (Hrsg.): Deliberative Democracy, Essays on Reason and Politics, Cambridge: 35–66.

Habermas, J. (1999b/2004): Wahrheit und Rechtfertigung, Frankfurt am Main.

Habermas, J. (2004a): Hat die Konstitutionalisierung des Völkerrechts noch eine Chance. In: Habermas, J. (Hrsg.): Der gespaltene Westen, Frankfurt am Main: 113–193.

Habermas, J. (2004b): Um uns als Selbsttäuscher zu entlarven, bedarf es mehr – Das Ich ist zwar sozial konstruiert, aber deshalb noch keine Illusion: Warum die Hirnforschung einen Kategorienfehler macht, wenn sie uns die Freiheit abspricht. In: Frankfurter Allgemeine Zeitung, 15. November 2004, 35–36.

Habermas, J. (2005): Vorpolitische Grundlagen des demokratischen Rechtsstaates. In: Habermas, J./Ratzinger, J. (Hrsg.): Dialektik der Säkularisierung. Über Vernunft und Religion, Breisgau: 15–37.

Habermas, J. (2008): Ach, Europa, Frankfurt am Main.

Habermas, J./Ratzinger, J. (2005): Dialektik der Säkularisierung. Über Vernunft und Religion, 4. Auflage, Breisgau.

Hawken, P. (1984): The next Economy, 2. Auflage, überarbeitete, New York.

Hawken, P. (1993/2005): The Ecology of Commerce: A Declaration of Sustainability, New York.

Hawken, P./Lovins, A./Lovins, H. (2000): Natural Capitalism, London.

Heidbrink, M./Jenewein, W. (2008): Individualisierung der Führung. Neue Anforderungen an Führungskräfte. In: Zeitschrift Führung + Organisation, 77, 5, 317–323.

Heifetz, R./Grashow, A./Linsky, M. (2009): Leadership. Managing in a (permanent) crisis. In: Harvard Business Review, July-August 2009, 62–69.

Hempel, C. G. (1998): Studies in the Logic of Explanation. In: Klemke, E. D./Hollinger, R./Rudge, D. W./Kline, A. D. (Hrsg.): Introductory Readings in the Philosophy of Science, Amherst (N.Y.): 206–224.

Hendry, J./Seidl, D. (2003): The Structure and Significance of Strategic Episodes: Social Systems Theory and the Routine Practices of Strategic Change. In: Journal of Management Studies, 40, 1, 175–196.

Herr, J. (2008a): Erstes Urteil im Schmiergeld-Prozess. Ein Siemensianer vom alten Schlag. In: FAZ.NET: http://www.faz.net/s/RubD16E1F55D21144C4AE3F9 DDF52B6E1D9/Doc~EF88CD7D5B57A4099B44B283A5C83562A~ATpl~Ecommon~Scontent.html?rss_aktuell (besucht am: 19-8-2008a).

Herr, J. (2008b): Peter Löscher. Verantwortung ist sein Schlüsselwort. In: FAZ.NET: http://www.faz.net/s/RubD16E1F55D21144C4AE3F9DDF52B6E1D9/Doc~E1286 D04BF3B64EEDBDCFB488DCF19BD7~ATpl~Ecommon~Scontent.html (besucht am: 6-8-2008b).

Hess, E. D./Cameron, K. S. (Hrsg.) (2006): Leading with Values. Positivity, Virtue, and High Performance, Cambridge.

Hesse, H. (1951): Die Morgenlandfahrt, Frankfurt am Main.

Hildebrand, J. (2008): Siemens-Anwälte beenden Untersuchung. In: WELT: http://www.welt.de/welt_print/article2510893/Siemens-Anwaelte-beenden-Untersuchung.html (besucht am: 2-8-2009).

Hillman, A. J./Keim, G. D./Schuler, D. (2004): Corporate Political Activity: A Review and Research Agenda. In: Journal of Management, 30, 6, 837–857.

Hirn, W./Müller, H. (2008): Auf der Kippe. In: Manager Magazin, 38, 03/2008, 112–123.

Hollander, E. P. (1995): Ethical Challenges in the Leader-Follower Relationship. In: Business Ethics Quarterly, 5, 1, 55–65.

Hollis, M. (1991): Erklären und Verstehen. In: Hollis, M. (Hrsg.): Rationalität und soziales Verstehen. Wittgenstein-Vorlesungen der Universität Bayreuth, Frankfurt am Main: 9–36.

Hollis, M. (1994): The philosophy of social science. An introduction, Cambridge.

Homann, K. (2001): Ökonomik: Fortsetzung der Ethik mit anderen Mitteln. http://www.philoek.uni-muenchen.de/homann/homannveroeff-online.htm (besucht am: 18-10-2006).

Homann, K. (2003): Braucht die Wirtschaftsethik eine "moralische Motivation"? http://www.wcge.org/downloads/DD_03-4.pdf. (besucht am: 23-10-2006).

Homann, K. (2003): Grundlagen einer Ethik für die Globalisierung. In: von Pierer, H./Homann, K./Lübbe-Wolff, G. (Hrsg.): Zwischen Profit und Moral – Für eine menschliche Wirtschaft, Carl Hanser: 35–72.

Homann, K./Blome-Drees, F. (1992): Wirtschafts- und Unternehmensethik, Göttingen.

Homann, K./Lütge, C. (2005): Einführung in die Wirtschaftsethik, 2., korrigierte Auflage, Münster.

Horkheimer, M./Adorno, T. W. (1988/2008): Dialektik der Aufklärung. Philosophische Fragmente, 17. Auflage, Frankfurt am Main.

Horster, D. (1999): Jürgen Habermas zur Einführung, Hamburg.

Hume, D. (1986): Eine Untersuchung über den menschlichen Verstand, Stuttgart.

Hunt, J. G. (2004): What Is Leadership? In: Antonakis, J./Cianciolo, A. T./Sternberg, R. J. (Hrsg.): The Nature of Leadership, London: 19–47.

Hunt, J. G./Baliga, B. R./Dachler, H. P./Schriesheim, C. A. (1988): Emerging Leadership Vistas: An Introduction. In: Hunt, J. G./Baliga, B. R./Dachler, H. P./Schriesheim, C. A. (Hrsg.): Emerging Leadership Vistas, Lexington, Toronto: 1–3.

Interface Inc. (2007): Annual Report. In: Interface Inc.: http://media.corporate-ir.net/media_files/irol/11/112931/Interface_AR07.pdf (besucht am: 7-8-2008).

Interface Inc. (2008): Annual Report 2008. In: Interface Inc.: http://phx.corporate-ir.net/External.File?item=UGFyZW50SUQ9NDQzMnxDaGlsZElEPS0xfFR5cGU9Mw==&t=1 (besucht am: 6-7-2009).

Interface Inc. (2008a): Ray C. Anderson. Founder and Chairman. In: Interface Inc.: http://www.interfaceinc.com/who/founder.html (besucht am: 29-8-2008a).

Interface Inc. (2008b): Recognitions and Awards. In: Interface Inc.: http://www.interfacesustainability.com/awards.html (besucht am: 29-8-2008b).

Interface Inc. (2008c): Renewable Energy. In: Interface Inc.: http://www.interfacesustainability.com/renew.html (besucht am: 29-8-2008c).

Interface Inc. (2008d): The seven fronts (faces of Mt. Sustainability). In: Interface Inc.: http://www.interfacesustainability.com/seven.html (besucht am: 29-8-2008d).

Irle, M. (1971): Macht und Entscheidungen in Organisationen, Frankfurt am Main.

Jäger, U. (2001): Führungsethik. Mitarbeiterführung als Begünstigung humaner Leistung, Bern, Stuttgart, Wien.

Jago, A. G. (1995): Führungsforschung/Führung in Nordamerika. In: Kieser, A./Reber, G./Wunderer, R. (Hrsg.): Handbuch der Führung, Stuttgart: 619–637.

Janich, P. (1996a): Konstruktivismus und Naturerkenntnis – Auf dem Weg zum Kulturalismus, Frankfurt am Main.

Janich, P. (1996b): Was ist Wahrheit? Eine philosophische Einführung, München.

Jarzabkowski, P./Balogun, J./Seidl, D. (2007): Strategizing: The challenges of a practive perspective. In: Human Relations, 60, 5, 5–27.

Jensen, M. C. (2002): Value Maximization, Stakeholder Theory, and the Corporate Objective Function. In: Business Ethics Quarterly, 12, 2, 235–256.

Johnson, C. E. (2009): Meeting the Ethical Challenges of Leadership: Casting Light or Shadow, 3. Auflage, Los Angeles/London/New Delhi/Singapore.

Johnson, G./Melin, L./Whittington, R. (2003): Micro Strategy and Strategizing: Towards an Activity-Based View. In: Journal of Management Studies, 40, 1, 3–22.

Jones, T. M. (1991): Ethical Decision Making by Individuals in Organizations: An Issue-contingent Model. In: Academy of Management Review, 16, 2, 366–395.

Jonker, J./de Witte, M. (Hrsg.) (2006): Management Models for Corporate Social Responsibility, Berlin/Heidelberg/New York.

Kambartel, F. (1991): Versuch über das Verstehen. Der Löwe spricht ... und wir können ihn nicht verstehen. Ein Symposium an der Universität Frankfurt anläßlich des hundertsten Geburtstags von Ludwig Wittgenstein, Frankfurt am Main: 121–137.

Kambartel, F. (1998a): Vernunft: Kriterium oder Kultur. Zur Definierbarkeit des Vernünftigen. In: Steinmann, H./Scherer, A. G. (Hrsg.): Zwischen Universalismus und Relativismus. Philosophische Grundlagenprobleme des interkulturellen Managements, Frankfurt am Main: 88–105.

Kambartel, F. (1998b): Zur Grammatik von Wahrheit und Begründung. In: Steinmann, H./Scherer, A. G. (Hrsg.): Zwischen Universalismus und Relativismus. Philosophische Grundlagenprobleme des interkulturellen Managements, Frankfurt am Main: 106–125.

Kambartel, F. (2004a): Moral. In: Mittelstraß, J. (Hrsg.): Enzyklopädie. Philosophie und Wissenschaftstheorie. Band 2:H-O, Stuttgart, Weimar: 932–933.

Kambartel, F. (2004b): Norm (handlungstheoretisch, moralphilosophisch). In: Mittelstraß, J. (Hrsg.): Enzyklopädie. Philosophie und Wissenschaftstheorie. Band 2:H-O, Stuttgart, Weimar: 1030–1031.

Kamlah, W./Lorenzen, P. (1996): Logische Propädeutik. Vorschule des vernünftigen Redens, Stuttgart Weimar.

Kant, I. (1968): Kritik der Praktischen Vernunft. Grundlegung zur Metaphysik der Sitten, Frankfurt am Main.

Kaul, I./Conceicao, P./Le Goulven, K./Mendoza, R. U. (2003a): How To Improve The Provision of Global Public Goods. In: Kaul, I./Conceicao, P./Le Goulven, K./Mendoza, R. U. (Hrsg.): Providing Global Public Goods. Managing Globalization, New York/Oxford: 21–58.

Kaul, I./Conceicao, P./Le Goulven, K./Mendoza, R. U. (2003b): Why Do Global Public Goods Matter Today. In: Kaul, I./Conceicao, P./Le Goulven, K./Mendoza, R. U. (Hrsg.): Providing Global Public Goods. Managing Globalization, New York/Oxford: 2–20.

Kellerman, B. (2004): Bad Leadership, Harvard.

Kerr, S./Mathews, C. S. (1995): Führungstheorien – Theorie der Führungssubstitution. In: Kieser, A./Reber, G./Wunderer, R. (Hrsg.): Handbuch der Führung, Stuttgart: 1021–1034.

Kersting, W. (2008a): Der homo oeconomicus und die Moral. Zur Kritik des Ökonomismus. In: Kersting, W. (Hrsg.): Moral und Kapital. Grundfragen der Wirtschafts- und Unternehmensethik, Paderborn: 129–150.

Kersting, W. (Hrsg.) (2008b): Moral und Kapital. Grundfragen der Wirtschafts- und Unternehmensethik, Paderborn.

Keupp, H./Ahbe, T./Gmür, W./Höfer, R./Mitzscherlich, B./Kraus, W./Straus, F. (2006): Identitätskonstruktionen. Das Patchwork der Identitäten in der Spätmoderne, 3. Auflage, Reinbeck.

Kingsbury, B. (2003): The International Legal Order. In: Cane, P./Tushnet, M. (Hrsg.): The Oxford Handbook of Legal Studies, Oxford: 271–297.

Kirsch, W. (1997a): Kommunikatives Handeln, Autopoiese, Rationalität, 2., überarbeitete und erweiterte Fassung, München.

Kirsch, W. (1997b): Wegweiser zur Konstruktion einer evolutionären Theorie der strategischen Führung, München.

Kirsch, W. (1998): Die Handhabung von Entscheidungsproblemen. Einführung in die Theorie der Entscheidungsprozesse, 5., überarbeitete Auflage, München.

Kirsch, W. (2001): Die Führung von Unternehmen, München.

Kirsch, W./Brunner, K./Eckert, N. (1999): Evolutionäre Organisationstheorie III: "Baustellen" eines Theorieprogramms. Arbeitstext am Seminar für Strategische Unternehmensführung. http://www.zfog.bwl.uni-muenchen.de/files/eot/eot3.pdf. (besucht am: 15-1-2009).

Kirsch, W./Seidl, D. (2004): Zu den handlungstheoretischen Grundlagen der Personalwirtschaftslehre. In: Festing, M./Martin, A./Mayrhofer, W./Nienhüser, W. (Hrsg.): Personaltheorie als Beitrag zur Theorie der Unternehmung, München/Mering: 139–156.

Kirsch, W./Seidl, D./van Aaken, D. (2007): Betriebswirtschaftliche Forschung. Wissenschaftstheoretische Grundlagen und Anwendungsorientierung, Stuttgart.

Kirsch, W./Seidl, D./van Aaken, D. (2009): Unternehmensführung. Eine evolutionäre Perspektive, Stuttgart.

Kirsch, W./Weber, M. (1999): Evolutionäre Organisationstheorie V: Perspektiven einer Prozessorientierung. Arbeitstext am Seminar für Strategische Unternehmensführung. http://www.zfog.bwl.uni-muenchen.de/files/eot/eot5.pdf. (besucht am: 15-1-2009).

Knop, C. (2008a): Konzern verlangt Schadensersatz. Siemens' langer Marsch aus der Schmiergeldaffäre. In: FAZ.NET: http://www.faz.net/s/RubD16E1F55D21144 C4AE3F9DDF52B6E1D9/Doc~EE2050CC5597746AAA92126D7FCF76BF2~AT pl~Ecommon~Sspezial.html (besucht am: 6-8-2008a).

Knop, C. (2008b): Neue Vorwürfe – verbittertes Schweigen. Hochrangiger Manager belastet angeblich Pierer. In: FAZ.NET: http://www.faz.net/s/RubD16E1F55D21144 C4AE3F9DDF52B6E1D9/Doc~EFF0E6E96782E4B4B89852324C9ADB8F5~ATp l~Ecommon~Scontent.html (besucht am: 6-8-2008b).

Knorr-Cetina, K. (1989): Spielarten des Konstruktivismus. Einige Notizen und Anmerkungen. In: Soziale Welt, 40, 86–96.

Kobrin, S. J. (2001): Sovereignty@Bay: Globalization, Multinational Enterprise, And The International Political System. In: Rugman, A. M./Brewer, T. L. (Hrsg.): The Oxford Handbook of International Business, Oxford: 181–205.

Kohlberg, L. (1969): State and sequence: The cognitive-development approach to socialization. In: Goslin, D. (Hrsg.): Handbook of socialization theory and research, Chicago: 347–480.

Kohlberg, L. (1996): Die Psychologie der Moralentwicklung, Frankfurt am Main.

Kroeck, K. G./Lowe, K. B./Brown, K. W. (2004): The Assessment of Leadership. In: Antonakis, J./Cianciolo, A. T./Sternberg, R. J. (Hrsg.): The Nature of Leadership, London: 71–97.

Kuhn, T. S. (1977): Die Entstehung des Neuen. Studien zur Struktur der Wissenschaftsgeschichte, Frankfurt am Main.

Kumar, B. N./Steinmann, H. (1998): Ethics in International Management, Gruyter.

Küpper, H.-U. (2006): Unternehmensethik. Hintergründe, Konzepte und Anwendungsbereiche, Stuttgart.

Kutschker, M./Schmid, S. (2005): Internationales Management, 4. Auflage, München.

Lautmann, R. (1994): Lebenswelt. In: Fuchs-Heinritz, W./Lautmann, R./Rammstedt, O./Wienold, H. (Hrsg.): Lexikon zur Soziologie, Opladen: 394–395.

Liden, R. C./Wayne, S. J./Zhao, H./Henderson, D. (2008): Servant leadership: Development of a multidimensional measure and multi-level assessment. In: The Leadership Quarterly, 19, 161–177.

Lipman-Blumen, J. (2005): The Allure of Toxic Leaders. Why We Follow Destructive Bosses and Corrupt Politicians – and How We Can Survive Them, Oxford.

Löhr, A. (2004): Unternehmensethik. In: Schreyögg, G./von Werder, A. (Hrsg.): Handwörterbuch Unternehmensführung und Organisation, Stuttgart: 1511–1520.

Löhr, A./Bischof, B. (1993): Die Führungsfunktion Leitung. Eine rollentheoretische Verankerung im strategischen Managementprozeß. Diskussionsbeitrag Nr. 75.

Lorenz, K. (2004a): Nominalismus. In: Mittelstraß, J. (Hrsg.): Enzyklopädie. Philosophie und Wissenschaftstheorie. Band 2:H-O, Stuttgart, Weimar: 1022–1027.

Lorenz, K. (2004b): Pragmatismus. In: Mittelstraß, J. (Hrsg.): Enzyklopädie. Philosophie und Wissenschaftstheorie. Band 3:P-So, Stuttgart/Weimar: 325–327.

Lorenzen, P. (1974): Konstruktive Wissenschaftstheorie, Frankfurt am Main.

Lorenzen, P. (1987/2000): Lehrbuch der konstruktiven Wissenschaftstheorie, Stuttgart, Weimar.

Lowe, K. B./Gardner, W. L. (2000): Ten Years of the Leadership Quarterly: Contributions and Challenges for the future. In: The Leadership Quarterly, 11, 4, 459–514.

Lozano, J. F. (2002): Rational discourse as a foundation for ethical codes. In: von Weltzien Hoivik, H. (Hrsg.): Moral Leadership in Action. Building and Sustaining Moral Competence in European Organizations, Cheltenham: 96–106.

Lueken, G.-L. (1992): Inkommensurabilität als Problem rationalen Argumentierens, Stuttgart-Bad Cannstatt.

Luhmann, N. (1984): Soziale Systeme – Grundriss einer allgemeinen Theorie, Frankfurt am Main.

Lyotard, J.-F. (1979/2005): Das postmoderne Wissen. Ein Bericht, 5. Auflage, Wien.

Lyotard, J.-F. (1992/1997): The Postmodern Explained, Third printing, Minneapolis.

Maak, T. (2007): Responsible Leadership, Stakeholder Engagement, and the Emergence of Social Capital. In: Journal of Business Ethics, 74, 4, 329–343.

Maak, T. (2008a): Integre Unternehmensführung im Zeitalter einer globalen Stakeholder-Gesellschaft. Rahmentext zur Einordnung der ausgewählten Publikationen.

Maak, T. (2008b): Undivided Corporate Responsibility. Towards a theory of Corporate Integrity. In: Journal of Business Ethics, 82, 2, 353–368.

Maak, T./Pless, N. M. (Hrsg.) (2006a): Responsible Leadership, Abingdon, Oxon.

Maak, T./Pless, N. M. (2006b): Responsible Leadership in a Stakeholder Society – A Relational Perspective. In: Journal of Business Ethics, 66, 99–115.

Maak, T./Pless, N. M. (2006c): Responsible leadership: a relational approach. In: Maak, T./Pless, N. M. (Hrsg.): Responsible Leadership, Oxon: 33–53.

Maak, T./Pless, N. M. (2008): Responsible leadership in a globalized world: a cosmopolitan perspective. In: Scherer, A. G./Palazzo, G. (Hrsg.): Handbook of Research on Corporate Citizenship, Cheltenham: 430–453.

Maak, T./Ulrich, P. (2007): Integre Unternehmensführung. Ethisches Orientierungswissen für die Wirtschaftspraxis, Stuttgart.

Macharzina, K. (1995): Unternehmensführung: das internationale Managementwissen; Konzepte – Methoden – Praxis, 2., aktualisierte und erweiterte Auflage, Wiesbaden.

Macharzina, K./Fisch, J. H. (2004): Globalisierung. In: Schreyögg, G./Werder, A. v. (Hrsg.): Handwörterbuch der Unternehmensführung und Organisation, Stuttgart: 360–368.

Macharzina, K./Wolf, J. (2005): Unternehmensführung: das internationale Managementwissen; Konzepte – Methoden – Praxis, 5., grundlegend überarbeitete Auflage, Wiesbaden.

MacIntyre, A. (1981/2007): After Virtue. A Study in Moral Theory, 3. Auflage, Notre Dame, Indiana.

March, J. G. (1994): A Primer on Decision Making, New York.

Maring, M. (2005): Verantwortung und Mitverantwortung in Korporationen. In: Brink, A./Tiberius, V. A. (Hrsg.): Ethisches Management. Grundlagen eines wert(e)orientierten Führungskräfte-Kodex, Bern/Stuttgart/Wien: 449–479.

Martin, J.-F. (2006): CEOs as public leaders: A McKinsey Survey. In: The McKinsey Quarterly: http://www.mckinseyquarterly.com/Strategy/Strategy_in_Practice/CEOs_as_public_leaders_A_McKinsey_Survey_1909_abstract (besucht am: 30-6-2008).

Matten, D./Crane, A. (2005): Corporate Citizenship: Toward an extended Theoretical Conceptualization. In: Academy of Management Review, 30, 1, 166–179.

Matten, D./Palazzo, G. (2008): Unternehmensethik als Gegenstand betriebswirtschaftlicher Forschung und Lehre - Eine Bestandsaufnahme aus internationaler Perspektive. In: zfbf.Schmalenbachs Zeitschrift für betriebswirtschaftliche Forschung, 58, 8, 50–71.

McDonough, W. (1992): The Hannover Principles. Design for Sustainability. In: William McDonough Homepage: http://www.mcdonough.com/principles.pdf (besucht am: 2-5-2009).

McDonough, W. (1993): A Centennial Sermon. Design, Ecology, Ethics And The Making Of Things. In: William McDonough Homepage: http://www.mcdonough.com/Sermon.pdf (besucht am: 2-5-2009).

McDonough, W. (2007): Ray Anderson. In: Times Magazine: http://www.time.com/time/specials/2007/article/0,28804,1663317_1663322_1669929,00.html (besucht am: 25-8-2008).

McWilliams, A./Siegel, D. (2001a): Corporate social responsibility: A theory of the firm perspective. In: Academy of Management Review, 26, 1, 117–127.

McWilliams, A./Siegel, D. (2001b): Profit maximizing corporate social responsibility. In: Academy of Management Review, 26, 4, 504–505.

Meck, G. (2008): Siemens-Skandal. Die verlorene Ehre des Heinrich von Pierer. In: FAZ.NET: http://www.faz.net/s/RubD16E1F55D21144C4AE3F9DDF52B6E1D9/Doc~E2685A663031A4F6F8EC0D382F1294EB2~ATpl~Ecommon~Scontent.html (besucht am: 6-5-2008).

Mendenhall, M. E./Osland, J. S./Bird, A./Oddou, G. R./Maznevski, M. L. (Hrsg.) (2008): Global Leadership. Research, Practive and Development, London/New York.

Michelman, F. I. (1989): Comceptions of Democracy in American Constitutional Argument: The Case of Pornography Regulations. In: Tenn.Law.Rev., 291.

Michelman, F. I. (1999): How Can the People Ever Make the Laws? A Critque of Deliberative Democracy. In: Bohman, J./Rehg, W. (Hrsg.): Deliberative Democracy, Essays on Reason and Politics, Cambridge/London: 145–171.

Michie, J. (Hrsg.) (2003): The Handbook of Globalisation, Cheltenham, UK.

Mintzberg, H. (1973): Appendix C. In: Mintzberg, H. (Hrsg.): The Nature of Managerial Work, New York: 230–277.

Mintzberg, H. (1978): Patterns in Strategy Formation. In: Management Science, 24, 9, 934–948.

Mintzberg, H. (1980): The Nature of Managerial Work, Englewood Cliffs.

Moon, J./Crane, A./Matten, D. (2005): Can Corporations be Citizens? Corporate Citizenship as a Metaphor for Business Participation in Society. In: Business Ethics Quarterly, 15, 3, 429–453.

Moore, G. (2005a): Corporate Character: Modern Virture Ethics and the Virtuous Corporation. In: Business Ethics Quarterly, 15, 4, 659–685.

Moore, G. (2005b): Humanizing Business: A Modern Virtue Ethics Approach. In: Business Ethics Quarterly, 15, 2, 237–255.

Moore, G. (2008): Re-Imagining the Morality of Management: A Modern Virtue Ethics Approach. In: Business Ethics Quarterly, 18, 4, 483–511.

Moore, G. E. (1970): Principia Ethica. Erweiterte Ausgabe, Stuttgart.

Müller, W. R. (1995): Führungsforschung/Führung in der Bundesrepublik Deutschland, in Österreich und der Schweiz. In: Kieser, A./Reber, G./Wunderer, R. (Hrsg.): Handbuch der Führung, Stuttgart: 573–586.

Neuberger, O. (1990): Führen und geführt werden, 3., völlig überarbeitete Auflage von Führung, Stuttgart.

Neuberger, O. (1995): Mikropolitik. Der alltägliche Aufbau und Einsatz von Macht in Organisationen, Stuttgart.

Neuberger, O. (2002): Führen und führen lassen, 6., völlig neu bearbeitete und erweiterte Auflage, Stuttgart.

Nielsen, R. P. (1989): Arendt's Action Philosophy and the Manager as Eichmann, Richard III, Faust or Institution Citizen. In: Steinmann, H./Löhr, A. (Hrsg.): Unternehmensethik, Stuttgart: 285–298.

O'Neill, O. (1996): Toward Justice and Virtue, Cambridge.

Oliver, C. (1996): The Institutional Embeddedness of Economic Activity. In: Advances in Strategic Management, 13, 163–186.

Opp, K.-D. (2005): Methodologie der Sozialwissenschaften. Einführung in Probleme ihrer Theorienbildung und praktische Anwendung, 6. Auflage, Wiesbaden.

Osterloh, M. (1993): Interpretative Organisations- und Mitbestimmungsforschung, Stuttgart.

Ostrom, E./Walker, J. (1997): Neither Markets nor States: Linking transformation processes in collective action arenas. In: Mueller, D. C. (Hrsg.): Perspectives on public choice. A handbook, Cambridge: 35–72.

Ott, K. (2008): Börsenaufsicht SEC in Deutschland. US-Ermittler bei Siemens. In: Sueddeutsche.de: http://www.sueddeutsche.de/wirtschaft/942/304914/text/ (besucht am: 18-8-2008).

Ott, K./Ritzer, U. (2008): Siemens und die AUB: "Betriebsratswahlen unzulässig beeinflusst". In: Sueddeutsche.de: http://www.sueddeutsche.de/wirtschaft/508/302504/text/ (besucht am: 25-8-2008).

Ott, K./Schlötzer, Ch. (2009): Schmiergeldfall Siemens. Haus auf Paros, Anklage in Athen. In: Sueddeutsche.de: http://www.sueddeutsche.de/wirtschaft/ 740/466324/ text/ (besucht am: 30-4-2009).

Paine, L. S. (1994): Managing for Organizational Integrity. In: Harvard Business Review, March-April, 106–117.

Paine, L. S. (2006): A compass for decision making. In: Maak, T./Pless, N. M. (Hrsg.): Responsible Leadership, Oxon: 54–67.

Palanski, M. E./Yammarino, F. J. (2007): Integrity and Leadership. Clearing the Conceptual Confusion. In: European Management Journal, 25, 3, 171–184.

Palazzo, G./Scherer, A. G. (2006): Corporate Legitimacy as Deliberation: A Communicative Framework. In: Journal of Business Ethics, 66, 1, 71–88.

Palazzo, G./Scherer, A. G. (2008): The future of global corporate citizenship: toward a new theory of the firm as a political actor. In: Scherer, A. G./Palazzo, G. (Hrsg.): Handbook of Research on Corporate Citizenship, Cheltenham: 577–590.

Parker, B. (1996): Evolution and revolution: From international business to globalization. In: Clegg, S./Hardy, C./Nord, W. R. (Hrsg.): Handbook of organizational studies, London: 484–506.

Parker, C./Braithwaite, J. (2003): Regulation. In: Cane, P./Tushnet, M. (Hrsg.): The Oxford Handbook of Legal Studies, Oxford: 119–145.

Patzer, M. (2005): Leadership im Rahmen der Themen- und Agendabildung in Organisationen. Diplomarbeit an der betriebswirtschaftlichen Fakultät der LMU München.

Patzer, M. (2008): Towards a political conception of leadership responsibility. Konferenzbeitrag der EGOS 2008 Amsterdam.

Patzer, M./Kaufmann, I. M. (2007): Neuroeconomics and Social Science. Reflections on ethical and conceptional challenges in the light of the field's promises. Konferenzbeitrag der NeuroPsychoEconomics Konferenz 2007 Wien.

Peitsmeier, H. (2008): Hauptversammlung von Siemens. Abrechnung ohne Pierer. In: FAZ.NET: http://www.faz.net/s/RubD16E1F55D21144C4AE3F9DDF52B6E1D9/ Doc~ECCAEBF03823A47BF97C9CA2F778D3F4B~ATpl~Ecommon~Scontent.html (besucht am: 6-8-2008).

Perraton, J. (2003): The scope and implications of globalisation. In: Michie, J. (Hrsg.): The Handbook of Globalisation, Cheltenham, UK.

Pfeffer, J. (1982): Organizations and Organization Theorie, Marshfield.

Phillips, R. (2003): Stakeholder theory and organizational ethics, San Francisco.

Pickett, M. C. (2005): Ethical Leadership, Bloomington.

Pincione, G./Tesón, F. R. (2006): Rational Choice and Democratic Deliberation. A Theory of Discourse Failure, Cambridge.

Pless, N. M. (2007): Understanding Responsible Leadership: Role Identity and Motivational Drivers. The Case of Dame Anita Roddick, Founder of The Body Shop. In: Journal of Business Ethics, 74, 437–456.

Pless, N. M./Maak, T. (2004): Building an Inclusive Diversity Culture: Principles, Processes and Practice. In: Journal of Business Ethics, 54, 129–147.

Pless, N. M./Maak, T. (2005): Relational Intelligence for leading responsibly in a connected world. Konferenzbeitrag der Academy of Management, Annual Meeting 2005, August 5-10 Honolulu.

Pless, N. M./Maak, T. (2006): Towards a Relational Theory of Responsible Leadership: Paradigmatic Thoughts & Ethical Reflections.

Pless, N. M./Maak, T. (2008): Responsible Leadership. Verantwortliche Führung im Kontext einer globalen Stakeholder-Gesellschaft. In: Zeitschrift für Wirtschafts- und Unternehmensethik, 9, 2, 222–243.

Popper, K. (1973): Objektive Erkenntnis ein evolutionärer Entwurf, Hamburg.

Post, J. E./Preston, L. E./Sachs, S. (2002): Redefining the Corporation. Stakeholder Management and Organizational Wealth, Stanford.

Postman, N. (2006): Wir amüsieren uns zu Tode. Urteilsbildung im Zeitalter der Unterhaltungsindustrie, 17. Auflage, Frankfurt.

PRME (2008a): PRME Home. In: PRME Homepage: http://www.unprme.org/index.php (besucht am: 12-11-2008a).

PRME (2008b): Who Developed the PRME? In: PRME Homepage: http://www.unprme. org/the-6-principles/who-developed-prme/index.php (besucht am: 12-11-2008b).

Pruzan, P./Miller, W. C. (2006): Spirituality as the basis of responsible leaders and responsible companies. In: Maak, T./Pless, N. M. (Hrsg.): Responsible Leadership, Oxon: 68–92.

Quante, M. (2006): Einführung in die Allgemeine Ethik, 2.Auflage, Darmstadt.

Rawls, J. (1979): Eine Theorie der Gerechtigkeit, Frankfurt am Main.

Reave, L. (2005): Spiritual values and practices related to leadership effectiveness. In: The Leadership Quarterly, 16, 655–687.

Rehg, W. (1994): Insight & Solidarity. The Discourse Ethics of Jürgen Habermas, London.

Rest, J. R. (1986): Ein interdisziplinärer Ansatz zur Moralerziehung und ein Vierkomponenten-Modell der Entstehung moralischer Handlungen. In: Oser, F./Althof, W. G. D. (Hrsg.): Moralische Zugänge zum Menschen. Zugänge zum moralischen Menschen, München: 20–41.

Rorty, R. (1988): Solidarität oder Objektivität? In: Rorty, R. (Hrsg.): Solidarität oder Objektivität? Drei philosophische Essays, Stuttgart: 11–37.

Rose-Ackerman, S. (Hrsg.) (2006): International Handbook on the Economics of Corruption, Cheltenham.

Rost, J. C. (1991/1993): Leadership for the Twenty-First Century, Westport.

Rost, J. C. (1995): Leadership: A Discussion about Ethics. In: Business Ethics Quarterly, 5, 1, 129–142.

Roughley, N. (2004): Tugend. In: Mittelstraß, J. (Hrsg.): Enzyklopädie. Philosophie und Wissenschaftstheorie. Band 4:Sp-Z, Stuttgart, Weimar: 344–350.

Ruh, H./Leisinger, K. M. (Hrsg.) (2004): Ethik im Management. Ethik und Erfolg verbünden sich, Zürich.

Ryfe, D. M. (2005): Does Deliberative Democracy Work? In: Annual Review Political Science, 8, 49–71.

Schäfer, U. (2007): Pierer-Rücktritt. Die neue Siemens-Welt. In: Sueddeutsche.de: http://www.sueddeutsche.de/wirtschaft/artikel/936/110826/ (besucht am: 18-8-2008).

Scheen, T. (2009): Prominente in Afrika. Die Ausbeutung des Hungerkontinents. In: FAZ.NET: http://www.faz.net/s/Rub501F42F1AA064C4CB17DF1C38AC00196/Doc~E8D50B8C80F774182908E4AEEA2E8BC0A~ATpl~Ecommon~Scontent.html (besucht am: 30-4-2009).

Scherer, A. G. (1995): Pluralismus im Strategischen Management, Wiesbaden.

Scherer, A. G. (1998): Pluralism and Incommensurability in Strategic Management and Organization Theory: A Problem in Search of a Solution. In: Organization, 5, 2, 147–168.

Scherer, A. G. (1999): Kritik der Organisation oder Organisation der Kritik? Wissenschaftstheoretische Bemerkungen zum kritischen Umgang mit Organisationstheorien. In: Kieser, A. (Hrsg.): Organisationstheorien, Stuttgart: 1–37.

Scherer, A. G. (2003): Multinationale Unternehmen und Globalisierung, Heidelberg.

Scherer, A. G. (2004a): Konstruktivismus. In: Schreyögg, G./Werder, A. v. (Hrsg.): Handwörterbuch der Unternehmensführung und Organisation, Stuttgart: 644–652.

Scherer, A. G. (2004b): Schwindende Grenzen zwischen Wirtschaft und Politik: die neue Verantwortung der multinationalen Unternehmung und der Beitrag von Karl Homann zu ihrer Bestimmung. In: Zeitschrift für Evangelische Ethik, 48, 107–118.

Scherer, A. G. (2008a): Die politische Verantwortung globalisierter Unternehmen. Bemerkungen zum wirtschaftsliberalen Trennungsmodell. In: Kersting, W. (Hrsg.): Moral und Kapital. Grundfragen der Wirtschafts- und Unternehmensethik, Paderborn: 107–127.

Scherer, A. G. (2008b): Varianten der Diskursethik und deren Beitrag zur Lösung des philosophischen Grundlagenstreits zwischen Universalismus und Relativismus in der Bioethik. In: Biller-Andorno, N./Schaber, P./Schultz-Baldes, A. (Hrsg.): Gibt es eine universale Bioethik?, Paderborn: 269–278.

Scherer, A. G. (2009): Critical Theory and its Contribution to the Emergence of Critical Management Studies. In: Alvesson, M./Willmott, H./Bridgman, T. (Hrsg.): The Oxford Handbook of Critical Management Studies, Oxford: 29–51.

Scherer, A. G./Dowling, M. J. (1995): Towards a Reconciliation of the Theory Pluralism in Strategic Management. Incommensurbility and the Constructivist Approach of the Erlangen School. In: Advances in Strategic Management, 12A, 195–247.

Scherer, A. G./Palazzo, G. (2007): Toward a Political Conception of Corporate Responsibility – Business and Society seen from a Habermasian Perspective. In: Academy of Management Review, 32, 4, 1096–1120.

Scherer, A. G./Palazzo, G. (2008a): Globalization and Corporate Social Responsibility. In: Crane, A./McWilliams, A./Matten, D./Moon, J./Siegel, D. (Hrsg.): The Oxford Handbook of Corporate Social Responsibility, Oxford: 413–431.

Scherer, A. G./Palazzo, G. (Hrsg.) (2008b): Handbook of Research on Corporate Citizenship, Cheltenham.

Scherer, A. G./Palazzo, G. (2008c): Introduction: corporate citizenship in a globalized world. In: Scherer, A. G./Palazzo, G. (Hrsg.): Handbook of Research on Corporate Citizenship, Cheltenham: 1–21.

Scherer, A. G./Palazzo, G. (2009): The New Political Role of Business in a Globalized World – A Paradigm Shift in CSR and its Implications for the Firm, Governance, and Democracy. Submitted to the Journal of Management Studies (2nd revise and resubmit).

Scherer, A. G./Palazzo, G./Baumann, D. (2006): Global Rules and Private Actors – Toward a New Role of the Transnational Corporation in Global Governance. In: Business Ethics Quarterly, 16, 4, 505–532.

Scherer, A. G./Palazzo, G./Butz, A. F. (2010): Die neue politische Rolle von Unternehmen in einer globalisierten Welt – Ein Überblick über die Forschungslandschaft. In: Moser, R. (Hrsg.): Tagungsband Wissenschaftliche Kommission Internationales Management, Wiesbaden.

Scherer, A. G./Palazzo, G./Seidl, D. (2008): Legitimacy Strategies as Complexity Reduction in a Post-national World. A Systems-Theory Perspective. Arbeitstext.

Scherer, A. G./Palazzo, G./Weaver, G. R. (2009): The Role of Leadership, Responsibility, and Ethics in a Globalized World: Behavioral Issues of Implementing CSR. Subtheme proposal 26th EGOS Colloquium, July 1–3, 2010.

Scherer, A. G./Patzer, M. (2006): Zum Management der Organisationslegitimität globalisierter Unternehmen. In: Zaugg, R. J. (Hrsg.): Handbuch Kompetenzmanagement. Durch Kompetenz nachhaltig Werte schaffen. Festschrift für Norbert Thom zum sechzigsten Geburtstag, Bern/Stuttgart/Wien: 41–52.

Scherer, A. G./Patzer, M. (Hrsg.) (2008): Betriebswirtschaftslehre und Unternehmensethik, Wiesbaden.

Scherer, A. G./Patzer, M. (2008): Paradigms. In: Clegg, S./Bailey, J. R. (Hrsg.): International Encyclopedia of Organzation Studies (Vol. 4), London: 1218–1222.

Scherer, A. G./Patzer, M. (2010a): Beyond Universalism and Relativism: Habermas's Contribution to Discourse Ethics and its Implications for Intercultural Ethics and Organizational Theory. In: Tsoukas, H./Chia, R. (Hrsg.): Philosopy and Organization Theory.

Scherer, A. G./Patzer, M. (2010b): Corporate Social Responsibility. In: Aßländer, M. S. (Hrsg.): Handbuch Wirtschaftsethik, Stuttgart/Weimar.

Scherer, A. G./Picot, A. (Hrsg.) (2008): Unternehmensethik und Corporate Social Responsibility – Herausforderungen an die Betriebswirtschaftslehre, zfbf.Schmalenbachs Zeitschrift für betriebswirtschaftliche Forschung. Sonderheft 58.

Scherer, A. G./Smid, M. (2000): The Downwards Spiral and the U.S. Model Business Principles. Why MNEs Should Take Responsibility for the Improvement of World-Wide Social and Environmental Conditions. In: Management International Review, 40, 351–371.

Schmidt, W. (1986): Führungsethik als Grundlage betrieblichen Managements, Heidelberg.

Schreyögg, G. (1995): Führungstheorien – Situationstheorie. In: Kieser, A./Reber, G./Wunderer, R. (Hrsg.): Handbuch der Führung, 993–1005.

Schreyögg, G. (1999): Horst Steinmann – 65 Jahre. In: zfbf Schmalenbachs Zeitschrift für betriebswirtschaftliche Forschung, 51, 7/8, 755–758.

Schreyögg, G. (2004): Unternehmensführung (Management). In: Schreyögg, G./Werder, A. v. (Hrsg.): Handwörterbuch der Unternehmensführung und Organisation, Stuttgart: 1520–1531.

Schreyögg, G./Steinmann, H. (1987): Strategic Control: A New Perspective. In: Academy of Management Review, 12, 1, 91–102.

Schütz, A./Luckmann, T. (2003): Strukturen der Lebenswelt, Konstanz.

Schwemmer, O. (2004): Ethik. In: Mittelstraß, J. (Hrsg.): Enzyklopädie. Philosophie und Wissenschaftstheorie. Band 1: A-G, Stuttgart, Weimar: 592–599.

Schwemmer, O. (2007): Verantwortung. In: Mittelstraß, J. (Hrsg.): Enzyklopädie. Philosophie und Wissenschaftstheorie. Band 4:Sp-Z, Stuttgart/Weimar: 499–501.

Sennett, R. (2006): Der flexible Mensch. Die Kultur des neuen Kapitalismus, Berlin.

Sharma, P./Bhal, K. T. (2004): Managerial Ethics. Dilemmas and Decision making, Thousand Oaks/London.

Siemens AG (2002a): Globalisierung aus Sicht der Wirtschaft. Grundlagen, Diskussionen, Ausblicke, Erlangen.

Siemens AG (2002b): Siemens Geschäftsbericht 2002. In: Siemens: http://w1.siemens.com/pool/de/investor_relations/finanzpublikationen/geschaftsbericht/GB2002_d_oS_1321348.pdf (besucht am: 7-8-2008b).

Siemens AG (2003): Siemens Geschäftsbericht 2003. In: Siemens: http://w1.siemens.com/pool/de/investor_relations/finanzpublikationen/geschaftsbericht/pdf/000_gb2003_d_1129094.pdf (besucht am: 7-8-2008).

Siemens AG (2004): Siemens Geschäftsbericht 2004. In: Siemens: http://w1.siemens.com/pool/de/investor_relations/finanzpublikationen/geschaftsbericht/pdf/d04_00_gb2004_1230296.pdf (besucht am: 7-8-2008).

Siemens AG (2005): Siemens Geschäftsbericht 2005. In: Siemens: http://w1.siemens.com/pool/de/investor_relations/finanzpublikationen/geschaftsbericht/D05_00_GB2005_1333831.pdf (besucht am: 7-8-2008).

Siemens AG (2006): Siemens Geschäftsbericht 2006. In: Siemens: http://w1.siemens.com/pool/de/investor_relations/finanzpublikationen/geschaftsbericht/D06_00_GB2006_1417680.PDF (besucht am: 7-8-2008).

Siemens AG (2007): Siemens Geschäftsbericht 2007. In: Siemens: http://w1.siemens.com/ annual/07/pool/download/pdf/d07_00_gb2007.pdf (besucht am: 7-8-2008).

Siemens AG (2008): Siemens AG reaches a resolution with German and U.S. authorities. In: Siemens: http://w1.siemens.com/press/pool/de/pressemitteilungen/corporate_communication/AXX20081219e.pdf (besucht am: 2-8-2009).

Simon, H. A. (1957): Models of Man, New York.

Simon, H. A. (1997): Administrative Behavior, 4. Auflage, New York.

Singer, P. (1993): Practical Ethics, Cambridge.

Sitte, T. (2003): Akteure der strategischen Führung – ein handlungstheoretisch fundierter Beitrag zu einer Theorie der strategischen Führung, München.

Solomon, R. C. (1992): Corporate Roles, Personal Virtues: An Aristotelean Approach to Business Ethics. In: Business Ethics Quarterly, 2, 3, 317–339.

Solomon, R. C. (2003): Victims of Circumstances? A Defense of Virtue Ethics in Business. In: Business Ethics Quarterly, 13, 1, 43–62.

Sorg, A. (2002): Zusammenfassung: Globalisierung – Streitpunkte in Frage und Antwort. In: Siemens AG (Hrsg.): Globalisierung aus Sicht der Wirtschaft. Grundlagen, Diskussionen, Ausblicke, Publicis Corporate Publishing: 73–83.

Staehle, W. H. (Hrsg.) (1991): Handbuch Management. Die 24 Rollen der exzellenten Führungskraft, Stuttgart.

Staffelbach, B. (1994): Management-Ethik. Ansätze und Konzepte aus betriebswirtschaftlicher Sicht, Bern, Stuttgart, Wien.

Stansbury, J./Barry, B. (2007): Ethics Programs and the Paradox of Control. In: Business Ethics Quarterly, 17, 2, 239–261.

Statistisches Bundesamt (2008): Deutsche Staatsverschuldung. Schuldenstand nach Körperschaftsgruppen. In: Statistisches Bundesamt: http://www.destatis.de/jetspeed/portal/cms/Sites/destatis/Internet/DE/Content/Statistiken/Zeitreihen/LangeReihen/SteuernFinanzen/Content100/lrfin03a,templateId=renderPrint.psml (besucht am: 21-9-2008).

Stein, T. (2008): Die neuen Weltbürger und ihr Beitrag zum gesellschaftlichen Wandel. In: WZB-Mitteilungen, 119, 23–27.

Steinle, C. (1995): Führungsdefinitionen. In: Kieser, A./Reber, G./Wunderer, R. (Hrsg.): Handbuch der Führung, Stuttgart: 523–533.

Steinmann, H. (Hrsg.) (1978): Betriebswirtschaftslehre als normative Handlungswissenschaft. Zur Bedeutung der Konstruktiven Wissenschaftstheorie für die Betriebswirtschaftslehre, Wiesbaden.

Steinmann, H. (2005): Unternehmensethik und Globalisierung – Das politische Element in der multinationalen Unternehmung. In: Hermann, H./Voigt, K.-L. (Hrsg.): Globalisierung und Ethik, Heidelberg: 79–101.

Steinmann, H. (2006): Unternehmensethik. Integration in das Lehrgebäude der Managementlehre. In: Zaugg, R. J. (Hrsg.): Handbuch Kompetenzmanagement. Durch Kompetenz nachhaltig Werte schaffen. Festschrift für Norbert Thom zum sechzigsten Geburtstag, Bern/Stuttgart/Wien: 15–27.

Steinmann, H. (2008a): Betriebswirtschaftslehre und Unternehmensethik: Ein Ausblick. In: Scherer, A. G./Patzer, M. (Hrsg.): Betriebswirtschaftslehre und Unternehmensethik, Wiesbaden: 339–351.

Steinmann, H. (2008b): Towards a conceptual framework for corporate ethics: problems of justification and implementation. In: Society and Business Review, 3, 2, 133–148.

Steinmann, H./Kustermann, B. (1996): Die Managementlehre auf dem Weg zu einem neuen Steuerungsparadigma. In: Journal für Betriebswirtschaft, 5–6, 96, 265–281.

Steinmann, H./Löhr, A. (1989): Unternehmensethik, Stuttgart.

Steinmann, H./Löhr, A. (1991): Managementrolle: Verantwortungsvoller Bürger. In: Staehle, W. H. (Hrsg.): Handbuch Management. Die 24 Rollen der exzellenten Führungskraft, Stuttgart: 505–526.

Steinmann, H./Löhr, A. (1992): Unternehmensethik. In: Frese, H. (Hrsg.): Handwörterbuch der Organisation, Stuttgart: 2452–2464.

Steinmann, H./Löhr, A. (1994): Grundlagen der Unternehmensethik, 2. Auflage, Stuttgart.

Steinmann, H./Löhr, A. (1996): A Republican Concept of Corporate Ethics. In: Urban, S. (Hrsg.): Europe's Challenges, Wiesbaden: 21–60.

Steinmann, H./Löhr, A. (2002): Unternehmensethik – Zur Geschichte eines ungeliebten Kindes der Betriebswirtschaftslehre. In: Gaugler, E./Köhler, R. (Hrsg.): Entwicklungen der Betriebswirtschaftslehre. 100 Jahre Fachdisziplin – zugleich eine Verlagsgeschichte, Stuttgart: 510–535.

Steinmann, H./Olbrich, T. (1994): Unternehmensethik und internationales Management. Implementationsprobleme einer Unternehmensethik der internationalen Unternehmung. In: Schiemenz, B./Wurl, H.-J. (Hrsg.): Internationales Management: Beiträge zur Zusammenarbeit, Festschrift für Eberhard Dülfer zum 70. Geburtstag, Wiesbaden: 117–144.

Steinmann, H./Olbrich, T. (1998): Ethik-Management: integrierte Steuerung ethischer und ökonomischer Prozesse. In: Blickle, G. (Hrsg.): Ethik in Organisationen, Göttingen: 95–115.

Steinmann, H./Scherer, A. G. (1998a): Epilog. Zugleich eine Stellungnahme zum Rückblick von Horst Gronke. In: Steinmann, H./Scherer, A. G. (Hrsg.): Zwischen Universalismus und Relativismus. Philosophische Grundlagenprobleme des interkulturellen Managements, Frankfurt am Main: 402–416.

Steinmann, H./Scherer, A. G. (1998b): Interkulturelles Management zwischen Universalismus und Relativismus. Kritische Anfragen der Betriebswirtschaftslehre an die Philosophie. In: Steinmann, H./Scherer, A. G. (Hrsg.): Zwischen Universalismus und Relativismus. Philosophische Grundlagenprobleme des interkulturellen Managements, Frankfurt am Main: 23–87.

Steinmann, H./Scherer, A. G. (Hrsg.) (1998c): Zwischen Universalismus und Relativismus. Philosophische Grundlagenprobleme des interkulturellen Managements, Frankfurt am Main.

Steinmann, H./Scherer, A. G. (2000): Corporate Ethics and Management Theory. In: Koslowski, P. (Hrsg.): Contemporary Economic Ethics and Business Ethics, Berlin/Heidelberg/New York: 149–192.

Steinmann, H./Schreyögg, G. (2005): Management. Grundlagen der Unternehmensführung, 6., vollständig überarbeitete Auflage, Wiesbaden.

Steinmann, H./Walter, M. (1990): Managementprozeß. In: Wirtschaftswissenschaftliches Studium, 7, 340–345.

Steltzner, H. (2006): Management. Siemens – ein Jammer. In: FAZ.NET: http://www.faz.net/s/RubEC1ACFE1EE274C81BCD3621EF555C83C/Doc~E4DD FEF7598D144279A0E2DD518BA7D8A~ATpl~Ecommon~Scontent.html (besucht am: 6-8-2008).

Stogdill, R. M. (1948): Personal factors associated with leadership: A survey of the literature. In: The Journal of Psychology, 25, 35–71.

Suchanek, A. (2001): Ökonomische Ethik, Tübingen.

Suchman, M. C. (1995): Managing Legitimacy: Strategic and Institutional Approaches. In: Academy of Management Review, 20, 3, 571–610.

Sueddeutsche.de (2007): Heinrich von Pierer. Schlechter Abgang für den "guten Menschen aus Erlangen". In: Sueddeutsche.de: http://www.sueddeutsche.de/wirtschaft/artikel/847/110737/ (besucht am: 18-8-2008).

Sundaram, A. K./Inkpen, A. C. (2004): The corporate objective revisited. In: Organization Science, 15, 350–363.

Teubner, G. (1999): Polykorporatismus: Der Staat als "Netzwerk" öffentlicher und privater Kollektivakteure. In: Brunkhorst, H./Niesen, P. (Hrsg.): Das Recht der Republik, Frankfurt am Main: 346–372.

Theurer, M. (2008a): Kurseinbruch. Die Siemens-Krankheit. In: FAZ.NET: http://www.faz.net/s/Rub4D8A76D29ABA43699D9E59C0413A582C/Doc~EF0A5 C6D10D3A44AC822378A4DC2CFB4C~ATpl~Ecommon~Scontent.html (besucht am: 19-8-2008a).

Theurer, M. (2008b): Technologie. Siemens beichtet Missmanagement. In: FAZ.NET: http://www.faz.net/s/RubF3F7C1F630AE4F8D8326AC2A80BDBBDE/Doc~E91F 8C5E8F7874CE18F34C4D5F4773565~ATpl~Ecommon~Scontent.html (besucht am: 19-8-2008b).

Thomas, T./Schermerhorn, J. R./Dienhart, J. W. (2004): Strategic leadership of ethical behavior in business. In: Academy of Management Executive, 18, 2, 56–66.

Thompson, D. F. (2008): Deliberative Democratic. Theory and Empirical Political Science. In: Annual Review Political Science, 11, 497–520.

Tomorrow's Leaders group/WBCSD (2006): From Challenge to Opportunity. The role of business in tomorrow's society. In: http://www.wbcsd.org/DocRoot/ CZ2dt8wQCfZKX2S0wxMP/tomorrows-leaders.pdf: http://www.wbcsd.org/DocRoot/CZ2dt8wQCfZKX2S0wxMP/tomorrows-leaders.pdf (besucht am: 13-11-2998).

Toulmin, S. E. (1958/2003): The Uses of Argument, Updated Edition, Cambridge.

Transparency International (1999): "Ach das mit der Prostitution ..." Aus dem Alltag eines Lobbyisten in Sachen Schmiergeldzahlungen. In: Transparency International: http://www.transparency.org/news_room/latest_news/press_releases/1999/19 99_03_19_schmiergeld (besucht am: 19-8-2008).

Transparency International (2009): Global Corruption Barometer 2009. In: Transparency International Homepage: http://www.transparency.org/content/download/ 43788/701097

Trautnitz, G./Engelhard, J. (2008): Globalität und Normativität – Zur systematischen Bedeutung normativer Fragen für die Disziplin "Internationales Management" (Arbeitstext).

Trevino, L. K. (1986): Ethical Decision Making in Organizations: A Person-Situation Interactionist Model. In: Academy of Management Review, 11, 3, 601–617.

Trevino, L. K./Brown, M. E./Hartman, L. P. (2003): A qualitative investigation of perceived executive ethical leadership: Perceptions from inside and outside the executive suite. In: Human Relations, 56, 1, 5–37.

Trevino, L. K./Hartman, L. P./Brown, K. W. (2000): Moral Person and moral manager: How executives develop a reputation for ethical leadership. In: California Management Review, 42, 4, 128–142.

Trevino, L. K./Weaver, G. R. (1994): Business ETHICS/BUSINESS ethics: ONE FIELD OR TWO? In: Business Ethics Quarterly, 4, 2, 113–128.

Trevino, L. K./Weaver, G. R./Reynolds, S. J. (2006): Behavioral Ethics in Organizations: A Review. In: Journal of Management, 32, 6, 951–990.

Tugendhat, E. (1993a): Die Diskursethik. In: Tugendhat, E. (Hrsg.): Vorlesungen über Ethik, Frankfurt am Main: 161–176.

Tugendhat, E. (1993b): Tugenden. In: Tugendhat, E. (Hrsg.): Vorlesungen über Ethik, Frankfurt am Main: 226–238.

Tugendhat, E. (Hrsg.) (1993c): Vorlesungen über Ethik, Frankfurt am Main.

Tuner, J. C. (1991): Social Influence, Milton Keynes, UK.

Ulrich, P. (1995): Führungsethik. In: Kieser, A. (Hrsg.): Enzyklopädie der Betriebswirtschaftslehre. Bd. 10. Handwörterbuch der Führung, Stuttgart: 562–573.

Ulrich, P. (1999): Führungsethik. In: Korff, W./Baumgartner, A./Franz, H./Genosko, J./Homann, K./Kirchner, C./Kluxen, W./Küpper, H.-U./Picot, A./Rendtorff, T./Richter, R./Sautter, H./Schlecht, O. (Hrsg.): Handbuch der Wirtschaftsethik. Band 4. Ethik wirtschaftlichen Handelns, Gütersloh.

Ulrich, P. (2001): Integrative Wirtschaftsethik. Grundlagen einer lebensdienlichen Ökonomie, 3. Auflage, Bern.

Ulrich, P. (2008): Auf der Suche nach der ganzen ökonomischen Vernunft. Der St. Galler Ansatz der integrativen Wirtschaftsethik. In: Kersting, W. (Hrsg.): Moral und Kapital. Grundfragen der Wirtschafts- und Unternehmensethik, Paderborn: 61–75.

van Aaken, D. (2007): Pluralismus als Ethik. Überlegungen zur evolutionären Organisationstheorie mit Blick auf Diskursethik und ökonomische Ethik, Marburg.

Vögtlin, C. F. (2008a): Ethical Leadership. Arbeitstext.

Vögtlin, C. F. (2008b): Responsible Leadership as Presupposition of Successful Stakeholder Management. Arbeitstext.

Vögtlin, C. F. (2008c): Towards a cognitive model of responsible leadership. Konferenzbeitrag der EGOS 2008 Amsterdam.

Vögtlin, C. F./Patzer, M. (2009): Responsible Leadership: A Research Agenda. Konferenzbeitrag der EGOS 2009 Barcelona.

von Pierer, H. (2003): Zwischen Profit und Moral? In: von Pierer, H./Homann, K./Lübbe-Wolff, G. (Hrsg.): Zwischen Profit und Moral – Für eine menschliche Wirtschaft, Carl Hanser: 7–34.

von Pierer, H. (2004a): Businesses - Making the World Safe? In: theGlobalist: http://www.theglobalist.com/dbweb/StoryId.aspx?StoryId=3897 (besucht am: 22-8-2008a).

von Pierer, H. (2004b): The role of business in conflict prevention, peacekeeping and post-conflict peace-building. In: United Nations Security Council 4943rd meeting: http://www.theglobalist.com/pdf/un4943rdmeeting.pdf (besucht am: 22-8-2008b).

von Pierer, H./Homann, K./Lübbe-Wolff, G. (2003): Zwischen Profit und Moral – Für eine menschliche Wirtschaft, Carl Hanser.

von Rosenstiel, L./Gebert, D. (1995): Führungsforschung und Organisations-/Sozialpsychologie. In: Kieser, A./Reber, G./Wunderer, R. (Hrsg.): Handbuch der Führung, 679–698.

von Weltzien Hoivik, H. (Hrsg.) (2002): Moral Leadership in Action. Building and Sustaining Marla Competence in European Organizations, Cheltenham/Northampton.

Waddock, S. (2007): Leadership Integrity in a Fractured Knowledge World. In: Academy of Management Learning & Education, 6, 4, 543–557.

Waldman, D. A./Siegel, D. (2008): Defining the socially responsible leader. Theoretical and Practitioner Letters. In: Leadership Quarterly, 19, 1, 117–131.

Walumbwa, F. O./Avolio, B. J./Gardner, W. L./Wernsing, T. S./Peterson, S. J. (2008): Authentic Leadership: Development and Validation of a Theory-Based Measure. In: Journal of Management, 34, 1, 89–126.

WBCSD (2008a): History of the WBCSD. In: WBCSD Homepage: http://www.wbcsd.org/templates/TemplateWBCSD2/layout.asp?type=p&MenuId=NDEx&doOpen=1&ClickMenu=LeftMenu (besucht am: 13-11-2008a).

WBCSD (2008b): Membership & Governance. In: WBCSD Homepage: http://www.wbcsd.org/templates/TemplateWBCSD4/layout.asp?type=p&MenuId=MzM5&doOpen=1&ClickMenu=LeftMenu (besucht am: 13-11-2008b).

Weaver, G. R./Trevino, L. K. (1994): Normative and empirical business ethics: Separation, Marriage of convenience, or marriage of necessity. In: Business Ethics Quarterly, 4, 2, 129–143.

Weaver, G. R./Trevino, L. K. (1998): Methodologies of business ethics research. In: Cooper, C. L./Argyris, C. (Hrsg.): The concise Blackwell encyclopedia of management, Oxford: 412–415.

Weaver, G. R./Trevino, L. K. (1999): Compliance and values oriented ethics programs: Influences on employees' attitudes and behaviour. In: Business Ethics Quarterly, 9, 2, 315–335.

Weber, M. (1956/1964): Wirtschaft und Gesellschaft. Grundriss der verstehenden Soziologie. Erster Halbband, Köln/Berlin.

Weibler, J. (2004): Führung und Führungstheorien. In: Schreyögg, G./Werder, A. v. (Hrsg.): Handwörterbuch der Unternehmensführung und Organisation, Stuttgart: 294–308.

Weik, E. (1996): Postmoderne Ansätze in der Organisationstheorie. In: Die Betriebswirtschaft, 56, 3, 379–398.

Welch, J. (2001): Was zählt, Berlin.

Welsch, W. (2008): Unsere postmoderne Moderne, 7. Auflage, Berlin.

Welter, R. (1986): Der Begriff der Lebenswelt. Theorien vortheoretischer Erfahrungswelt, München.

Welter, R. (2004): Lebenswelt. In: Mittelstraß, J. (Hrsg.): Enzyklopädie. Philosophie und Wissenschaftstheorie. Band 2:H-O, Stuttgart/Weimar: 557–559.

Werhane, P. H. (2009): Why Do Good People Do Bad Things. In: Perterson, R. A./Ferrell, O. C. (Hrsg.): Business Ethics. New Challenges for Business Schools and Corporate Leaders, Armonk (NY) / London: 38–55.

Wicks, A. C./Freeman, R. E. (1998): Organization Studies and the New Pragmatism: Positivism, Anti-Positivist, and the Search for Ethics. In: Organization Science, 9, 2, 123–140.

Wieland, J. (2004): Governanceethik im Diskurs – Institutionelle und Evolutorische Ökonomik, Band 26, 1, Marburg.

Wieland, J. (2007): Die Ethik der Governance. Studien zur Governanceethik. Band 1, 5. Auflage, Marburg.

Williams, O. F. (2004): The UN Global Compact: The Challenge and the Promise. In: Business Ethics Quarterly, 14, 4, 755–774.

Willke, H./Willke, G. (2008a): Corporate Moral Legitimacy and the Legitimacy of Morals: A Critique of Palazzo/Scherer' Communicative Framework. In: Journal of Business Ethics, 81, 27–38.

Willke, H./Willke, G. (2008b): The corporation as a political actor? A systems theory perspective. In: Scherer, A. G./Palazzo, G. (Hrsg.): Handbook of Research on Global Corporate Citizenship, Cheltenham: 552–574.

Willmott, H. (2003): Organization Theory as a Critical Science? Forms of Analysis and 'New Organizational Forms'. In: Tsoukas, H./Knudsen, C. (Hrsg.): The Oxford Handbook of Organization Theory, Oxford: 88–112.

Wils, J.-P. (2006): Tugend. In: Düwell, M./Hübenthal, C./Werner, M. H. (Hrsg.): Handbuch Ethik, Stuttgart, Weimar: 534–538.

Windsor, D. (2006): Corporate Social Responsibility: Three Key Approaches. In: Journal of Management Studies, 43, 1, 93–114.

Wittwer, J. (2008): "Mr. Siemens" droht Ermittlungsverfahren. In: Tagesanzeiger: http://sc.tagesanzeiger.ch/dyn/news/wirtschaft/863464.html (besucht am: 22-4-2008).

Wohlrapp, H. (1995): Konstruktive Anthropologie als Basis eines Konzepts von Kulturpluralismus? In: Jelden, E. (Hrsg.): Prototheorien – Praxis und Erkenntnis?, Leipzig: 149–163.

Wohlrapp, H. (1998): Die Suche nach einem transkulturellen Argumentationsbegriff. Resultate und Probleme. In: Steinmann, H./Scherer, A. G. (Hrsg.): Zwischen Universalismus und Relativismus. Philosophische Grundlagenprobleme des interkulturellen Managements, Frankfurt am Main: 240–290.

Wunderer, R. (1995): Führungsforschung und Betriebswirtschaftslehre. In: Kieser, A./Reber, G./Wunderer, R. (Hrsg.): Handwörterbuch der Führung, Stuttgart: 666–679.

Wunderer, R. (2003): Führung und Zusammenarbeit. Eine unternehmerische Führungslehre, München.

Young, I. M. (1999): Difference as a Resource for Democratic Communication. In: Bohman, J./Rehg, W. (Hrsg.): Deliberative Democracy, Essays on Reason and Politics, Cambridge: 383–406.

Young, I. M. (2006): Responsibility and global justice: a social connection model. In: Social Philosophy and Policy, 23, 1, 102–130.

Young, I. M. (2008): Responsibility and global justice: a social connection model. In: Scherer, A. G./Palazzo, G. (Hrsg.): Handbook of Research on Corporate Citizenship, Cheltenham: 137–165.

Yukl, G. (2006): Leadership in Organizations, 6. Edition, New Yersey.

Zimbardo, P. (2008): The Lucifer Effect. Understanding How Good People Turn Evil, New York.

Zürn, M. (1998a): Regieren jenseits des Nationalstaates. Globalisierung und Denationalisierung als Chance, Frankfurt am Main.

Zürn, M. (1998b): Schwarz-Rot-Grün-Braun: Reaktionsweisen auf Denationalisierung. In: Beck, U. (Hrsg.): Politik der Globalisierung, Frankfurt am Main: 297–330.